Die Anfänge der deutschen
Arbeiterbewegung in Amerika

Crosscurrents:
Writings of German Political Emigrés in Nineteenth-Century America

Edited by Patricia A. Herminghouse
in collaboration with Carol Poore

Section III
Social and Political Issues
Volume 5

PETER LANG
New York · Berne · Frankfort on the Main · Nancy

Hermann Schlüter

Die Anfänge der deutschen Arbeiterbewegung in Amerika [1907]

Edited and with a preface
by
CAROL POORE

PETER LANG
New York · Berne · Frankfort on the Main · Nancy

Library of Congress Cataloging in Publication Data

Schlüter, Hermann, d. 1919.
Die Anfänge der deutschen Arbeiterbewegung in Amerika.

(Crosscurrents, writings of German political emigrés in nineteenth-century America. Section III, Social and political issues; v. 5)
Reprint. Originally published: Stuttgart: J.H.W. Dietz, 1907.
1. Labor and laboring classes – United States – History.
2. German Americans – United States – History.
3. Socialism – United States – History. I. Poore, Carol.
II. Title. III. Series.
HD8066.S3   1984   331.6'2'43073   83-49204
ISBN 0-8204-0046-7

The editors and the publisher wish to express their thanks to the Zentralbibliothek Zürich (Switzerland) for their kind permission to reproduce the original signed edition Z. Revol. 1440, which is in their possession. The reproduction is to scale 1:1.

Library of Congress Catalog Card Number: 83-49204
ISBN 0-8204-0046-7
ISSN 0741-2118

© Peter Lang Publishing, Inc., New York 1984

All rights reserved.
Reprint or reproduction, even partially, in all forms
such as microfilm, xerography, microfiche, microcard, offset prohibited.

Printed by Weihert-Druck GmbH, Darmstadt

Introduction

Outstanding as a journalist and historian of German-American socialism, Hermann Schlüter was forced to leave Germany and settle in Zürich during the 1880's because of the Anti-Socialist Laws. While there, he co-edited the *Sozialdemokrat,* official organ of the German Social Democratic Party in exile, and was also in charge of compiling party archives. Upon emigrating to the United States, Schlüter became chief editor of the New York *Volkszeitung,* a position he held from 1890 until his death in 1919. Little is known about Schlüter's life, but he was certainly one of the most influential German-American socialists of his day in his capacity as editor of the most widely-read German-language socialist newspaper, and he was one of the few political emigrés who made extensive efforts to preserve documents from the history of German-American socialism, which he presented in several booklength histories.

As editor of the New York *Volkszeitung,* Schlüter took over an enterprise which was already the smoothly-functioning center of the New York German socialist community. Founded in 1878 as an official organ of the *Sozialistische Arbeiter-Partei* (SAP), this daily newspaper had built up its circulation to approximately 19,500 by 1890 and maintained this figure fairly constantly upon changing its affiliation to the more broadly-based Socialist Party. Published for over fifty years, until 1932, the *Volkszeitung* and its weekly edition, the *Vorwärts,* were edited by some of the most prominent figures in German-American socialist circles, including Alexander Jonas, Adolf Douai, and the Russian-born journalist Sergius Schewitsch. In New York and other large, industrialized cities where Germans settled, it is probable that socialist newspapers like the *Volkszeitung* were the institutions which did most to hold the working-class community together by furnishing information, supporting strikes, encouraging contributions from workers, intellectuals and all members of the community, and sponsoring benefits, festivals, and demonstrations. For example, in 1894 the *Volkszeitung* reported that it was the official organ of more than 300 trade unions, sections of the SAP, *Turner* societies, workers' singing societies, amateur theaters, socialist schools and labor lyceums, *Freidenker* societies, women's organizations, clubs, mutual benefit and insurance societies, and lodges. Consequently, with its influence extending far beyond narrow circles of party membership, the *Volkszeitung* provided a perspective not to be found elsewhere in the German-American press and an organizing center for a wide variety of progressive groups within the German-American working class community. And as such an alternative means of communication, this socialist press was part of German political emigrés' wide-ranging efforts to further class solidarity among workers from different ethnic groups and to develop more cooperative, egalitarian forms of cultural interaction in everyday life.

Schlüter's major concern in all his writing, whether in his journalistic work for the *Volkszeitung* and its yearly *Pionier-Kalender* or his books, was to document the history of German-American socialism and trade unionism. In doing so, he usually proceeded by giving extensive quotations from primary material which is in part no longer available today, and consequently – while sometimes lacking in analytical depth – his writings are valuable historical sources. In the introduction to his book on the beginnings of the German workers' movement in America, Schlüter states his goal of preserving historical material on the German-Amercian workers' movement, pointing out that contemporary histories of the American labor movement did not deal adequately with German immigrants' contributions. In order to fill in this gap, Schlüter concentrates on New York as the major city where a German-American working class community existed before the Civil War, basing his account on newspapers and other material published there from 1846 to 1860. Writing along the lines of organizational history, Schlüter is primarily concerned here with chronicling the roles of important individuals and groups in the German-American labor movement, although he at times indicates certain pertinent facts about working and living conditions which immigrant workers encountered. He surveys the earliest utopian socialists of the 1830's and 1840's and devotes an extensive section to Wilhelm Weitling's activities in the United States. As is to be expected from an adherent of scientific socialism, Schlüter is rather unsympathetic to Weitling's *Handwerkerkommunismus*, in contrast to his favorable opinion of the more materialistically-oriented Joseph Weydemeyer and the members of the Communist Club of

New York. He discusses the press and various political and union organizations founded by these emigrés, their programs, and the reactions of the English-speaking citizenry to their efforts, reprinting many documents and statements in full. Recurring subjects throughout are the difficulties these small groups had in maintaining lasting organizations, the enormous obstacles they faced, their persistence against all odds, and their sporadic gains. Pointing out that the Civil War represents an interruption in the German-American workers' movement because of the large number of German immigrants who left their customary occupations to join the Union army, Schlüter closes his treatment of the antebellum period by focusing on the contradictions between chattel slavery and wage labor and the attitudes of German immigrant workers towards slavery. His later writings continue to document the history of the German-American labor movement, including *Lincoln, Labor and Slavery. A Chapter from the Social History of America* (1913), his attempt to give a historical materialist analysis of the Civil War, and *Die Internationale in Amerika* (1918), an extremely detailed account of the activities of the First International in the United States. Writing at a time when it indeed seemed that the socialist theory and strategies which had long remained confined to the German ethnic group were finding increasing sympathy from larger segments of the American working class, Schlüter's analysis of the German-American labor movement underscores many of the problems facing non-English-speaking radical groups in their efforts to transcend the boundaries of ethnicity.

Carol Poore

Die Anfänge der deutschen Arbeiterbewegung in Amerika

von

Hermann Schlüter

Stuttgart 1907
Verlag von J. H. W. Dietz Nachfolger

Inhalts-Verzeichnis.

	Seite
Vorwort	VII

Erster Teil. Anfänge der Arbeiterbewegung.

Erstes Kapitel. Die ersten wirtschaftlichen Kämpfe	1
1. Arbeiterausstände und Gewerkschaften	1
2. Beginn der kapitalistischen Produktion	3
3. Die ersten Arbeiterzentralkörper	3
4. Arbeiterkämpfe in den dreißiger Jahren	5
5. Die Krise von 1837	7
Zweites Kapitel. Politische Aktion	8
1. Arbeiterparteien und Arbeiterpresse	8
2. Ein politisches Arbeiterprogramm	10
Drittes Kapitel. Äußere Einflüsse	11
1. Owenismus und Fourierismus	11
2. Der Arbeiterkongreß von 1845	13

Zweiter Teil. Der Beginn der deutsch-amerikanischen Arbeiterbewegung.

Erstes Kapitel. Europäische Einflüsse	17
1. Geheime Arbeiterorganisationen	17
2. Kommunistische Agitation unter deutsch-amerikanischen Arbeitern	19
3. Hermann Kriege und seine Propaganda	19
4. Die deutschen Arbeiter und die Deutsche Gesellschaft New Yorks	20
Zweites Kapitel. Die Sozialreformer	23
1. Die Organisation	23
2. Der „Volkstribun"	25
Drittes Kapitel. Kriege und die deutschen Kommunisten	28
1. Die Erklärung der Kommunisten gegen Kriege	28
2. Die Kriegesche Antwort	34
3. Weitlings Stellung	38

Viertes Kapitel. Der Niedergang der deutschen Sozial=
reformer . . . . Seite 40
1. Kriege und Tammany Hall 40
2. Eine internationale Arbeiterkundgebung gegen den Krieg . . 41
3. Der Krieg und die Sozialreformer 44
4. Ende der deutschen Sozialreformbewegung 47

Dritter Teil. Wilhelm Weitling und seine Agitation in Amerika.

Erstes Kapitel. Der Befreiungsbund 49
1. Weitlings erster Aufenthalt in den Vereinigten Staaten . . 49
2. Weitling im Jahre 1848 51
3. Das Programm des Befreiungsbundes 52

Zweites Kapitel. Historisch=Biographisches 56
1. Ein Stück Selbstbiographie 56
   a. Pariser Propaganda 58
   b. Die Schweizer Propaganda 59
   c. Die deutsche Propaganda 60
   d. Die Londoner Propagandareise 61
   e. Die erste Propagandareise nach Amerika 62
   f. Die Propagandareise nach Deutschland 63
   g. Die zweite Propagandareise nach Amerika und Übersicht der gesamten Resultate 64
2. Zur Geschichte der ersten deutschen Arbeiterorganisationen . . 67

Drittes Kapitel. Weitlings Rückkehr nach Amerika 69
1. Die Gründung der „Republik der Arbeiter" 69
2. Weitlings Bruch mit den Sozialreformern 70

Viertes Kapitel. Weitlings Reformvorschläge 71
1. Die Gewerbetauschbank 71
2. Gewerbeordnungen 74
3. Das Programm der Gewerbeordnungen 76

Fünftes Kapitel. Organisationsversuche 79
1. Ein günstiger Anfang 79
2. Die Eisenbahn nach der Pacificküste 81
3. Der erste deutsch=amerikanische Arbeiterkongreß 83

Sechstes Kapitel. Der Weitlingsche Arbeiterbund 86
1. Die Konstitution des Arbeiterbundes 86
2. Weitling und das Gewerkschaftswesen 88
3. Ein revolutionäres Kommunalprogramm 93
4. Weitling und die politische Organisation der Arbeiter . . . 95

Siebentes Kapitel. Weitlings allgemeine Anschauungen und Ideen 99
1. Weitling und die imperialistische Sozialreform 99
2. Weitling und die Religion 102

3. Weitling und Karl Marx 104
 4. Weitling und die Philosophie 109

Achtes Kapitel. Die Kolonie „Communia" 110
 1. Gründung 110
 2. Der Kampf um die Existenz 112
 3. Streit und Ende 115

Neuntes Kapitel. Das Ende der Weitlingschen Agitation . 118
 1. Niedergang des Arbeiterbundes 118
 2. Ende der „Republik der Arbeiter" 119
 3. Weitlings letzte Lebensjahre 120

Vierter Teil. Ein Jahrzehnt deutscher Agitationsarbeit in Amerika.

Erstes Kapitel. Die ersten deutschen Gewerkschaften . . . 128

Zweites Kapitel. Politische Organisationsversuche. . . . 135
 1. Der „Amerikanische Arbeiterbund" 135
 2. „Die Reform" 148
 3. Niedergang der Bewegung 153
 4. Josef Weydemeyer 157

Drittes Kapitel. Der Kommunistenklub 160

Viertes Kapitel. Vor Ausbruch des Bürgerkrieges 163
 1. Die Krise von 1857 163
 2. Der reorganisierte Arbeiterbund 164
 3. „Der Arbeiter" und die „Soziale Republik" 168
 4. Ein Kongreß des „Arbeiterbundes" 171
 5. Die deutsch-amerikanische Arbeiterbewegung vor Ausbruch des Bürgerkrieges 174

Fünfter Teil. Negerſklaverei und Arbeiterbewegung.

Erstes Kapitel. Ökonomische Gegensätze und politischer Kampf 178
 1. Historischer Rückblick 178
 2. Wirtschaftlicher Gegensatz 180
 3. Politischer Kampf 183

Zweites Kapitel. Arbeiter und Sklavenfrage 187
 1. Die Arbeiter Neu-Englands und die Sklaverei 187
 2. Die Stellung der deutschen Arbeiter 189
 3. Deutsche Arbeiter als Freunde der Sklaverei 195
 4. Für die Befreiung der Neger 197

Sechster Teil. Der Sozialistische Turnerbund.

1. Die ersten Turngemeinden 199
2. Der Turnerbund 200
3. Turnerbund, Arbeiterbewegung und Sozialismus 202
4. Wandlungen 208
5. Innere Gegensätze 211

Vorwort.

In einer Jubiläumsnummer der „New Yorker Volkszeitung", die im Februar 1903 zur Feier des 25jährigen Bestandes dieses Blattes erschien, veröffentlichte ich einen Aufsatz über die „Anfänge der deutschen Arbeiterbewegung in New York". Die kleine Arbeit fand Anklang, und von verschiedenen Seiten wurde ich aufgefordert, sie in Buchform erscheinen zu lassen.

Die Veröffentlichung des Aufsatzes als Broschüre verbot sich wegen seiner Kürze und wegen der Lückenhaftigkeit des vorhandenen Materials. Indes führten jene Aufforderungen dazu, daß ich mich an die Sammlung des noch fehlenden Materials machte und es in meinen Mußestunden verarbeitete. Das Resultat ist die vorliegende Schrift.

Die Rolle, die die deutschen Arbeiter in der amerikanischen Arbeiterbewegung gespielt haben, ist bisher von keinem der Geschichtschreiber, die sich mit der Darstellung dieser Bewegung beschäftigten, in genügender Weise behandelt worden. Zwar streift Morris Hillquit in seiner „History of Socialism in the United States" den Gegenstand, doch konnte er schon wegen des allgemeinen Charakters seines Buches nicht genauer auf die Rolle eingehen, die die Deutschen in der Arbeiterbewegung Amerikas gespielt haben, ganz abgesehen davon, daß die Darstellung der gewerkschaftlichen Kämpfe der Arbeiter außerhalb des Rahmens seiner Schrift lag. Noch viel weniger wurde Sartorius von Waltershausen in seinem Buche „Der moderne Sozialismus in den Vereinigten Staaten" dem Wirken der deutschen Arbeiter in den sozialen Kämpfen Amerikas gerecht. Abgesehen von der Lückenhaftigkeit des Materials, das ihm zur Verfügung stand, verbot ihm auch sein konservativer Standpunkt eine gerechte Würdigung der Tätigkeit der deutschen Arbeiter in der Bewegung dieses Landes. Die übrigen Schriftsteller, die sich mit der amerikanischen Arbeiterbewegung beschäftigt haben, kommen mit Ausnahme von R. T. Ely, der in seinem Buche „The Labor Movement in America" den Gegenstand in leichter Weise streift, gar nicht in Betracht, und nur F. A. Sorge wäre hier noch zu nennen, der in seinen

Berichten an „Die Neue Zeit" 1891 und 1892 auch die Kämpfe der deutschen Arbeiter auf amerikanischem Boden schildert. Der enge Raum, der ihm zur Verfügung stand, verbot indes schon, daß seine Schilderung ein zusammenhängendes Bild dieser Kämpfe geben konnte.

Die hier genannten Autoren sind für die folgenden Darstellungen nur vereinzelt und nur in wenigen Fällen zu Rate gezogen worden. Nach dem Worte Macaulays „the only true history of a country is to be found in its newspapers" ging der Verfasser dieser Schrift daran, nach den Zeitungen, die die deutschen Arbeiter New Yorks in den Jahren 1846 bis 1860 veröffentlicht haben, eine Geschichte der Kämpfe und Organisationen dieser deutschen Arbeiter zusammenzustellen. Es ist ihm geglückt, nahezu alle diese Zeitungen — und es ist eine stattliche Reihe — zur Einsicht zu bekommen, wenn auch mit vieler Mühe, da sie in den öffentlichen Bibliotheken nur vereinzelt zu finden sind.

Neben den Arbeiterzeitungen sind Flugschriften, Statuten, Protokolle, Briefschaften aller Art aus den Jahren 1850 bis 1860 für diese „Anfänge der deutschen Arbeiterbewegung in Amerika" benutzt worden. Auch mündliche Mitteilungen sind verwandt, doch nur dann, wenn sie in irgend einer Weise durch dokumentarische Belege bestätigt wurden.

Von Literaturnachweisen habe ich abgesehen, weil es unmöglich gewesen wäre, die zahllosen Zeitungsartikel, Flugblätter und schriftlichen Dokumente zu nennen, auf die die gegebene Schilderung sich stützt. Außer den schon genannten Autoren sind noch für einige Daten „McNeill, The Labor Movement" sowie die „Reports of the Massachusetts Bureau of Statistics of Labor" zu Rate gezogen worden.

Allen, die mir in Zusammentragung des verarbeiteten Materials helfend beigestanden, spreche ich hiermit meinen herzlichsten Dank aus. Besonders danke ich der Witwe Wilhelm Weitlings und ihrem Sohn für die Bände der „Republik der Arbeiter", die sie mir zur Durchsicht übergaben, und für ihre mündlichen und schriftlichen Mitteilungen. Auch meinem verstorbenen Freunde F. A. Sorge gebührt Dank für das mir aus seinen Sammlungen zur Verfügung gestellte reichhaltige Material an Dokumenten und Schriftstücken aller Art.

Man wird der vorliegenden Arbeit vielleicht den Vorwurf machen, daß sie mit Materialien überhäuft sei, daß es bei der Auswahl dieses Materials an Sichtung fehle, daß vieles gebracht wurde, was wohl hätte entbehrt werden können. Wird dieser Vorwurf erhoben, so werde ich ihn als berechtigt zu tragen haben. Wenn aber das Wort Johann Jacobys von der Wichtigkeit auch des kleinsten Arbeitervereins richtig ist, sollte da nicht auch das geringste Material für die Geschichte der Arbeiterbewegung von Wert sein? Und vieles von diesem Material ist schon heute verloren gegangen. Erst in neuester Zeit beginnen Forscher, Universitäten und öffentliche Bibliotheken diesem Material ihre Aufmerksamkeit zu schenken und zu sammeln, was zu sammeln ist.

Eine der Aufgaben, die ich mir mit diesem Buche stellte, war gerade die, das historische Material über die deutsche Arbeiterbewegung dieses Landes, das noch zu retten war, zu retten. Habe ich dabei — vielleicht — des Guten zu viel getan, so mag ein späterer Bearbeiter des Gegenstandes eine schärfere Sichtung vornehmen.

Noch ein Wort darüber, warum in dieser Schrift in der Hauptsache die Vorgänge in der Stadt New York berücksichtigt sind.

Für eine deutsche Arbeiterbewegung in den Vereinigten Staaten kam in den vierziger und fünfziger Jahren des vorigen Jahrhunderts nur der Osten der Vereinigten Staaten in Betracht und hier vor allem die Stadt New York. Zwar zeigten sich auch Spuren derselben in Philadelphia, Baltimore, Cincinnati, zum Teil auch in St. Louis, doch waren diese gegen New York von geringer Wichtigkeit. Von Chicago, Milwaukee und dem Westen konnte wegen deren geringer Entwicklung noch weniger die Rede sein. Die Masse der deutschen Arbeiter konzentrierte sich damals in und um die Stadt New York — eine genügende Erklärung dafür, daß eine Geschichte der deutschen Arbeiterbewegung in Amerika zu jener Zeit sich in der Hauptsache mit den Vorgängen in New York zu beschäftigen hat.

Noch eines, was der Schilderung speziell der deutschen Arbeiterbewegung New Yorks eine größere Bedeutung gibt.

Es ist sehr fraglich, ob es irgend eine Stadt der Welt gibt, die einen so klassischen Boden bietet für die Beobachtung der verschiedenen Stadien, die der Emanzipationskampf der deutschen Arbeiterklasse durchlaufen hat, als die Stadt New York. Im alten Vaterland wurde diese Bewegung durch politische und polizeiliche Eingriffe fortwährend gehemmt und unterbrochen, so daß die Entwicklung sich nicht im normalen Zusammenhang vollziehen konnte. Auch die notwendige Lösung bürgerlicher Fragen, denen sich die Arbeiter Deutschlands nicht entziehen konnten, drängte dort des öfteren die Arbeiterfrage zur Seite. Es sei nur an das Jahrzehnt erinnert, das der Niederlage der achtundvierziger Revolution folgte und in dem die Reaktion sogar nahezu jede Erinnerung an die ersten selbständigen politischen Regungen der deutschen Arbeiterklasse vernichtete.

Das war anders in New York. Von allen Städten des Auslandes kamen für eine Bewegung der deutschen Arbeiter im letzten halben Jahrhundert nur zwei Orte in Betracht, außer New York noch London. London hat in seinem „Kommunistischen Arbeiterbildungsverein" eine Organisation deutscher Arbeiter, in der sich zwar alle Phasen der Bewegung dieser Arbeiter in dieser Zeit widerspiegeln, die aber doch schon deshalb nicht klassisch zum Ausdruck kommen, weil die Masse der deutschen Arbeiter in jenem Verein eine sehr geringe war. Das war anders in New York. Hunderttausende von deutschen Arbeitern kamen hier herüber, ließen sich hier nieder, und die Anschauungen, die sie mit herüber gebracht, suchten sie in ihren Kreisen zu betätigen und weiter zu verbreiten. Was die deutsche Arbeiterschaft in Wahrung ihrer Interessen geleistet hat, die Kämpfe, die sie geführt, die Opfer, die sie gebracht, die Ideen, die sie vertreten — kurz, jener ganze Kampf um eine höhere Kultur, den die Arbeiterklasse in allen Ländern jetzt führt, dieser Kampf mit seinen wechselnden Erscheinungen und seinem verschiedenen Inhalt — er ist am besten im Zusammenhang zu beobachten in der Geschichte der deutschen Arbeiterbewegung New Yorks, deren Anfänge in der vorliegenden Schrift zu schildern versucht wird.

Wenn es dem Verfasser gelungen ist, auch nur einige Bausteine beigetragen zu haben zur Geschichte des Emanzipationskampfes seiner Klasse, so ist er für die Mühe, die ihm seine Arbeit machte, vollständig entschädigt.

New York, August 1907.

Der Verfasser.

Die Anfänge der deutschen Arbeiterbewegung in Amerika

Erster Teil.
Anfänge der Arbeiterbewegung.

Erstes Kapitel.
Die ersten wirtschaftlichen Kämpfe.

Der Interessengegensatz von Arbeitern und Unternehmern ist eine Erscheinung, die nicht bloß der neuen Zeit angehört, sondern die in jedem Stadium der gesellschaftlichen Entwicklung zu finden ist. Die Klassengegensätze zwischen dem Besitzer der Produktionsmittel und dem Besitzer der Arbeitskraft sind so alt wie unsere geschriebene Geschichte, und über die Kämpfe zwischen den beiden Klassen wird auf allen Seiten dieser Geschichte berichtet.

So ist denn auch in den Vereinigten Staaten die Arbeiterbewegung so alt, wie die Union selbst ist, und seit dem Bestehen dieses Staatswesens hat der Gegensatz zwischen Arbeitern und Unternehmern zu Kämpfen aller Art geführt.

1. Arbeiterausstände und Gewerkschaften.

Schon vor der Unabhängigkeitserklärung wird von Ausständen von Arbeitern berichtet, die dadurch ihre Lage zu bessern suchten. Im Jahre 1741 wurden in der Stadt New York eine Anzahl Bäckergesellen wegen Verschwörung vor Gericht gestellt, weil sie höhere Löhne für ihre Arbeit verlangten und sich weigerten, „Brot zu backen, außer unter bestimmten Bedingungen".

Im Jahre 1791 wurde in Philadelphia eine Organisation von Schuhmachergesellen gegründet, die im Jahre 1796 eine Arbeitseinstellung inszenierte, um eine Erhöhung ihres Lohnes zu erzwingen. Der Streik ging verloren und wurde 1798 wiederholt, diesmal mit gutem Erfolg. Das folgende Jahr sah wiederum einen zehnwöchigen Streik von Schuhmachern in Philadelphia, der durch Eingreifen der Gerichte zu Ende geführt wurde.

Um das Jahr 1802 herum fand ein Streik der New Yorker Matrosen statt, die bis dahin zehn Dollar monatlich erhielten und nun eine

Lohnerhöhung auf vierzehn Dollar verlangten. Es wird berichtet, daß die Seeleute sich vereinigten, daß sie in der Stadt umhermarschierten, daß sie andere Seeleute, die zum alten Preise schafften, zwangen, ihre Arbeit und ihre Schiffe zu verlassen und sich ihnen anzuschließen. Verhaftungen folgten; die Führer der Streiker wurden vor Gericht und ins Gefängnis geführt.

Im Jahre 1809 fand in New York ein allgemeiner Streik der Schuhmacher statt. Die Gesellen dieses Gewerkes hatten sich schon 1805 organisiert, um, wie es in einem ihrer offiziellen Schriftstücke heißt, sich „gegen die Tyrannei des Kapitals zu schützen".

Die Ursache dieses Streiks der New Yorker Schuhmacher ist nicht ohne Interesse. Ein Mitglied der Union hatte sich geweigert, eine ihm von der Organisation auferlegte Geldstrafe zu zahlen. Er wurde ausgestoßen, fand aber trotzdem Beschäftigung. Das führte zum Kampf mit den Meistern, die unterdes ebenfalls eine Organisation gebildet hatten. Der Streik dauerte sechs Monate und wurde durch das Eingreifen der Gerichte beendet, die eine große Anzahl der Arbeiter und ihrer Beamten zu einer Geldstrafe verurteilten. Die Sprengung der Arbeiterorganisation war die Folge.

Neben den Schuhmachern waren auch die Schneider schon zu Anfang des neunzehnten Jahrhunderts in New York organisiert. Die Schneidergesellen, die von England nach Amerika kamen, hatten ihre Mitgliedschaft in der dortigen „Journeymen Tailors-Union" aufrecht erhalten, bis sie 1806 in New York eine eigene Organisation bildeten. In ähnlicher Weise verfuhren die Hutmacher, die sich 1819 in New York organisierten. Die Schiffbauer, die von jeher in Amerika von Einfluß waren, die auch in der Politik eine Rolle spielten, sich frühzeitig organisierten, viele Kämpfe durchfochten und gute Löhne hatten, ließen sich am 3. April 1803 in New York staatlich inkorporieren. Dasselbe taten im Jahre 1806 die Hauszimmerleute der Stadt New York. Eine „New York Typographical-Society", eine Schriftsetzerorganisation also, bestand schon 1817, und im Jahre 1827 streikten die Schneider New Yorks, und einige von ihnen wurden wegen Verschwörung verurteilt.

Die Arbeiterorganisationen jener Zeit trugen noch einen stark zünftlerischen Charakter, denn die Produktion war bis dahin eine handwerksmäßige. Zwar haben in Amerika die Zünfte nie die ganze Produktion beherrscht, und in vielen Gewerben haben sie überhaupt keinen Einfluß gehabt. Andere Gewerbe aber, zum Beispiel die Schiffbauerei, wurden vollständig von ihnen und ihren einengenden Bestimmungen beherrscht, und die Gesetzgebungen hatten sich verschiedentlich mit ihnen zu beschäftigen.

Erst die Einführung von Maschinen und die Umwandlung des handwerksmäßigen Betriebs in Manufaktur und Fabrik gab der Arbeiterbewegung einen mehr modernen Charakter.

2. Beginn der kapitalistischen Produktion.

Schon Ende des achtzehnten Jahrhunderts hatte sich in Massachusetts die Produktion von Textilwaren stark entwickelt, aber Weberei und Spinnerei wurden nur mit den primitivsten Mitteln durch Handarbeit betrieben. Die Regierung Englands, die aus ihrem Lande die industrielle Werkstätte der Welt machen wollte, hatte die Ausfuhr von Maschinen verboten, um eine auswärtige Konkurrenz nicht aufkommen zu lassen. Aber ein Engländer, namens Thomas Somers und zwei Schotten, Robert und Alexander Barr, die die Spinnmaschine in England kennen gelernt hatten, bauten im Jahre 1786 in Massachusetts selbst eine solche Maschine, die zuerst in East Bridgewater, später überall eingeführt und bald verbessert wurde. Im Jahre 1810 gab es dann schon 226 Textilfabriken in den Vereinigten Staaten, von denen sich in Massachusetts 54, in Pennsylvanien 64 und in New York 26 befanden. Im Jahre 1817 wurde der Dampf schon allgemein als Betriebskraft in den Spinnereien und in Brauereien angewandt.

Bis 1814 war in der Weberei der Handstuhl noch allgemein in Gebrauch. Dann kamen die mechanischen Dampfwebstühle — zuerst in Waltham, Massachusetts — in Anwendung und vervollständigten die Umwälzung in der Textilindustrie. Diese industrielle Umwälzung zeigte sich auch bald in anderen Gewerben, besonders auch in der Schuhwarenindustrie Neu-Englands. Um das Jahr 1830 herum beherrschte das Fabriksystem nicht nur die Textilindustrie, sondern teilweise auch schon die übrigen Hauptindustrien des Nordostens der Vereinigten Staaten.

Damit war der Boden gegeben, auf dem die moderne Arbeiterbewegung emporwachsen konnte.

3. Die ersten Arbeiterzentralkörper.

Im Jahre 1824 schon begannen die Arbeiter Neu-Englands die Forderung nach einem gesetzlichen Zehnstundentag zu propagieren und

Schiffbauer und Bauarbeiter in Boston kämpften in dem Jahrzehnt von 1825 bis 1835 in zahlreichen Streiks für die Verkürzung der Arbeitszeit. Auch in New York wurde schon damals die lange Arbeitszeit von den Arbeitern durch Arbeitseinstellungen bekämpft.

Die Verbindungen von Gewerkschaften, das Zusammenschließen zu einer gemeinsamen Körperschaft entstanden gleichzeitig in England und in Amerika. Im Juli 1826 wurde in Manchester die erste Verbindung von Gewerkschaften gegründet, „The Friendly Union of Mechanics", ein Maschinenarbeiterverband, der mehrere Orte umfaßte.* Ein Jahr später — 1827 — wurde in Philadelphia die erste Vereinigung von Gewerkschaften unter dem Namen „Mechanics' Union of Trade Associations" gegründet, die ein Jahr lang bestand.

Derartige Verbindungen von Gewerkschaften, die man heute etwa als Verband, als Zentralkörper, in Amerika als Central Labor Union und ähnliches mehr bezeichnet, wurden damals „Trades' Union", eine Union, eine Vereinigung von Gewerben genannt, ein Name, der später auf die Organisation des einzelnen Gewerbes übertragen wurde.**

Zu Anfang der dreißiger Jahre waren die Gewerkschaften der Stadt New York und ihrer Umgebung ebenfalls schon so stark, daß sie — 1833 — einen Gewerkschaftszentralkörper bilden konnten, die „General Trades Union". Der Präsident dieser Gewerkschaftszentralisation war Ely Moore. In einer Rede, die Moore am 2. Dezember 1833 vor seiner Körperschaft hielt, wies er auf die Gefährdung der Freiheiten dieses Landes durch die Geldmacht hin und führte aus, daß die größte Gefahr, die dem Bestand unseres Staatswesens und den Freiheiten des Volkes drohe, die ungerechte Aufhäufung und ungenügende Verteilung des Reichtums sei.

Auch eine Gewerkschaftszeitung, der „Trades Unionist", erschien um diese Zeit schon in New York, das neben den Neu-Englandstaaten der Hauptsitz der Arbeiterbewegung war, die sich besonders in den Jahren 1834 bis 1836 lebhaft entwickelte.

Neben New York und Boston sind um diese Zeit, 1833 bis 1836, besonders Philadelphia und Baltimore und andere Städte zu nennen, in denen sich die Gewerkschaftsbewegung entwickelte. Es gab tatsächlich

---

* L. Brentano, Arbeitergilden der Gegenwart. I. S. 137.
** John R. Commons, Labor Organization and Labor Politics, 1827 bis 1837. "Quarterly Journal of Economics", Februar 1907, S. 323.

in einem vollen Dutzend Städte von Boston bis nach Washington und Louisville zur damaligen Zeit gewerkschaftliche Zentralkörper.

Ja sogar zu einer nationalen Verbindung der Gewerkschaften kam es schon damals. Im Jahre 1834 formten die Trade Unions in den verschiedenen Städten einen Nationalverband, der sich „The National Trades' Union" nannte, der eine eigene Konstitution annahm und eigene Nationalbeamte erwählte. Diese erste nationale Organisation der Gewerkschaften der Vereinigten Staaten hielt in drei aufeinanderfolgenden Jahren, 1834, 1835 und 1836, nationale Konventionen ab, die eine steigende Bedeutung hatten. Auch ein Preßorgan der „National Trades' Union" bestand und zwar in Philadelphia, wo es 1836 unter dem Namen „National Laborer" erschien.*

Die amerikanischen Unternehmer suchten damals, wie später, die Gerichte für ihre Zwecke, das heißt gegen die Arbeiterbewegung, ins Feld zu führen. Auf Grund der alten Verschwörungsgesetze Englands wurden gegen die streikenden Arbeiter Anklagen erhoben. Aber die öffentliche Meinung wirkte schon so stark zugunsten der Arbeiter, daß nur geringe Strafen ausgesprochen wurden. Besonders galt der Kampf der Arbeiter der Zuchthausarbeit, die in großem Maße getrieben wurde und der freien Arbeit starke Konkurrenz machte.

4. Arbeiterkämpfe in den dreißiger Jahren.

Die Zahl der Arbeitseinstellungen und Kämpfe der New Yorker Arbeiter in den dreißiger Jahren des vorigen Jahrhunderts ist geradezu erstaunlich. Ende 1834 brach ein Streik der Hutmacher aus, weil die Unternehmer keine Unionleute beschäftigen wollten. Mit Hilfe des Gewerkschaftszentralkörpers wurde der Streik gewonnen. Im folgenden Jahre stellten in New York die Steinhauer, die Tischler und die Pianomacher die Arbeit ein, um eine Lohnerhöhung zu erringen. In Paterson, New Jersey sah man zur selben Zeit 1000 Kinder von 7 bis zu 18 Jahren die Arbeit niederlegen, die eine Herabsetzung ihrer Fabrikarbeitszeit von 13 auf 11 Stunden verlangten und erhielten. Die Schuhmacher nicht nur in New York, sondern auch in Newark, Philadelphia, New Brunswick, Orange, Poughkeepsie und anderswo streikten im selben Jahre und verlangten höhere Löhne wegen der gesteigerten Preise der Lebensmittel

---

* Commons, a. a. O.

und der Mieten und setzten ihre Forderung durch. Wie stark übrigens damals die Organisation der Schuhmacher war, zeigt die Tatsache, daß auf einem allgemeinen Schuhmacherkongreß, der im Jahre 1836 in New York stattfand, nicht weniger als 5000 Mitglieder durch Delegaten vertreten waren. Sie gaben sich eine Konstitution und beschlossen, eine nationale Organisation zu bilden, die alljährlich ihren Kongreß abhalten sollte, „um den Schuhmachern der Vereinigten Staaten einen gerechten Lohn zu sichern, Einigkeit und gemeinsames Handeln zu fördern und Mittel ausfindig zu machen für ihre moralische, intellektuelle und materielle Verbesserung". Außerdem wandte sich der Kongreß gegen die Einfuhr von Stiefeln und Schuhen; die Mitglieder der Organisation wurden verpflichtet, keine Arbeit bei Unternehmern anzunehmen, die Schuhwaren von auswärts importierten.

Diese erste nationale Verbindung der Schuhmacher der Vereinigten Staaten hatte keinen langen Bestand; schon im nächsten Jahre machte die ausbrechende Finanzkrise ihrem Dasein ein Ende.

Auch die Schneider New Yorks hatten im März 1836 einen Kampf mit dem Unternehmertum auszufechten. Die Unternehmer hatten vereinbart, den Lohn herabzusetzen, und sich bei hundert Dollar Konventionalstrafe verpflichtet, keine Unionleute zu beschäftigen. Die Arbeiter beantworteten das Vorgehen der Unternehmer mit der Forderung einer Lohnerhöhung. Von den streikenden Arbeitern wurden 21 vor Gericht gestellt und zu einer Geldstrafe von 100 bis 150 Dollar verurteilt, weil sie nicht nur selbst die Arbeit eingestellt hatten, sondern auch andere „durch Drohungen, Versprechungen usw." bewogen haben sollten, die Arbeit ebenfalls einzustellen. Der betreffende Richter erklärte: „Dies ist nicht ein bloßer Kampf zwischen Meistern und Arbeitern, sondern ein Kampf, auf welchem die Harmonie der ganzen Union beruht." Weiter fortfahrend erklärte er noch, daß in diesem Lande ein solches System — Arbeitseinstellung usw. — nicht nötig und daß es ausländischen Ursprungs sei. Diese Redewendung des betreffenden Richters scheint anzudeuten, daß die angeklagten Mitglieder der Schneiderunion Ausländer waren; wahrscheinlich Deutsche, denn deutsche Schneider kamen schon damals überall in der Welt herum, und sie fanden sich auch frühzeitig in den Vereinigten Staaten ein.

Auch die Anwendung der Miliz zur Unterbrückung der Streiks war zu jener Zeit schon im Gebrauch.

Im selben Jahre nämlich — 1836 — legten die Longshoremen, die Riggers und andere Schiffs- und Hafenarbeiter in New York die Arbeit nieder, um höheren Lohn und kürzere Arbeitszeit zu erhalten. Ihre Plätze wurden durch Skabs besetzt, und die Streiker zogen nun von Werft zu Werft, die Skabs auffordernd, ihre Arbeit einzustellen, wobei es zu Unruhen kam. Hierauf machte der Mayor der Stadt die Miliz mobil, und das Eingreifen des Militärs zwang die Schiffsarbeiter zur Wiederaufnahme der Arbeit unter den alten Bedingungen.

5. Die Krise von 1837.

Das Jahr 1837 brachte den Vereinigten Staaten eine furchtbare Krise. Nahezu alle Banken stellten ihre Zahlungen ein und zahlreiche Bankrotte in allen Gewerben folgten. Schon vorher hatte sich die Einwirkung des heraufziehenden wirtschaftlichen Gewitters geltend gemacht. Die Preise der Lebensmittel und die Mieten waren ungemein gestiegen. In New York wurde das Volk unruhig, denn man hatte guten Grund, anzunehmen, daß die Hauseigentümer sich zur Erhöhung der Mieten verschworen hatten, und daß Spekulanten alle Mehlvorräte — und Mehl war damals weit mehr ein Nahrungsmittel des Volkes als jetzt — aufgekauft hätten. In vielen Staaten wurden Versammlungen abgehalten, die gegen diesen Mehlwucher protestierten, und auch in New York kam es zu Protestversammlungen.

Im City Hall Park kam eine ungeheure Menschenmasse zusammen. Während die Redner in ihren Ansprachen die wucherischen Spekulationen verdammten, zog ein Haufe von 5000 Menschen die Washingtonstraße hinab bis zum Markt und zerstörte dort verschiedene Läden der Kornhändler. Hunderte von Fässern Mehl wurden auf die Straße geschüttet und zum Teil von Frauen und Kindern aufgerafft. Das Feldgeschrei war: „Brot! Brot!" „Kein Monopol!" Die Polizei war ohnmächtig. Die Kornhändler erboten sich, das Faß Mehl um 4 Dollar billiger zu verkaufen. „Zu spät!" war die Antwort, und die Zerstörung nahm ihren Lauf. —

Nicht nur in New York, sondern auch in den Neu-Englandstaaten spielten sich um diese Zeit zahlreiche gewerkschaftliche Kämpfe ab, unter denen besonders der allgemeine Streik der Textilarbeiterinnen in Lowell, Massachusetts, im Jahre 1836 hervorzuheben ist. Dieser Streik war der erste in den Vereinigten Staaten, an dem eine größere Zahl von weiblichen Arbeitern teilnahm, und in dem die veränderte Stellung zum Ausdruck kam, die die Frau durch die Einführung des Fabriksystems zugewiesen erhielt. Der Streik, der sich gegen eine Lohnherabsetzung wandte, ging verloren.

Man sieht, daß schon im ersten Drittel des vorigen Jahrhunderts eine lebhafte gewerkschaftliche Bewegung in den amerikanischen Industriebezirken herrschte, eine Bewegung, die schon all die Begleiterscheinungen der modernen Gewerkschaftsbewegung aufweist.

Zweites Kapitel.
Politische Aktion.
1. Arbeiterparteien und Arbeiterpresse.

Die amerikanischen Arbeiter von damals kämpften nicht auf dem gewerkschaftlichen Felde allein. Mit größerem Scharfblick begabt als Generationen ihrer Nachfolger, sahen sie frühzeitig schon den Nutzen unabhängiger politischer Aktion für die Arbeiterklasse und handelten dementsprechend.

Die erste politische Arbeiterpartei Amerikas entwickelte sich aus der schon erwähnten „Mechanics' Union of Trade Associations" in Philadelphia im Jahre 1828, und sie entwickelte bei zwei Wahlen genügende Stärke, um die bürgerlichen Parteien schon damals zu dem später so oft angewandten Kniff zu zwingen, daß sie sich als die „Partei der Arbeiterfreunde" bezeichneten. Auch eine Zeitung, die „Mechanics Free Press", stand der Bewegung zur Verfügung, und die Gewerkschaften, die diese politische Arbeiterpartei Philadelphias stützten, umfaßten damals einen größeren Prozentsatz der Einwohnerschaft, als zu irgend einer Zeit in den nächsten 70 Jahren.*

Von Philadelphia sprang im nächsten Jahre die politische Arbeiterbewegung über nach New York, Albany, Troy und andere Orte. 1831 nahm dann auch Boston die unabhängige politische Aktion der Arbeiter auf.

Die Bewegung in New York begann mit einer Versammlung, die einberufen war, um gegen die beabsichtigte Verlängerung der Arbeits-

---

* J. R. Commons, a. a. O.

zeit Protest zu erheben. Ein gewisser Thomas Skidmore tat sich bei der Organisierung hervor, und er entwarf auch das Parteiprogramm. Auf diesem standen unter anderem die Forderungen eines gesetzlichen Zehnstundentages und eines Gesetzes zur Sicherung der Arbeitslöhne im Baufach. Diese Forderungen waren schon im Jahre vorher in der Legislatur gestellt, aber dort zurückgewiesen worden. Die Antwort der New Yorker Arbeiter hierauf war die Gründung einer eigenen Partei. Man stellte bei der Wahl eigene Kandidaten auf und erwählte einen derselben, Ebenezer Ford, zur Staatsgesetzgebung.

Weitere Erfolge hatte diese erste politische Regung der New Yorker Arbeiter nicht aufzuweisen. Man ließ sich auf allerlei Kompromisse mit anderen Parteien, besonders auch mit Tammany Hall ein, und die Folge war, daß dieses die Arbeiterpartei verschluckte und sie um das Resultat ihrer Agitation betrog.

Kurz darauf betraten auch, wie erwähnt, die Industriearbeiter Neu-Englands schon das politische Feld. Im Februar 1831 tagte in Boston eine Arbeiterkonvention, die unter dem Namen „New England Association of Farmers, Mechanics and other Workingmen" eine allgemeine politische Organisation ins Leben rief. Im September des folgenden Jahres hielt diese Organisation eine neue Konvention am selben Orte ab. Es kamen unter anderem der Zehnstundentag, der Einfluß der Banken auf die Lage der arbeitenden Klasse, die Verbesserung des Erziehungssystems, die Schuldhaft und die Ausdehnung des Wahlrechts zur Verhandlung. Auch gegen das Milizsystem wurde Stellung genommen und ein Gesetz zur Sicherung des Arbeitslohnes verlangt. Es ist von Interesse, daß schon damals die Forderung an die Arbeiter Amerikas gestellt wurde, sich von den Fachpolitikern loszulösen und unabhängige Politik zu treiben.

Die „New England Association of Farmers and Mechanics" stand mit den organisierten Arbeitern New Yorks in Verbindung. Sie hatte auch ein eigenes Preßorgan, den „New England Artisan". Ihre politischen Erfolge waren schwach, doch gab sie Anregung zur Ausbreitung gewerkschaftlicher Organisationen.

Bald nach dem Zusammenbruch der ersten politischen Partei der New Yorker Arbeiter entwickelte sich aufs neue eine unabhängige politische Bewegung unter ihnen. Bei der Wahl des Jahres 1835 hatten sie wieder eigene Kandidaten im Felde, und sie erwählten mehrere Mitglieder zur Staatslegislatur, unter ihnen einen gewissen Thomas Hertell und einen Kutscher namens Job Haskell. Auch wird gemeldet, daß der schon erwähnte Präsident der General Trades Union, Ely Moore, 1836 als Vertreter der Arbeiter in den Kongreß gewählt wurde, doch scheint es, daß seine Wahl das Resultat einer Fusion mit einer der bürgerlichen Parteien war.

2. Ein politisches Arbeiterprogramm.

Neben einer gewerkschaftlichen und politischen Bewegung hatte die New Yorker Arbeiterschaft im ersten Drittel des vorigen Jahrhunderts auch schon ihre eigene Arbeiterpresse.

Während der Jahre 1829 und 1830 erschien in der Stadt New York der „Workingmans Advocate", wahrscheinlich das erste Arbeiterblatt im Staate New York. Die Herausgeber des Blattes waren zwei Brüder, George Henry und Frederick W. Evans, Engländer, die in ihrem Heimatlande mit den Ideen Robert Owens vertraut geworden waren. Als der „Workingmans Advocate" einging, ließen die beiden Brüder den „Daily Sentinel" und hernach den „Young America" erscheinen. Alle drei Blätter vertraten eine Art Landreform und ihre Forderungen enthielten die folgenden zwölf Punkte, die auch in dem Programm der politischen Arbeiterbewegung jener Zeit enthalten sind:

1. Natürliches Anrecht auf den Boden; jedem eine Farm;
2. Unterdrückung aller Monopole, besonders der Vereinigten Staatenbank;
3. Freigebung der öffentlichen Ländereien;
4. Das Recht auf Verkauf der Heimstätte;
5. Abschaffung aller Gesetze zur Eintreibung von Schulden;
6. Ein allgemeines Bankrottgesetz;
7. Erstes Anrecht des Arbeitslohnes auf das Arbeitsprodukt;
8. Aufhebung der Schuldhaft;
9. Gleiche Rechte von Frauen und Männern in jeder Beziehung;
10. Abschaffung der Negersklaverei und der Lohnsklaverei;
11. Beschränkung des Landbesitzes auf 160 Acres;
12. Betrieb der Post am Sonntag.

Die beiden Brüder Evans, die zum ersten Male auf amerikanischem Boden die Forderung nach Aufhebung der Lohnsklaverei erhoben, spielten in diesen Anfängen der amerikanischen Arbeiterbewegung eine große Rolle.

Der ältere der beiden Brüder, George Henry, wurde mit Horace Greeley befreundet, und folgte mit großem Interesse der Entwicklung der politischen Bewegungen im Lande. Er starb um 1870. Der jüngere Bruder, Frederick W. Evans, schloß sich 1831 der religiös-kommunistischen Sekte der Shakers an und wurde einer ihrer leitenden „Ältesten". Er blieb seinen radikalen sozialistischen Anschauungen treu, die er als Teil seines religiösen Bekenntnisses auffaßte.

Die zwölf Punkte, die die Gebrüder Evans aufgestellt hatten, blieben in dem folgenden Jahrzehnt die leitenden Grundsätze einer Bewegung, die als die Bewegung der „Nationalreformer" bekannt geworden ist und die zahlreiche Organisationen über das ganze Land hatte. Das stärkere Hervortreten des kapitalistischen Charakters der Produktion in dem Jahrzehnt von 1835 bis 1845, die Wirkungen jener heftigen wirtschaftlichen Krise zu Anfang des Jahrzehnts, die starke Einwanderung dieser Zeit besonders aus Irland und ihre Konkurrenz mit den einheimischen Arbeitern waren ebenso viele Gründe, die amerikanische Arbeiterklasse in Bewegung zu setzen. Sie bewegte sich aber noch in den Kinderschuhen, und sie suchte Rettung in allerlei Reformplänen, statt ihre eigenen Wege zu wandeln.

Drittes Kapitel.
Äußere Einflüsse.

1. Owenismus und Fourierismus.

Die Lehren des englischen Utopisten Robert Owen, sowie jene des Franzosen Fourier hatten in den dreißiger und vierziger Jahren auf dem Boden der Vereinigten Staaten zahlreiche Anhänger gefunden und eine starke Bewegung entfacht. Das Schlagwort von der Reform der Gesellschaft war in aller Munde. Zahlreiche Versuche wurden gemacht, auf dem Wege der Koloniengründung diese Reform der Gesellschaft herbeizuführen. Das mußte auch auf die Arbeiter, die von einer sozialen Reform am meisten zu hoffen hatten, zurückwirken, und tatsächlich läßt sich die Einwirkung dieser Bewegung auf die amerikanische Arbeiterklasse in zahlreichen Fällen nachweisen.

Auch die politisch sozialen Bewegungen Englands wirkten damals nach Amerika hinüber und beeinflußten die hiesige Arbeiterschaft. Höchstwahrscheinlich, daß die englische Reformbewegung zu Anfang der dreißiger Jahre, daß besonders auch die radikale Agitation Cobbetts, der sich zeitweise in Amerika aufhielt, starken Einfluß auf die ersten Regungen der amerikanischen Arbeiterklasse gehabt haben.

Sicher ist, daß die Chartistenbewegung Englands nach dieser Richtung hin von Einfluß gewesen ist. Noch Jahrzehnte später konnte man in den Arbeiterversammlungen der Bergleute Pennsylvaniens und der Textilarbeiter Neu-Englands alte Chartisten antreffen, und da diese meist selbst Lohnarbeiter waren, die dazu noch eine gute politische Erziehung genossen hatten, so übten sie auch einen maßgebenden Einfluß auf ihre Umgebung aus.

Die Anhänger Owens und Fouriers setzten sich in der Hauptsache nicht aus Lohnarbeitern, sondern aus Angehörigen der besitzenden und Mittelklasse zusammen. Der ganzen Natur dieser Agitation nach aber mußte sie doch auf die Arbeiterklasse einwirken und diese mit Klassenbewußtsein und Reformideen aller Art erfüllen, mußte also indirekt auch der allgemeinen Arbeiterbewegung zugute kommen.

Der eifrigste Apostel Fouriers im Lande war damals Albert Brisbane, der Sohn eines reichen Grundbesitzers. Brisbane hatte seine Ausbildung in Berlin und Paris genossen und war mit Fourier in persönliche Verbindung gekommen, dessen begeisterter Schüler er wurde. Voll Enthusiasmus für seinen Lehrer gab er nach seiner Rückkehr nach Amerika sein Buch „Social Destiny of men" („Soziale Bestimmung des Menschen") heraus, worin hauptsächlich Übersetzungen aus Fouriers Schriften gegeben wurden. Das Buch hatte großen Erfolg. Die „New York Tribune", mit damals etwa 15 000 Abonnenten, deren Redakteur Horace Greeley war, eröffnete den fourieristischen Lehren ihre Spalten und tat viel für ihre Ausbreitung. In Boston, in Philadelphia, in New York wurden Assoziationistenvereine gegründet, die sowohl Propagandavereine waren als auch Organisationen zur Einleitung praktischer Betätigung der Fourierschen Lehren durch Gründung von kommunistischen Kolonien nach den Plänen des Lehrers.

Außer Brisbane und Greeley waren namentlich Ripley, der Redakteur des „Harbinger", Channing, Ryckman und mehrere andere für die Fourierschen Grundsätze tätig. Der „Harbinger" war ein Blatt, das von einer kommunistischen Kolonie bei Boston, von „Brook Farm", in der auch Chas. A. Dana, der spätere Redakteur der New Yorker

„Sun", eine Rolle spielte, herausgegeben wurde. Channing wurde auch in Deutschland durch Übersetzung seiner „Zwei Reden zur Hebung der arbeitenden Klassen" bekannt. Er war ein Prediger der Liebe, ein Stück christlicher Sozialist, dem das Wohlergehen der Arbeiter sehr am Herzen lag.

Auch Owen und seine Schüler waren in den Vereinigten Staaten sehr tätig, und Owen machte Mitte der vierziger Jahre seine vierte Reise über den Ozean, um die Kolonien, deren Gründung er in die Hand genommen hatte, zu stützen und zu fördern. Von seinen Schülern in den Vereinigten Staaten ragen besonders zwei Frauen, Wright und Rose, hervor. Beide waren ausgezeichnete Rednerinnen, deren Versammlungen in New York großen Zulauf hatten.

Weiter sind von Owens Schülern hier in den Vereinigten Staaten noch Collins, Murray und Warren zu nennen.

Übrigens zeigten auch die New Yorker Arbeiter selbst um diese Zeit selbständige Regungen. Sie schufen sich ein tägliches Organ zur Vertretung ihrer Interessen. Vom 6. Mai 1846 an erschien unter dem Titel „The Voice of Labor" in der Stadt New York eine Zeitung, deren Herausgeber zwei Arbeiter, E. F. Manning und A. H. Brown waren. Als Motto trug das Blatt den Satz: „Die Rechte, die Würde und Erhebung der Arbeit." In politischer Beziehung vertrat diese Zeitung das Programm der Nationalreformer.

Es mag noch hervorgehoben werden, daß fast alle Owenisten Atheisten waren, und daß sie deshalb heftige Angriffe seitens der christlichen Sektierer zu erdulden hatten.

2. Der Arbeiterkongreß im Jahre 1845.

Von den Anhängern Owens war zum Oktober 1845 ein internationaler Kongreß nach New York berufen worden, eine „All Worlds Convention", wie die Einberufer es nannten, der aber wenig besucht war und keinerlei Resultat hatte. Ihm folgte unmittelbar am 14. Oktober 1845 ein Arbeiterkongreß, der einem gemeinsamen Vorgehen der „New England Workingmen's League", die im selben Jahre sich in Boston gebildet hatte, und der „Nationalreformassoziation von New York" seine Einberufung verdankte. Auch eine Geheimorganisation, die sich „Young America" nannte, war vertreten. Der Kongreß wurde ebenfalls in New York abgehalten.

Dieser Arbeiter- oder „Industrial"kongreß, wie er auch genannt wurde, war zahlreich besucht, und nach den anwesenden Rednern zu schließen, waren besonders die Fourieristen stark vertreten.

Die Redner auf diesem Kongreß wandten sich besonders gegen die Unabhängigkeitserklärung von 1776, die eine bloße „Erklärung" geblieben sei. Wenn unsere Unabhängigkeitserklärung mehr ist als eitel Phrase — so hieß es da — wo sind unsere unveräußerlichen Rechte? Wo bleibt unser Recht auf Leben und Freiheit, wo die offenen Wege zu unserem Glück? Ist da Freiheit, wo der arme Arbeiter sich bücken muß wie ein Sklave, will er nicht Gefahr laufen, von dem reichen Nichtstuer in Elend und Verzweiflung gestoßen zu werden? Ist da ein Recht zum Leben, wo es kein Recht auf Arbeit und auf die Mittel zum Leben gibt? Stehen da dem Menschen alle Wege zum Glück offen, wo ihm nicht einmal ein Stückchen Erde garantiert ist, darauf er Fuß fassen, das er für seinen notwendigsten Lebensbedarf ausbeuten kann? Ist nicht das Kind der Reichen König, noch ehe es geboren ist, und das Kind des Armen Sklave, noch ehe es auf die Welt gesetzt wird? Mordet die Armut nicht auch hier Tausende von Kindern schon in den ersten Tagen ihres Daseins? Muß nicht der Arme sein ganzes Leben lang gehen, wohin der Hunger ihn treibt, und darf er auch nur daran denken, seinem Herzen zu folgen oder seinem Glück? — —

Das war der Ton, der auf diesem Arbeiterkongreß vor mehr als sechzig Jahren schon angeschlagen wurde.

Man kam überein, daß die Arbeiter sich **geheim** organisieren sollten. Ist erst — so wurde das begründet — die Klasse der Arbeiter organisiert zu einer selbständigen politischen Macht, dann braucht der einzelne die Gewaltstreiche des Kapitals nicht mehr zu fürchten, denn die Arbeiter bilden die Majorität in diesem Lande wie in der ganzen Welt; stehen sie erst zusammen, so sind sie es allein, die Gesetze machen.

Man beschloß also, die Organisierung der Massen einzuleiten durch die Bildung eines ständigen Arbeiterkongresses, auf dem bis auf weiteres die Delegaten von geheimen Arbeiterverbindungen aus allen Teilen der Union sich alljährlich zu gemeinschaftlicher Aktion versammeln sollten. Folgende Konstitution wurde entworfen und angenommen:

„Um Gleichheit, Freiheit und Brüderlichkeit zwischen Menschen jeglichen Schlages herzustellen, um zu wirken, daß die Menschenrechte, ob veräußerliche oder unveräußerliche, vollkommen verstanden und respektiert werden; um die arbeitenden Klassen von der untergeordneten Stellung, welche bis jetzt mit der Arbeit verbunden war, zu befreien; um die Freunde der Humanität näher aneinander zu führen; um Aufklärung, Tugend und Glückseligkeit zu verbreiten: nimmt diese Versammlung, welche die verschiedenen nützlich beschäftigten Klassen der menschlichen Gesellschaft repräsentiert, folgende Statuten an, welche sie dem Volke der Vereinigten Staaten als Grundlage einer neuen moralischen Regierung empfiehlt:

Artikel 1. Der Inhalt dieses Dokuments soll die Statuten des Arbeiterkongresses heißen.

Artikel 2. Dieser Kongreß soll auf folgende Grundsätze basiert sein.

1. Die Mitglieder derselben werden jährlich durch Körper oder Vereinigungen von Männern und Frauen gewählt, die sich zu folgenden Grundsätzen bekennen, nämlich:

Daß alle Menschen gleich geboren sind, daß sie von Natur gewisse unveräußerliche Rechte haben, darunter das Recht zum Leben und zur Freiheit, das Recht an dem Gebrauch eines so großen Teiles der Erde und der übrigen Elemente, als hinreichend ist, sie mit den Mitteln zu ihrem Unterhalt und zu ihrer Bequemlichkeit zu versehen, endlich das Recht der Erziehung und des väterlichen Schutzes von der Gesellschaft.

2. Die Mitglieder werden gewählt durch zusammengetretene Vereinigungen, von denen eine jede aus 5 bis 50 Personen, Männer oder Frauen über 18 Jahre, bestehen kann. Jede derartige Vereinigung gewinnt das Recht auf einen Vertreter, und jede 50 neu hinzugekommenen Mitglieder berechtigen sie zu einem neuen Repräsentanten; jedoch immer unter dem Vorbehalt, daß keine Vereinigung repräsentiert werden kann, deren Mitglieder nicht alle unter 1. ausgesprochenen Grundsätze als die ihrigen anerkannt haben.

Artikel 3. Der Kongreß versammelt sich am ersten Mittwoch im Juni eines jeden Jahres — sein erster Versammlungsort ist Boston, der zweite New York, der dritte Philadelphia und der vierte Cincinnati —, später bleibt es der Bestimmung des jedesmaligen Kongresses überlassen, den nächsten Versammlungsort zu bestimmen. Jede Sitzung soll wenigstens sieben Tage währen.

Artikel 4. Da es seine Ansicht ist, den allgemeinen Willen und das allgemeine Interesse der großen Klasse der nützlichen Produzenten zu konzentrieren und zu vertreten, sollen die Gesetze dieses Kongresses ratend und empfehlend sein, indem, was sie immer von moralischer Kraft haben mögen, in ihnen Wahrheit und Weisheit und nichts anderes liegen sollen."

Unterzeichnet war das Schriftstück von W. C. Wait aus Illinois als Präsident; von Karl Douglas aus Connecticut, E. N. Bellog aus New Jersey, John Ferral aus Pennsylvanien und von den Sekretären George Evans, Charles Sears und Moses Johnson. —

Es mag noch erwähnt werden, daß unter den Delegaten zu diesem Kongreß sich Wendell Phillips, William Lloyd Garrison, Charles A. Dana, A. Brisbane, George Ripley und andere bekannte Reformer jener Zeit befanden.

Die so gegründete Nationalreformassoziation, die in den folgenden Jahren noch einige Kongresse abhielt, dann sich aber in andere kleinbürgerliche Reformbewegungen verlor, hatte für die deutsche Arbeiterschaft New Yorks insoweit Interesse, als in Verbindung mit ihr sich die erste politische deutsche Arbeiterorganisation New Yorks entwickelte.

Zweiter Teil.
Der Beginn der deutsch-amerikanischen Arbeiterbewegung.

Erstes Kapitel.
Europäische Einflüsse.

1. Geheime Arbeiterorganisationen.

Das deutsche Arbeiterelement war in den vierziger Jahren in den Vereinigten Staaten schon verhältnismäßig stark. In den einzelnen Gewerben, wie zum Beispiel in jenem der Schneider, dominierten in den größeren Städten der Union die deutschen Arbeiter geradezu, und auch die deutschen Schreiner waren stark vertreten.

Kommunistische Ideen waren damals unter diesen Arbeitern durchaus nicht unbekannt.

Kaum waren Ende der dreißiger und Anfang der vierziger Jahre unter den deutschen Arbeitern im alten Vaterlande, in der Schweiz, in Paris, in London selbständige soziale Regungen aufgetaucht, als die ersten Keime einer deutschen Arbeiterbewegung auch schon übers Meer getragen und in den Boden diesseits des Ozeans verpflanzt wurden. Die Geheimgesellschaften der deutschen Arbeiter in den vierziger Jahren: „Der Bund der Gerechten", der „Kommunistische Arbeiterbildungsverein" in London, die Organisationen des Weitlingschen Handwerkerkommunismus — alle diese Vereine und Richtungen und Schulen übten auch hier in den Vereinigten Staaten ihre Wirkung aus und machten sich in den ersten Organisationen der dortigen deutschen Arbeiterbewegung bemerkbar.

Die hauptsächlichsten Verbreiter der sozialen Ideen der deutschen Arbeiter in den vierziger Jahren waren die reisenden Handwerksburschen. Mehr als in Deutschland, das seiner reaktionären Zustände halber eine öffentliche Propaganda für die sozialistischen und kommunistischen Ideen und eine offene Organisierung der entstehenden Bewegung der Arbeiterklasse nicht zuließ, war es in den deutschen Arbeitervereinen der Schweiz, wo diese deutschen Handwerksburschen mit den Spielarten des Kommunismus bekannt wurden. Teils trugen sie die dort gewonnenen Ideen zurück ins alte Vaterland, wo sie sich auf die geheime Propaganda warfen; teils warf sie ihr Wandertrieb von der Schweiz nach Paris, von dort nach London, und es waren besonders die deutschen Schneider, die sowohl in der Hauptstadt Frankreichs wie in jener Englands so zahlreich vertreten waren, daß zum Beispiel Ende der vierziger Jahre die belgischen und französischen Schneider in London in den Shops wohl Deutsch aber nicht Englisch lernten. Ähnlich in Paris. So sehr überwog die Zahl der deutschen Schneider in diesen Arbeitsstätten.

Der erste deutsche Arbeiterverein wurde im Jahre 1830 in Paris gegründet, der aber noch stark mit radikal-bürgerlichen Elementen durchsetzt war. Diese geheime Vereinigung nannte sich „Der Bund der Geächteten". Sie gab eine Monatsschrift heraus, „Der Geächtete", in der neben den bürgerlich-revolutionären Anschauungen auch die ersten verschwommenen sozialen Regungen der deutschen Arbeiterklasse zum Ausdruck kamen. Die Kosten für diese Zeitschrift wurden während der ganzen Zeit ihres Erscheinens von 200 deutschen Arbeitern in Paris getragen.

Auch von einem „Deutschen Volksverein" wird zu jener Zeit aus Paris berichtet, in dem Ludwig Börne eine Rolle spielte. Dieser Volksverein veröffentlichte Flugblätter an die deutsche Arbeiterschaft, wohl die ersten Kundgebungen einer derartigen Literatur, in der sozialistische oder halbsozialistische Anschauungen zum Ausdruck gelangten.

Aus dem „Bunde der Geächteten" entwickelte sich im Jahre 1838 der „Bund der Gerechtigkeit", meistens „Bund der Gerechten" genannt, in welchem die kommunistischen Ideen schärfer zum Ausdruck kamen. Anfang der vierziger Jahre nahmen unter dem Einfluß der Weitlingschen Agitation in der Schweiz die dortigen Arbeitervereine einen kommunistischen Charakter an. Von Arbeitern, die Mitglieder des „Bundes der Gerechten" waren, wurde 1840 in London der „Kommunistische Arbeiterbildungsverein" gegründet, der von da ab den Zentralpunkt bildete für die deutschen Handwerksburschen, die nach der englischen Hauptstadt kamen.

Diese reisenden deutschen Handwerker kamen auch nach Amerika, und es war erklärlich, daß sie die Ideen, die sie in Paris, in London, in der Schweiz in sich aufgenommen hatten, zunächst unter dem eingewanderten Arbeiterelement zu verbreiten suchten.

2. Kommunistische Agitation unter deutsch-amerikanischen Arbeitern.

Wir haben gesehen, daß kommunistische Ideen und selbst kommunistische Organisationen zu jener Zeit auf dem Boden der Vereinigten Staaten durchaus nichts Ungewöhnliches waren. Selbst in deutscher Sprache waren schon damals Versuche gemacht worden, die Arbeiter New Yorks für kommunistische Anschauungen zu gewinnen. Unter den Anhängern Robert Owens befand sich eine Frau Rose, eine Polin, eine ausgezeichnete Rednerin, die die Anschauungen ihres Lehrers in englischer, französischer und auch in deutscher Sprache vertrat und die verschiedentlich auch in deutschen Arbeiterversammlungen New Yorks ihre Reden hielt. Außer ihr finden wir zu Anfang der vierziger Jahre auch schon deutsche Apostel des Kommunismus auf amerikanischem Boden tätig. In St. Louis war es ein gewisser Heinrich Koch, ein Uhrmacher, der in seinen Blättern „Antipfaff" und „Vorwärts" in unklarer Weise den Kommunismus vertrat und auf die deutschen Arbeiter des Westens nicht unbedeutenden Einfluß erhielt. Koch war in Bayreuth im Jahre 1800 geboren. Er wurde durch Fouriers Lehren beeinflußt, kam wegen politischer Vergehen ins Gefängnis und ging 1832 nach Amerika. Er starb im Jahre 1879 in Dubuque, Iowa.

Auch sonst finden wir schon damals Vertreter des deutschen Kommunismus in den Vereinigten Staaten. In der New Yorker Zeitung „Schnellpost" wurden Korrespondenzen aus Deutschland veröffentlicht, die den Kommunismus propagierten. In Philadelphia erschien „Der Adoptivbürger" unter der Redaktion von G. Dietz, wohl das erste deutsche Arbeiterblatt auf amerikanischem Boden. In diesem Blatt fand der Weitlingsche Handwerkerkommunismus seinen Vertreter. Der „Adoptivbürger" ging im Januar 1846 ein, erschien dann noch in ein paar Nummern wieder, um dann ganz zu verschwinden.

3. Hermann Kriege und seine Propaganda.

Im September 1845 landete im Hafen von New York ein gewisser Hermann Kriege, der sich als Abgesandter des „Bundes der Gerechtigkeit" bezeichnete und der in New York in den ersten Tagen des Oktober desselben Jahres eine Gemeinde dieses Bundes ins Leben rief. Es herrschte zu jener Zeit große Not in New York. In einer Arbeiterversammlung, die am 16. Juli 1845 in Croton Hall am Chatham Square abgehalten wurde, berichtete man, daß sich nicht weniger als 65000 Paupers in der Stadt New York befanden, eine geradezu unglaubliche Zahl, wenn man die damalige geringe Größe der Stadt in Betracht zieht. Der Lohn war sehr gedrückt; die Erregung in Arbeiterkreisen allgemein. Hierzu kam im Oktober der schon erwähnte Arbeiterkongreß, dessen Beschlüsse unter diesen Umständen erhöhte Beachtung erhielten. So fand die Agitation Krieges den geeigneten Boden auch unter den deutschen Arbeitern, und unter dem Eindruck der Verhandlungen des Kongresses bildete sich in New York neben der geheimen Gemeinde des „Bundes der Gerechten" eine öffentliche politische Organisation aus deutschen Arbeitern.

Es scheint, daß gleich in der ersten Sitzung der Gemeinde des „Bundes der Gerechten" der Gedanke zum Ausdruck kam, daß man auch eine öffentliche Organisation ins Leben rufen wolle, die sich an die amerikanischen Nationalreformer anschließen sollte. Die Gemeinde vollzog diesen Anschluß bald nach ihrer Gründung. Sie betrachtete sich als Zweig der Bodenreformbewegung, deren geheime Organisation den Namen „Jung-Amerika" führte, und hiernach nahm die Gemeinde bald den Namen „Deutsche Jung-Amerika-Gemeinde zu New York" an.

Als Zweck dieser Organisation wurde angegeben, „die Interessen der Arbeit gemeinsam zu besprechen und die Mittel und Wege ausfindig zu machen, einen geschlossenen Kampf zu organisieren gegen das Kapital, ihren Todfeind."

4. Die deutschen Arbeiter und die Deutsche Gesellschaft New Yorks.

Ehe die Mitglieder „Jung-Amerikas" an die Organisierung einer öffentlichen Arbeitervereinigung gingen, versuchte man noch, das deutsche Bürgertum der Stadt für die Reformbewegung zu interessieren.

Man wandte sich zu dem Zwecke an die „Deutsche Gesellschaft der Stadt New York", die nach ihrem Statut den Zweck hatte, notleidenden Landsleuten helfend unter die Arme zu greifen. Hieran anknüpfend, richtete die „Deutsche Jung-Amerika-Gemeinde" an die „Deutsche Gesellschaft" die folgende Adresse:

An den Ausschuß der Deutschen Gesellschaft in New York.

Verehrte Männer!

Ist es Ihr „lobenswerter Zweck, deutsche Emigranten zu unterstützen und notleidenden Deutschen und ihren Abkömmlingen Hilfe zu leisten", wie das uns Ihre Statuten verkünden, verfliegt nicht bei Ihnen das Wort in blauen Dunst, wenn man es zwingen will, Fleisch zu werden, — sind Sie wirklich, was Sie zu sein vorgeben: Wohltäter des Menschengeschlechts, dann werden Sie uns danken, aus vollem Herzen danken, daß wir Ihnen eine Gelegenheit bieten, es uns und aller Welt zu beweisen, daß Sie einen Namen verdienen, den wir Ihnen so gerne gönnen möchten. Stoßen Sie uns zurück, nun — dann wissen wir wenigstens, wie wir daran sind, und gewinnen ein Recht, anderswo zu suchen, was wir bei Ihnen nicht finden konnten.

Es bildet sich jetzt eine Partei hier im Lande, die uns bietet, was wir von allen anderen vergebens erwarteten: heimische Hütten für uns und unsere Kinder. Nationalreformer nennen sich unsere Freunde, und wenn es je Männer gab, die den Namen Reformer verdienten, so sind es diese amerikanischen Nationalreformer.

„Befreiung des Bodens", „Erhebung der Arbeit" sind die großen Losungsworte ihrer Partei, „der Mensch hat ein Recht an Gottes Erde" das einfache Prinzip ihres Kampfes. Gebt jedem Bewohner der Vereinigten Staaten und jedem neuen Einwanderer so viel von dem unbebauten Boden unserer Staaten, als er braucht für seine und seiner Kinder Ernährung, gebt ihm ein Recht, seiner Hände Arbeit zu betätigen, und laßt niemanden verhungern inmitten einer reichen ungenutzten Natur, gebt jedem, der sie bebauen will, 160 Acres unbebautes Land und gebt niemanden mehr, damit nicht herzlose Spekulanten für das Kapital aussaugen, was von Gottes und Rechts wegen der Arbeit gehört. Das ist die einfache Forderung der Nationalreformer, und sie wenden sich an das souveräne Volk der amerikanischen Freistaaten, mit seinen gesetzlich garantierten Rechtsmitteln zu erkämpfen, was sein eigen ist. Ihre Beweisgründe sind so klar, so schlagend, daß wir namentlich bei jedem Auswanderer, der sie nicht begreift, entweder eine unerhörte Kopflosigkeit oder ein gemeines, eigensüchtiges Herz voraussetzen müssen.

Und so haben wir denn beschlossen, in nächster Woche ein großes Meeting zu veranlassen für alle Deutschen in New York, denen das

Wohl und Wehe ihrer armen Brüder am Herzen liegt, um auf diese Weise die Prinzipien der Nationalreformer zum Gegenstand allgemeiner Beratung zu machen.

Wir zweifeln nicht daran, Sie werden Ihrem Namen Ehre machen und sich mit Freuden an die Spitze eines Unternehmens stellen, welches für die Deutschen in Amerika unberechenbare Folgen haben kann. Sagen Sie uns, daß Sie selbst dieses Meeting berufen wollen, und wir versprechen Ihnen, der Kern der deutschen Arbeiter in New York soll Ihrem Rufe folgen. Aber Zeit dürfen wir nicht verlieren, darum bitten wir Sie, uns bis Freitag den 24. Oktober eine schriftliche Erklärung zugehen zu lassen, ob und in welcher Weise Sie uns helfen wollen, damit wir im schlimmsten Falle selbst ausführen können, was zunächst Ihr Recht und Ihre Pflicht gewesen wäre. Das Meeting soll und muß in der nächsten Woche stattfinden, weil wir die Möglichkeit nicht aus den Händen geben dürfen, schon bei den jetzigen Wahlen die politische Aktion der Nationalreformer zu unterstützen.

Bedenken Sie wohl, was Sie tun, wir stehen nicht allein, eine zahlreiche deutsche Arbeitergesellschaft spricht durch unseren Mund. Sollten Sie uns verlassen, würde bald jeder deutsche Arbeiter in den Vereinigten Staaten es begreifen lernen, daß Sie nicht länger das Recht haben auf einen Titel, der mit der Erfüllung Ihrer Pflicht steht und fällt. Denn wissen Sie es: Das Wohl aller Arbeiter der Vereinigten Staaten ruft uns in die Schranken, ihr allgemeines Bedürfnis steht hinter uns und wird über kurz oder lang erzwingen, was wir erstreben, mögen Sie uns unterstützen oder nicht.

Ja, werte Herren, wir sind die Organe der Not, und wir bitten Sie inständigst, um Ihres guten Namens, um Ihrer Ehre und Ihres eigenen Vorteils willen, stoßen Sie uns nicht von sich und zeigen Sie dem deutschen Arbeiter, daß der Kapitalist sein Freund, sein Beschützer, sein handelndes Organ ist und nicht sein Feind, wie uns die Sozialisten und Kommunisten überreden möchten.

Im Namen eines zahlreichen Arbeitervereins:
Tillmann, Dreßler, Weißenbach.

New York, den 20. Oktober 1845.

Zweites Kapitel.
Die Sozialreformer.

1. Die Organisation.

Die „Deutsche Gesellschaft" New Yorks würdigte das Schreiben der Arbeiter keiner Antwort. Das Komitee des Arbeitervereins berief daraufhin eine öffentliche Versammlung von deutschen Arbeitern. Diese Versammlung wurde von H. Kriege, Wilhelm Trautwein, dem Grobschmied Dreher und anderen adressiert und beschloß dann die Gründung einer deutschen Arbeiterorganisation, die den Namen „Sozialreformassoziation" führen sollte.

Die Gründung ging vor sich. Die neue Organisation war gewissermaßen der Rekrutierungsgrund für die „Deutsche Jung=Amerika=Gemeinde", von deren Existenz anfänglich nur wenige unterrichtet waren. Nach und nach aber hörte man von der geheimen Organisation, die in Wirklichkeit die Assoziation leitete, und man beschloß die Einsetzung eines Komitees, das die Sache untersuchen solle. In einer Versammlung der Assoziation im März 1846 gab dieses Komitee eine Erklärung ab, die folgendes enthielt:

Die Entstehung der Sozialreformassoziation datiert von einem Beschlusse der „Deutschen Jung=Amerika=Gemeinde" zu New York, damals „Gemeinde des Bundes der Gerechtigkeit", demzufolge eine Reihe von Meetings gehalten werden sollten, das Volk mit den Prinzipien der Verbindung bekannt zu machen und dasselbe zur Erkenntnis seiner Rechte und zum gemeinschaftlichen Handeln zu erwecken. Ein wesentlicher Zweck, wenn auch nicht Hauptzweck dieser Meetings war, die Jung=Amerika=Verbindung durch Zuziehung solcher Individuen zu verstärken, deren Eifer und Moralität ihren Eintritt zu der Verbrüderung wünschenswert machten.

Im Anschluß an diese Erklärung wurde bekannt gegeben, daß die „Deutsche Jung=Amerika=Gemeinde" in ihrer letzten Sitzung die folgenden Beschlüsse gefaßt habe:

I. Mitglieder der „Sozialreformassoziation" sind:

1. Alle Mitglieder der „Deutschen Jung=Amerika=Gemeinde" in New York.

2. Alle diejenigen, welche, wenn sie noch nicht der Jung=Amerika=Verbindung beigetreten sind, folgende Erklärung unterschreiben:

Um den Menschen in sein väterliches Recht an den Boden wieder einzusetzen, verpflichten wir uns feierlichst mit unserer Namensunterschrift, niemanden zu irgend einem legislativen Amte unsere Stimmen zu geben, der sich nicht schriftlich verbindet, im Falle er gewählt wird, allen Einfluß seiner Stellung dahin zu verwenden, jeglichen Handel mit des Volkes Land zu verhindern und dahin zu wirken, daß es in Farmen und Lots eingeteilt werde zur freien und ausschließlichen Besitznahme für wirkliche Anbauer.

II. Die Meetings der „Sozialreformassoziation" sollen fortan ausschließlich politisch sozialen Debatten gewidmet sein, und alle Geschäfte werden in den wöchentlichen Sitzungen des „Jung-Amerika" gemacht.

III. Jedes Mitglied der „Sozialreformassoziation" kann auch Mitglied des „Jung-Amerika" werden, sobald es von einem Mitglied dieses letzteren, das ihn als ein tüchtiges Individuum kennt, vorgeschlagen wird. —

Weiter wurde noch bekannt gegeben, daß die Jung-Amerika-Gemeinden Geheimverbindungen politischer Natur seien, daß sie die Aufhebung des Handels mit Land, die Befreiung des Bodens, die Erhebung der Arbeit und die Organisierung der Arbeiter zu selbständiger politischer Aktion zum Zwecke hätten, daß sie mit diesem Hauptzweck noch den Nebenzweck der Krankenunterstützung verbinden, daß sie geheim sind und bleiben müssen, damit es den Kapitalisten unmöglich werde, mit Hilfe der Geldmacht den Arbeiter zu Boden zu drücken. Im besonderen wurde noch hervorgehoben, daß man von der Regierung verlange, daß jedem Ansiedler 160 Acres Land zur Verfügung zu stellen seien und niemanden mehr.

Unter den Männern, die in der Sozialreformassoziation wie in dem deutschen Zweige der Jung-Amerika-Gemeinde das Wort führten, sind hervorzuheben: Tillmann, Ch. Weißenbach, Reichmann, Ludwigh, Kriege, Gläser, Dreher, K. Meyer und andere.

Es bestanden in New York verschiedene Gemeinden von „Jung-Amerika", die nach Nummern unterschieden wurden. Die Versammlungen der „Sozialreformassoziation" waren gut besucht. In den Berichten heißt es öfters, daß 400 bis 600 Personen anwesend waren.

Einzelne Zweige der Organisation hatten übrigens starke Mitgliedschaften. So zählte die New Yorker „Sozialreformassoziation Nr. 2" zeitweilig nicht weniger als 345 Mitglieder.

Die Mitglieder von „Jung=Amerika" wie auch die Sozialreformer beschränkten sich übrigens nicht bloß auf die Agitation in ihren Vereinen, sie hielten auch öffentliche Versammlungen in Sälen und im Freien ab. Besonders wurden auch die öffentlichen Parks zu ihrer Agitation benutzt, in denen damals in deutscher Sprache überall Reden gehalten wurden.

Die nativistische Presse griff diese Versammlungen des öfteren an. Der „Morning Express", ein Whigblatt, schrieb am 11. April 1846 mit Bezug hierauf das Folgende: „Gestern abend fand im Parke ein eben nicht sehr zahlreiches Meeting statt zur Unterstützung der politischen Aktion der Nationalreformer. Wir haben nicht den geringsten Einwand gegen das Prinzip, daß ein jeder aus den öffentlichen Ländereien eine Farm erhalte, vorausgesetzt, daß er sie bebaut und nicht um eine Kleinigkeit losschlägt. Doch wir müssen bekennen, daß wir sehr erstaunt sind, mitten in der Stadt New York einen Fremden in einer fremden Sprache eine Rede halten zu hören, worin er seine besonderen Grundsätze befürwortet. Es ist in der Tat ziemlich weit gekommen, wenn Männer, die nicht die Sprache von Amerika sprechen können, darüber schwatzen, was die Politik der Amerikaner sein sollte, und wenn in deutscher Sprache zu Deutschen gesprochen wird über unsere Gesetzgebung, so halten wir das für eine grenzenlose Unverschämtheit. —

„Wir nehmen das niedergetretene Volk aus der Fremde auf; wir geben ihnen Privilegien und Rechte, die sie nie vorher hatten; sie werden genährt, gekleidet, sie erhalten ein Obdach, wir gewähren ihnen Stimmrecht; — aber es heißt in der Tat den Spaß zu weit treiben, in unserem Staat die Grundsätze irgend einer ‚deutschen Verbindung' einführen zu wollen. Mögen diese Reformer wenigstens zuerst unsere Sprache lernen, ehe sie unsere Gesetze zu ändern suchen."

Zeigt diese Auslassung, daß es damals schon Amerikaner gab, die jede Reformagitation für „unamerikanisch", für ein „ausländisches Gewächs" erklärten, so zeigt sie auch, daß damals schon, wie später, die Erlernung der Landessprache durch die Deutschen und speziell auch durch die deutschen Arbeiter zu wünschen übrig ließ. —

2. Der „Volkstribun".

Nicht nur die mündliche, auch die schriftliche Propaganda stellten die deutschen Arbeiter New Yorks jener Zeit schon in den Dienst ihrer Sache.

In derselben Versammlung der Sozialreformassoziation, in der der Bericht über die Geheimorganisation „Jung-Amerika" gegeben wurde, legte Kriege die erste Nummer eines Blattes vor, das er ins Leben gerufen hatte. Er erbot sich, dieses Blatt im Sinne und unter der Kontrolle der „Sozialreformassoziation" herauszugeben, ein Anerbieten, das von der Versammlung sofort angenommen wurde.

Dieses Blatt, das erste deutsche Arbeiterblatt New Yorks war „Der Volkstribun", Organ der deutschen Sozialreformassoziation in New York.

Die erste Nummer dieses Blattes erschien am 5. Januar 1846. Der Titel trug als Vignette das Bild Masaniellos, des neapolitanischen Volkstribunen, und enthielt das Motto: „Die Arbeit hoch! Nieder mit dem Kapital!"

Im Einführungsartikel der ersten Nummer dieses Arbeiterblattes heißt es unter anderem:

„Also Tribun des Volkes soll unser Blatt sein, das heißt der Armen, der Gequälten, der Zertretenen; die reichen Unterdrücker werden keinen sonderlichen Geschmack daran finden. Ebensowenig die Pfaffen, die Advokaten, die Ämterjäger aller Art, für sie enthält es keinen Buchstaben, sie brauchen's gar nicht anzusehen.

„Dem Kapitalisten mag es gleich das Motto sagen, wie wir es mit ihnen meinen. Wir wollen ihm aber nicht etwa sein Geld stehlen, wir wollen nur dem Gelde selbst seinen Wert nehmen, wir wollen es dem Arbeiter begreiflich machen, daß nur die Arbeit wirklichen Reichtum schafft, und daß das Kapital durchaus keinen Wert hat, als in der Einbildung, daß er sich daher seine Arbeit nicht mit Geld, sondern mit Arbeit soll bezahlen lassen — denn, wenn das Geld seine Geltung verloren hat, dann mögen die reichen Herren zusammenscharren, soviel ihnen beliebt, wir wollen's ihnen gern gönnen. Ihr aber, ihr Arbeiter, die ihr alles schafft und nichts erhaltet, die ihr euch hinquälen müßt von einem Tag zum anderen, und mit all eurem Mühen, mit all eurem Schweiß es kaum dahin bringen könnt, eure Blößen zu bedecken und euer armseliges Stückchen Brot zu verdienen, ihr, die ihr nichts seid und alles werden müßt, ihr und ihr allein seid das Volk, dem ich dienen, das ich vor Mißhandlungen schützen will."

So viel über das Programm, das Kriege sich mit dem „Volkstribun" stellte.

Der „Volkstribun" wurde den Arbeitern zum Preise von 5 Cents ins Haus gebracht. „Kapitalisten", so hieß es in der Ankündigung, „erhalten das Blatt nur gegen jährliche Vorausbezahlung".

Dieses erste deutsche Arbeiterblatt New Yorks existierte ein Jahr lang, machte aber in dieser Zeit verschiedene Wandlungen durch. Mit der Nr. 10 erklärte es sich in seinem Titel als „Organ des jungen Amerika" und mit Nr. 26 verschwindet sein Motto: „Die Arbeit hoch!"

Der „Volkstribun" stand in Verbindung mit Milwaukee, Cincinnati, Boston, Newark, Philadelphia, Chicago, St. Louis und anderen größeren Orten, wo überall auch Verbindungen der deutschen Sozialreformassoziation bestanden. In St. Louis erschienen damals, wie schon erwähnt, zwei Blätter, die sich auch kommunistisch nannten, der „Vorwärts" und der „Antipfaff", beide von dem schon erwähnten Koch redigiert, der auch zahlreiche Artikel und Gedichte im „Volkstribun" veröffentlichte.

Krieges Auftreten und seine Schreibweise im „Volkstribun" waren durchaus nicht geeignet, die deutschen Arbeiter New Yorks über ihr wahres Interesse aufzuklären oder sie gar über ihre Klassenlage zu belehren. Kaum in New York angelangt, wandte Kriege sich schriftlich an eine Anzahl reicher Bürger, sie ersuchend, einige Dollar für die Verwirklichung der Kriegeschen Ideen herzugeben. Die Briefe waren unterzeichnet mit „Ein Narr", „Ein Unbekannter", teils auch mit Krieges Namen.

Als Probe der schwulstigen Redeweise Krieges mag eine Anrede an Johann Jakob Astor dienen, dem er ebenfalls einen Bettelbrief geschickt hatte, den er dann mit der folgenden Einleitung im „Volkstribun" veröffentlichte:

„Johann Jakob Astor, sind Sie noch nicht ein Raub des Todes, kann meine Stimme Sie noch erreichen, so hören Sie mich an, nur das eine Mal hören Sie mich an. — Hören Sie auf das Gewimmer der Unglücklichen, die Sie erlösen, hören Sie auf die schrillen Seufzer der Verzweifelnden, die Sie erretten könnten! Sind sie Ihnen denn so gar nichts, die Segen zitternden Lippen einer kranken Mutter, und so ein himmlisch gutes Kinderauge? — O, lassen Sie sich nicht verführen von den ‚Ihrigen', sie verlieren ja dabei, wenn Sie Gutes tun, — verlangen Sie darum nicht, daß sie interesselos lieben und die Wahrheit sagen. — Ich kam zu Ihnen, weil man auf Sie schalt — dem Anpreisen traute ich nicht mehr, darum ging ich hin, wo man schmähte. Ich trug es Ihnen so offen entgegen, mein ganzes volles Menschenherz — verdiente ich dafür nicht einmal eine höfliche Abweisung? — Bitte, lesen Sie den Brief noch einmal ganz durch, und dann lassen Sie mich wenigstens wissen, daß Sie ihn gelesen."

Der Brief an Astor schließt mit folgender Redensart:

„Nochmals sagen Sie mir, daß Sie ein Herz haben für die armen getretenen Menschenkinder, und ich will Sie lieben, wie Sie niemals geliebt sind, ich will für Sie arbeiten, wie noch niemand für Sie gearbeitet hat. Ich harre Ihrer Antwort in fieberischer Angst, machen Sie ihr bald ein Ende auf die eine oder die andere Weise."

In derselbigen wahnsinnigen Art, wie in diesen Briefen, ließ Kriege sich auch in den Artikeln des „Volkstribun" aus. Eine schwülstige Phrase jagte die andere, und seine unaufhörlichen Liebesbeteuerungen zur Menschheit, seine ganze süßliche und entnervende Art der Agitation machten den Kommunismus, den er zu vertreten sich rühmte, zu einem Gespött aller Vernünftigen.

Nun aber kamen gerade damals die Hauptvertreter des proletarischen Kommunismus in Europa, besonders Karl Marx und Friedrich Engels, zur Klarheit über sich selbst und über ihre Ideen. Wollte man den Kommunismus nicht zum Kinderspott machen, so durfte man die Lächerlichkeiten Krieges nicht unwidersprochen lassen. Klarheit über die Absichten und Ideen der Kommunisten war notwendig, und so mußte man dem Kriegeschen Versuch, dem Kommunismus einen falschen Inhalt zu geben, entschieden entgegentreten.

Drittes Kapitel.
Kriege und die deutschen Kommunisten.

1. Die Erklärung der Kommunisten gegen Kriege.

Im Mai 1846 kamen in Brüssel die hauptsächlichsten Vertreter des deutschen Kommunismus zusammen.

Bei der Gelegenheit beschloß man, Hermann Kriege von sich abzuschütteln und gegen ihn und gegen den „Volkstribun" in New York eine Erklärung zu erlassen, um jede Gemeinschaft zwischen Kriege und den Kommunisten zu lösen.

Die betreffende Erklärung wurde an Kriege mit dem Ersuchen geschickt, sie im „Volkstribun" abzudrucken. Das geschah auch. Die Erklärung war von folgendem Schreiben begleitet:

Herrn Hermann Kriege, Redakteur des „Volkstribun".

Im Auftrag der hiesigen kommunistischen Gesellschaft und als Präsident der Versammlung vom 11. Mai teile ich Ihnen in der Beilage die von uns am 11. gefaßten Beschlüsse mit, welche unsere Ansichten über den „Volkstribun" enthalten. Falls Sie diese Beschlüsse nebst Motivierung in Ihr Blatt nicht aufnehmen, so werden sie doch in Europa und Amerika gedruckt erscheinen. Wir erwarten aber, daß Sie uns baldigst eine unsere Resolutionen enthaltende Nummer des „Volkstribun" unter der Adresse: Mr. Gigot, Rue de Bodenbrock Nr. 8, übersenden werden. Edgar von Westphalen.

Brüssel, den 16. Mai 1846.

Der Anfang dieser Erklärung der Kommunisten gegen Kriege hatte folgenden Wortlaut:

In einer Zusammenkunft nachbenannter Kommunisten: Engels, Gigot, Heilberg, Marx, Seiler, Weitling, von Westphalen und Wolf wurden in betreff des New Yorker deutschen Blattes „Der Volkstribun", redigiert von Hermann Kriege, folgende, in der Beilage motivierten Beschlüsse einmütig gefaßt — mit einziger Ausnahme Weitlings, der dagegen stimmte.

Beschlüsse.

1. Die von dem Redakteur Hermann Kriege im „Volkstribun" vertretene Tendenz ist nicht kommunistisch.

2. Die kindisch pomphafte Weise, in der Kriege diese Tendenz vertritt, ist im höchsten Grade krompromittierend für die kommunistische Partei in Europa sowohl als in Amerika, insofern er für den literarischen Repräsentanten des deutschen Kommunismus in New York gilt.

3. Die phantastische Gemütsschwärmerei, die Kriege unter dem Namen „Kommunismus" in New York predigt, muß im höchsten Grade demoralisierend auf die Arbeiter wirken, falls sie von ihnen adoptiert wird.

4. Gegenwärtige Beschlüsse nebst deren Begründung werden den Kommunisten in Deutschland, Frankreich und England mitgeteilt.

5. Ein Exemplar wird der Redaktion des „Volkstribun" mit der Aufforderung zugeschickt, diese Beschlüsse nebst deren Begründung in den nächsten Nummern des „Volkstribun" abdrucken zu lassen.

Brüssel, den 11. Mai 1846.

(Folgen die Unterschriften der oben Genannten mit einziger Ausnahme von Weitling.)

Die Begründung dieser Beschlüsse ist in fünf Abschnitten gegeben, die in schärfster Weise den Mißbrauch feststellen, den Kriege mit dem von ihm propagierten „Kommunismus" trieb. Im ersten Abschnitt, der die Überschrift führt: „Verwandlung des Kommunismus in Liebesduselei", werden eine große Reihe von Zitaten aus Artikeln einer Nummer des „Volkstribun" gegeben, in denen „die Liebe" eine große Rolle spielt. Der Abschnitt schließt: „Wir haben also in dieser einen Nummer die Liebe, schlecht gezählt, in 35 Gestalten. Dieser Liebessabbelei entspricht es, daß Kriege ... den Kommunismus als den liebevollen Gegensatz des Egoismus darstellt, und eine weltgeschichtliche revolutionäre Bewegung auf die paar Worte: Liebe — Haß, Kommunismus — Egoismus reduziert. Ebenfalls gehört dazu die Feigheit, womit er oben dem Wucherer damit schmeichelt, daß er ihm das zu lassen verspricht, was er schon hat, und weiter unten beteuert, ‚die trauten Gefühle des Familienlebens, der Heimatlichkeit, des Volkstums nicht zerstören', sondern ‚nur erfüllen' zu wollen. Diese feige, heuchlerische Darstellung des Kommunismus nicht als ‚Zerstörung', sondern als Erfüllung der bestehenden schlechten Verhältnisse und der Illusionen, die sich die Bourgeois darüber machen, geht durch alle Nummern des ‚Volkstribun'. Zu dieser Heuchelei und Feigheit paßt die Stellung, die er in den Diskussionen mit Politikern einnimmt. Er erkennt es für eine Sünde gegen den Kommunismus an, wenn man gegen katholisierende politische Phantasten wie Lamennais und Börne schreibt, wodurch also Männer wie Proudhon, Cabet, Dezamy, mit einem Worte, sämtliche französischen Kommunisten bloß Leute sind, ‚die sich Kommunisten nennen'. Daß die deutschen Kommunisten ebenso weit über Börne hinaus sind wie die französischen über Lamennais, hätte Kriege schon in Deutschland, Brüssel und London lernen können.

„Welche entnervende Wirkung auf beide Geschlechter diese Liebesduselei ausüben, und welche massenweise Hysterie und Bleichsucht sie bei den ‚Jungfrauen' hervorrufen muß, darüber möge Kriege selbst nachdenken." —

Während die drei Schlußabschnitte der „Begründung" der Kritiker sich mit den metaphysischen und religiösen Tändeleien und dem persönlichen Auftreten Krieges beschäftigen, wird im zweiten Abschnitt die Ökonomie des „Volkstribun" und seine Stellung zu „Jung=Amerika" untersucht; ihm gebührt deshalb ein größeres Interesse.

„Wir erkennen — so beginnt dieser Abschnitt — die Bewegung der amerikanischen Nationalreformer in ihrer historischen Berechtigung vollständig an. Wir wissen, daß diese Bewegung ein Resultat erstrebt, das zwar für den Augenblick den Industrialismus der modernen bürgerlichen Gesellschaft befördern würde, das aber als Resultat einer proletarischen Bewegung, als Angriff auf das Grundeigentum überhaupt und speziell unter den in Amerika bestehenden Verhältnissen durch seine eigenen Konsequenzen zum Kommunismus forttreiben muß. Kriege, der sich mit den deutschen Kommunisten in New York der Anti=Rentbewegung angeschlossen hat, überklebt diese dünnen Tatsachen mit seinen herkömmlichen kommunistischen und überschwenglichen Redensarten, ohne sich je auf den positiven Inhalt der Bewegung einzulassen, und beweist dadurch, daß er über den Zusammenhang des „Jung=Amerika" mit den amerikanischen Verhältnissen im höchsten Grade unklar ist. Außer den schon gelegentlich angeführten einzelnen Stellen wollen wir noch ein Beispiel geben, wie er eine agrarisch zugestutzte Parzellierung des Grundbesitzes im amerikanischen Maßstabe mit seiner Menschheits=begeisterung überschüttet."

In Nr. 10 „Was wir wollen" heißt es:

„Sie, nämlich die amerikanischen Nationalreformer, nennen den Boden das gemeinschaftliche Erbteil aller Menschen ... und wollen durch die gesetzgebende Macht des Volkes Mittel getroffen wissen, um die 1400 Millionen Acres Land, welche noch nicht in die Hände räuberischer Spekulanten gefallen sind, ‚der ganzen Menschheit als unver=äußerliches Gemeingut zu erhalten'. Um dies ‚gemeinschaft=liche Erbteil', dies ‚unveräußerliche Gemeingut' in seiner Gemein=schaftlichkeit ‚der ganzen Menschheit zu erhalten', adoptiert er den Plan der Nationalreformer: ‚Jedem Bauer, wes Landes er auch sei, zu seiner Ernährung 160 Acres amerikanischer Erde zu Gebote zu stellen', oder, wie dies Nr. 14 ... ausdrückt: ‚Von diesem noch un=berührten Gut des Volkes soll niemand mehr als 160 Acres in Besitz nehmen, und auch diese nur, wenn er sie selbst bebaut.' Der Boden soll also dadurch unveräußerliches Gemeingut, und zwar ‚der ganzen Menschheit' bleiben, daß man unverzüglich anfängt, ihn zu teilen; Krieges bildet sich also dabei ein, er könne die notwendigen Folgen dieser Teilung: Konzentration, industriellen Fortschritt usw., durch Gesetze verbieten. 160 Acres Land gelten ihm für ein stets gleichbleibendes Maß, als ob der Wert einer solchen Bodenfläche nicht nach ihrer Qualität verschieden sei. Die Bauern werden, wenn auch nicht ihren Boden, doch ihre Bodenprodukte untereinander und mit anderen austauschen müssen, und wenn die Leute so weit gekommen sind, wird es sich bald zeigen, daß der eine Bauer auch ohne Kapital, bloß durch seine Arbeit und die größere ursprüngliche Produktivität seiner 160 Acres den anderen wieder zu seinem Knecht herabdrückt. Und dann, ist es nicht einerlei, ob der Boden oder die Produkte des Bodens in die Hände räuberischer Spekulanten fallen?

„Nehmen wir einmal Krieges Geschenk an die Menschheit ernsthaft.

„1 400 000 000 Acres sollen ‚der ganzen Menschheit als unveräußerliches Gemeingut erhalten' werden. Und zwar sollen auf jeden ‚Bauer' 160 Acres kommen. Hiernach läßt sich berechnen, wie stark Krieges ‚ganze Menschheit' ist — genau 8 $^3/_4$ Millionen ‚Bauern', die als Familienväter, jeder eine Familie von 5 Köpfen, also eine Gesamtmasse von 43 $^3/_4$ Millionen Menschen repräsentieren. Wir können ebenfalls berechnen, wie lange die ‚alle Ewigkeit' dauert, für deren Dauer ‚das Proletariat in seiner Eigenschaft als Menschheit die ganze Erde' wenigstens der Vereinigten Staaten ‚in Anspruch nehmen' kann. Wenn die Bevölkerung der Vereinigten Staaten in demselben Maße zunimmt wie bisher (das heißt sich in 25 Jahren verdoppelt), so dauert diese ‚alle Ewigkeit' nicht volle 40 Jahre, in dieser Zeit sind die 1400 Millionen Acres okkupiert, und es bleibt den Nachkommenden nichts mehr in ‚Anspruch zu nehmen'. Da aber die Freigebung des Bodens die Einwanderung sehr vermehren würde, so könnte Krieges ‚Ewigkeit' schon eher ‚alle' werden. Besonders wenn man bedenkt, daß Land für 44 Millionen nicht einmal für den jetzt existierenden europäischen Pauperismus ein zureichender Abzugskanal sein würde, da in Europa der zehnte Mann ein Pauper ist und die britischen Inseln allein 7 Millionen liefern. Eine ähnliche ökonomische Naivität findet sich in Nr. 13 ‚An die Frauen', wo Krieges meint, wenn die Stadt New York ihre 52 000 Acres auf Long Island freigebe, so reiche das hin, um ‚mit einem Male' New York von allem Pauperismus, Elend und Verbrechen auf ewige Zeit zu befreien.

„Hätte Kriege die Bodenfreiheitsbewegung als eine unter bestimmten Verhältnissen notwendige erste Form der proletarischen Bewegung, als eine Bewegung gefaßt, die durch die Lebensstellung der Klasse, von der sie ausgeht, notwendig zu einer kommunistischen sich fortentwickeln muß, hätte er gezeigt, wie die kommunistischen Tendenzen in Amerika ursprünglich in dieser scheinbar allem Kommunismus widersprechenden agrarischen Form auftreten mußten; — so wäre nichts dagegen zu sagen gewesen. So aber erklärt er eine allerdings noch untergeordnete Bewegungsform wirklicher, bestimmter Menschen für eine Sache der Menschheit, stellt sie wider sein besseres Wissen als letztes höchstes Ziel aller Bewegung überhaupt hin und verwandelt dadurch die bestimmten Zwecke der Bewegung in baren überschwenglichen Unsinn.

„Er singt indes ungestört in demselben Aufsatz (Nr. 10) seinen Triumphgesang weiter: ‚Also damit gingen endlich die alten Träume der Europäer in Erfüllung, es würde ihnen auf dieser Seite des Ozeans eine Stätte bereitet, die sie nur zu beziehen und mit ihrer Hände Arbeit zu befruchten brauchten, um allen Tyrannen der Welt mit Stolz entgegenrufen zu können:

> Das ist meine Hütte,
> Die ihr nicht gebaut,
> Das ist mein Herd
> Um dessen Glut ihr mich beneidet.'

„Er hätte hinzufügen können: Das ist mein Misthaufen, den ich und mein Weib, Kind, Magd und Vieh produziert haben. Welche Europäer sind denn das, deren ‚Träume' hier in Erfüllung gehen? Nicht die kommunistischen Arbeiter, sondern bankerotte Krämer und Handwerksmeister oder ruinierte Kotsassen, die nach dem Glück streben, in Amerika wieder Kleinbürger und Bauern zu werden. Und was für ein ‚Wunsch' ist es, der durch die 1400 Millionen Acres realisiert werden soll? Kein anderer als der, alle Menschen in Privateigentümer zu verwandeln, ein Wunsch, der ebenso ausführbar und kommunistisch ist wie der, alle Menschen in Kaiser, Könige und Päpste zu verwandeln. Als schließliche Probe von Krieges Einsicht in kommunistisch revolutionäre Bewegungen und ökonomische Verhältnisse möge hier noch folgender Satz stehen: ‚Jeder Mensch sollte wenigstens so viel von jedem Gewerbe erlernen, daß er nötigenfalls eine Zeitlang allein fertig werden könnte, wenn ein ungünstiges Geschick ihn von der menschlichen Gesellschaft losgerissen.'

„Es ist allerdings viel leichter, ‚Liebe und Hingebung' ‚auszuströmen', als sich mit Entwicklung wirklicher Verhältnisse und praktischer Fragen zu befassen." —

2. Die Kriegesche Antwort.

Die Erklärung der deutschen Kommunisten und ihre Begründung druckte Kriege in den Nummern 23 und 24 des „Volkstribun" unter dem Titel „Eine Bannbulle" ab und versuchte in einigen der folgenden Nummern seines Blattes eine Entgegnung, die aber zum großen Teil über bloße Redensarten kaum hinaus ging.

In der Kriegeschen Antwort heißt es zum Beispiel: „Wenn die unbedingte Hingabe an die Menschheit den Herren Kritikern mönchisch vorkommt, wenn sie es servil finden, daß ich sage, ‚wir haben noch etwas mehr zu tun, als für unser lumpiges Selbst zu sorgen', so kann ich ihnen nicht helfen, mir ist die unbedingte Hingabe an alle die höchste Wollust, — ich finde in der Liebe zur Menschheit meinen bleibendsten Genuß, und ich würde mich auch keinen Augenblick besinnen, für sie in den Tod zu gehen, wenn ihr damit in irgend einer Beziehung geholfen wäre — das ist bei mir nicht ‚Aufopferung', ‚mönchische Entsagung', sondern reine Lust, Übermut, wenn die Herren Kritiker so wollen — und mögen sie das immer belächeln, ich bin nun einmal so, und keine Kritik kann das ändern." ...

Über „unsere Stellung in Amerika" erklärt Kriege in seiner Antwort an „die kommunistischen Literaten" unter anderem:

„Schon in Europa hatten wir erkannt, daß dauerndes Glück und Frieden und Freiheit auf Erden nirgends herrschen können, ehe der fürchterliche Zwiespalt zwischen Arbeit und Genuß, Armut und Reichtum nicht kritisch, sondern tatsächlich aufgehoben sei. Wir hatten in den verschiedensten Teilen der Welt feiste Müßiggänger schlemmen, brave Arbeiter hungern und frieren, die Unschuld verkauft und die Schönheit prostituiert gesehen, und auch hier in dieser Republik, deren erstes Grundgesetz heißt: ‚Jeder Mensch hat ein unveräußerliches Recht aufs Leben!' fanden wir Wucher und Müßiggang und Hunger und Not und Prostitution wie überall. Sollten wir das ruhig mit ansehen und etwa kritische Bücher schreiben ‚über das Trugbild der republikanischen Freiheit'? Sollten wir, wie altkluge Schulknaben, weise Bemerkungen machen über Dinge, die jedermann kennt, ohne daß damit auch nur einem einzigen geholfen wäre? Waren wir doch von dem kritischen Europa fortgelaufen, um endlich einmal Hand an ein Werk legen zu können, dem wir uns mit Leib und Leben verschworen."

Und weiter heißt es:

„Wir wollten nicht menschheitsbeglückende Pläne und Systeme für kommende Jahrhunderte aushecken, noch weniger fiel es uns ein, dergleichen unschuldige Spielereien von anderen zu kritisieren, — es kam uns darauf an, daß die Menschheit wirklich einen Schritt vorwärts tue, es war unsere Aufgabe, den Grundstein legen zu helfen zu einer neuen Weltordnung, darin jedes Mitglied der menschlichen Gesellschaft volle Sicherheit habe für sein Leben und die Mittel, es zu erhalten. Und die Frage war: ‚Was sollen wir tun?' — Wären damals die Herren Brüsseler Kritiker bei uns gewesen, sie hätten wahrscheinlich gleich diese erste Frage als ‚unkommunistisch' verworfen, da das Wort ‚tun' bekanntlich im Lexikon der Kritik nicht zu finden ist ..."

„Ebensowenig, wie es uns für das gedrückte Menschengeschlecht genug getan zu sein schien, ein Buch von Herrn Marx, Engels, Sebastian Seiler oder sonst einem Welterlöser zu lesen, ebensowenig genügten uns die Predigten der Owenisten und Fourieristen samt ihren Miniaturausgaben von Glückseligkeit in diesem Lande.

„Wir begingen von vornherein den unkritischen Streich, uns in die politische Bewegung des amerikanischen Volkes zu werfen, wir machten die Majorität dieses Volkes zu unserem Heiland und entschlossen uns kurz und gut, an seine Einsicht zu appellieren und seiner Fürsorge all unser Wünschen und Hoffen für die Menschheit anzuvertrauen. Bedürfen die Herren Kritiker keiner Macht, als ihrer eigenen, um etwas Wesentliches zur realen Welterlösung beizutragen, so sind sie glücklicher als wir, — uns kommt jede Einzelkraft im Angesicht einer solchen Aufgabe entsetzlich winzig vor, und nur das Volk der Vereinigten Staaten scheint uns in diesem Augenblick innerlich und äußerlich befähigt, das Reich der Gemeinschaft aus den blauen Lüften und vom Papier herunter auf die glatte Erde zu ziehen und für das Recht ans Leben die Welt zu erobern. Darum scheuten wir uns denn auch vor keinem grinsenden Philosophengesicht und warfen uns mit Leib und Seele in die Politik, weil sie uns das einzige Mittel schien, dem Despotismus des Kapitals wirksam entgegenzuarbeiten. Und wir sahen uns um nach Freunden und fanden die Nationalreformer, die am Stimmkasten für die ‚Freiheit des Bodens' in den Kampf zogen. Sie proklamierten: „Jeder Mensch hat ein unveräußerliches Recht ans Leben und somit auch an alles, was sein Leben bedingt, vor allem anderen also an die Benutzung der Elemente, die sein Leben konstituieren. Diese Elemente sind ebenso unveräußerlich, wie das Leben selbst.' Und in diesem Sinne verlangten sie augenblickliche Einstellung des Verkaufs des öffentlichen Landes und wollten es frei erhalten wissen für wirkliche Anbauer, denen es in begrenzten Quantitäten zu Lehen gegeben werden sollte, falls sie es selbst bebauen. In der Regierung, oder was dasselbe ist, im Volke, bleibt nach ihrem Plan vor wie nach der Besitztitel auf dieses Land, es wird nichts an Privateigentümer verteilt, sondern der Arbeit zur Benutzung übergeben unter Bedingungen, welche die Regierung vorschreibt. Das Land soll dem Handel entzogen und der Arbeit erhalten werden, es bleibt vor wie nach Gemeingut des Volkes, oder, da jedem Menschen als solchem die Benutzung desselben zusteht, Gemeingut der Menschheit, vor den räuberischen Einfällen des Kapitals geschützt durch die Gesamtmacht des amerikanischen Volkes.

„Wenn auch die Herren Kritiker über diese Bewegung vornehm lächeln und kein weltrevolutionierendes Prinzip darin finden können, so waren wir doch gleich gewiß, wohin wir unsere Kräfte zu wenden hatten. Wir erkannten in dieser ‚Freiheit des Bodens' die erste Maßregel der kommunistischen Politik, wenn die Herren uns gütigst erlauben wollen, noch einmal diesen Ausdruck zu gebrauchen. Womit soll die kommunistische Welteroberung anfangen, als mit der Eroberung des Bodens? Und da die kritische Vorsehung nicht die Macht hat, zu beschließen, daß zum Beispiel von heute an der Boden auf der ganzen Erde frei und somit alles Grundeigentum aufgelöst sein soll, wo gedenken die Brüsseler Herren das Werk zu beginnen? Wohin wollen sie sich wenden, um zunächst die Bodenfrage durchzusetzen? Werden sie sich nicht bequemen müssen, von ihrer kritischen Höhe herabzusteigen und irgendwo auf der Erde einen Anfang zu machen? Nun denn, wohin wollen sie diesen Anfang legen? Nach England? Frankreich? Deutschland? Mögen sie uns denn sagen, was sie tun, das dortige Proletariat zu revolutionieren — für jede revolutionäre Agitation soll ihnen unsere Unterstützung nicht fehlen, aber das ewige Räsonieren und Kritisieren haben wir recht herzlich satt, davon kriegt niemand etwas in den Magen.

„Wir unsererseits können keinen günstigeren Platz zum Angriff auf das Grundeigentum finden, als das öffentliche Land der Vereinigten Staaten. Hier, wo uns kein Privatrecht, keine Privilegien irgend einer Art entgegenstehen, wo wir nichts zu tun brauchen, als ein durch und durch demokratisch organisiertes Volk zu überreden, sein eigenes Interesse zu wollen, hier mußten wir Hand anlegen, wenn es uns anders Ernst war mit unserem Kommunismus.

„Wir hielten zu dem Ende öffentliche Meetings, bildeten die deutsche Sozialreformassoziation in New York und mit unseren amerikanischen Brüdern zusammen ‚Das junge Amerika‘, eine politische Verbindung, deren Hauptzweck es ist, die Befreiung des öffentlichen Landes durchzusetzen. Für denselben Zweck erschien der ‚Volkstribun‘.

„Unsere Aufgabe ist es demnach nicht, zu kritisieren, nicht arme Schriftsteller zu ‚vernichten‘ und ihnen ihre letzte Erwerbsquelle abzuschneiden — wir müssen Menschen gewinnen, wir müssen sie überreden, für unsere Maßregeln zu stimmen, und alles, was wir tun, muß diesem Zwecke dienen..."

Nachdem Kriege sich in dieser Weise über seine ökonomischen Anschauungen ausgelassen hat, spricht er über seine „persönliche Stellung". Hier erklärt er, daß „die Bannbulle" unzweifelhaft das Fabrikat von Friedrich Engels sei, den er mit einigen Beschimpfungen beehrt, um dann fortzufahren:

„Das Geschäft der Herren Marx, Engels usw. ist die kritische Darstellung der kommunistischen Bewegung, die Darstellung der Lage der arbeitenden Klasse, die Darstellung der Familie, der Ehe usw. Alle diese Dinge interessieren sie nicht weiter, als sie ihnen Stoff geben für ihre Darstellung. So glauben sie denn auch von mir, ich habe hier in Amerika nichts zu tun, als über gegebene Verhältnisse kritische Glossen zu machen, und der ‚Volkstribun‘ habe keinen Zweck, als die vorgefundene Bewegung darzustellen.

„Nun stehe ich aber nicht außer der wirklichen Bewegung, wie sie, sondern so ziemlich mitten darin, und der ‚Volkstribun‘ soll vorwärts treiben, nicht kritisieren, dazu ist er von unserer Partei ins Leben gerufen..."

In einem weiteren Abschnitt seiner Entgegnung bespricht Kriege „die kommunistische Partei in Europa", worin er die Behauptung aufstellt, daß diese Partei in Europa nicht existiere, wenigstens nicht als Anhängerschaft der „Herren Kritiker". Soweit sie wirklich existiere, handle er, Kriege, so gut in ihrem Auftrag, wie im Auftrag der amerikanischen Partei.

3. Weitlings Stellung.

Der Hinweis Krieges auf die Billigung seiner Haltung durch europäische Kommunisten scheint sich auf die Stellung zu beziehen, die Wilhelm Weitling in dieser Frage einnahm.

Weitling war, wie schon erwähnt, der einzige, der in jener Zusammenkunft der Kommunisten in Brüssel, in der das Schriftstück gegen Kriege beraten wurde, sich für Kriege erklärte. Im „Volkstribun" vom 27. Juni veröffentlicht nun Kriege den Auszug eines Briefes von Wilhelm Weitling, der die Stellung des letzteren in dieser Affäre kennzeichnet.

Dieser Auszug hat folgenden Wortlaut:

Brüssel, den 16. Mai (1846).

Lieber Kriege!

Du wirst die hier gegen Dich verfaßte Kritik in Händen haben, in welcher sie Dich als Heuchler, feigen, hohlen Schädel usw. hinstellen und Deine Gefühlsausströmungen verhöhnen. Ich allein stimmte dagegen. Das sollte ich schriftlich beifügen. Ich erklärte, daß ich das wolle, wenn sie es verlangten. „Ja," hieß es, „künftig aber darf sich niemand von der Unterschrift ausschließen. Wenn einer auch gegen etwas stimmt, so muß er doch den Namen als dafür stimmend hergeben." Heilberg und ich protestierten. Indes ich erklärte, dies schon jetzt tun zu wollen, falls man den Beschluß dieser mir neuen Mode der Kritik beifügen wolle. Das wollte man nicht. Ich machte wiederholt aufmerksam, welchen schlechten Effekt ein solches Beispiel von Widerspruch haben würde, und erklärte, daß es eher in ihrem Interesse sein müsse, meinen Namen ganz wegzulassen. Ich sollte aber nicht allein unterschreiben, sondern auch noch meine Beweggründe beifügen.

Ich diktierte:

„Weitling stimmt dagegen, weil er überhaupt gegen jede derartige Demonstration ist!"

Das genügte dem Marx nicht: „Die Gründe müssen erklärt werden!" Nun schrieb ich wie folgt:

„Der Unterzeichnete stimmte dagegen und wurde unter Zustimmung der obigen Majorität aufgefordert, seine Beweggründe darüber schriftlich abzugeben. Diese sind in kurzem folgende:

„Der ‚Volkstribun' ist nach ihm ein den amerikanischen Verhältnissen vollkommen entsprechendes kommunistisches Organ, und der Eifer der Redakteure, sowie der Mitarbeiter und Verbreiter dieses Organs sind ihm so erfreulich, daß er keine Neigung hat, Makel daran aufzusuchen.

„Überhaupt sieht der Unterzeichnete nicht ein, warum das Interesse einer Partei, die, wie die kommunistische, in Europa so zahlreiche und mächtige Feinde zählt, erfordern sollte, ihre Waffen nach Amerika zu richten, noch weniger sieht derselbe ein, welches Interesse sie haben kann, dorthin ihre Waffen gegen sich selbst zu richten.'
Wilhelm Weitling."

„Das nannte der Marx eine erbärmliche und Seiler eine nichtswürdige Erklärung, und es wurde zuerst beschlossen, diese Erklärung nicht beizufügen, dann beschloß man, sie nur nach London, Paris und Deutschland gehen zu lassen, nicht nach Amerika....

Ich habe diese Herren Kritiker als ausgefeimte Intriganten kennen gelernt, und mein Brief, der über Havre gegangen ist, wird Dir zeigen, wie man da noch Glauben und Vertrauen behalten kann, wo es so zugeht wie hier. Ich bin ihr ärgster Feind und kriege zuerst den Kopf heruntergeschlagen, dann die anderen, zuletzt ihre Freunde, und ganz zuletzt schneiden sie sich selbst den Hals ab. Die Kritik zerfrißt alles Bestehende, und wenn nichts mehr zu zerfressen ist, frißt sie sich selbst auf. Schon hat sie bei der eigenen Partei den Anfang gemacht, besonders seit die anderen sich nichts darum scheren. Jeder will allein Kommunist sein und stellt alle anderen als Nichtkommunisten hin, sobald er ihre Konkurrenz fürchtet. — Heß ist, wie ich, in die Acht erklärt usw. usw."

Ob Weitling sich wohl auch so stark für Krieges erwärmt hätte, wenn es nicht zwischen ihm und Marx zwei Monate vorher zum unheilbaren Bruche gekommen wäre?

Viertes Kapitel.
Der Niedergang der deutschen Sozialreformer.

1. Kriege und Tammany Hall.

Obgleich Kriege sich den Anschein zu geben suchte, als ob die „Herren Kritiker" und ihre „Bannbulle" ihm gleichgültig seien, so scheint es doch, als ob sich in seinen eigenen Vereinen schon Arbeiter befanden, die mit der Kritik von Marx und Engels einverstanden waren und die sich gegen Kriege und gegen den Ton und die Haltung des „Volkstribun" wandten.

Mit Nummer 26 des „Volkstribun" vom 4. Juli verschwand das Motto: „Die Arbeit hoch! Nieder mit dem Kapital!" aus dem Titel des Blattes. In einer Erklärung „An unsere Freunde" führte Kriege aus, daß er aus verschiedenen Gründen dazu gekommen sei, sich des Namens „Kommunist" zu schämen. Er wolle sich daher um das Wort „Kommunismus" nicht mehr streiten, sondern „es" getrost den industriellen Systemsrittern überlassen, die es zu ihrem Stichwort gemacht haben. Er selbst wolle versuchen, „den Geist der Kritik und der Unversöhnlichkeit, der mir von der deutschen Philosophie her noch hier und da anhängt, immer mehr von mir abzustreifen und im rein positiven Wirken unserer großen Sache zu dienen". —

Noch ehe die Kommunisten Kriege und sein Blatt so kräftig zurückwiesen, hatte er schon versucht, mit lokalen Politikern in New York in Verbindung zu kommen. Schon im Mai gelang es ihm, mit Tammany Hall Fühlung zu erlangen. Damals verlangte Kriege in seinem Blatte, daß Tammany die Ideen der Reformbewegung annehmen solle: „Also," so rief er aus, „nimmt Tammany Hall unsere Maßregeln auf, so treten wir an seinen linken Flügel." —

Dem Zustandekommen dieser Verbindung der Sozialreformer mit Tammany Hall, der korruptesten Politikerclique New Yorks, war von da ab Krieges Tätigkeit gewidmet. Am 30. Oktober machte Tammany Hall in einer großen Parteiversammlung die Forderungen der Sozialreformer zu den seinen, und trotzdem jedermann wissen mußte und wußte, daß diese Annahme der Reformforderungen ein Wahlmanöver und sonst nichts war, schrieb Kriege am 7. November doch in seinem Blatte: „Sieg! Sieg! Sieg! Adoption unserer Maßregeln vom versammelten

Volke in Tammany Hall, dem weltberühmten Hauptquartier der demokratischen Partei in New York am Freitag, 30. Oktober 1846."

In derselben Nummer des „Volkstribun" erklärte Kriege noch: „Wir bleiben zusammen, bis der Boden frei ist," und: „Wir treten mit voller Organisation unter die Masse der demokratischen Partei und kämpfen mit ihr für die Durchsetzung ihrer Beschlüsse." Aber schon acht Tage später, am 14. November, erklärte Kriege: „Daß unser Ticket so wenig Stimmen erhielt, hat seinen Grund darin, daß es nunmehr seine Bestimmung erfüllt hat. Wir wollten nie eine eigene Partei bilden, wir wollten bloß die demokratische Partei zwingen, ihre Pflicht zu tun. Das ist für New York wenigstens jetzt vollständig gelungen. Unsere Prinzipien sind in Tammany Hall adoptiert, und wir haben nur noch darauf zu sehen, daß das Volk nicht hinters Licht geführt und um seinen bestimmt erklärten Willen betrogen wird. Dafür werden wir uns von nun an organisieren — alle ehrlichen Demokraten, denen daran liegt, daß des Volkes Stimme respektiert werde, müssen uns unterstützen."

Mit dieser Erklärung löste sich Kriege und der deutsche Zweig der Sozialreformer übrigens von der Englisch sprechenden Verbindung derselben Organisation los, wie er denn schon früher mit dieser in Gegensatz geraten war.

2. Eine internationale Arbeiterkundgebung gegen den Krieg.

Im Frühjahr 1846 drohte der Ausbruch von Feindseligkeiten zwischen den Vereinigten Staaten und Großbritannien wegen des sogenannten Oregongebietes, jenem großen Landstrich zwischen dem Felsengebirge und dem Stillen Ozean, auf dessen Besitz Großbritannien Anspruch erhob. Am 3. März fand in London unter Leitung der Chartisten eine große internationale Arbeiterversammlung statt, in der man eine Adresse an die arbeitende Klasse Großbritanniens und der Vereinigten Staaten beschloß, um diese aufzufordern, alles in ihrer Macht Stehende zu tun, um dem drohenden Kriege um Oregon vorzubeugen. Die Versammlung und die Adresse trugen einen durchaus internationalen Charakter, und sie gehören zu den ersten Kundgebungen der Arbeiterklasse, in denen die internationale Zusammengehörigkeit des Proletariats betont wird. Daß diese Internationalität, die aus der Adresse spricht, nicht bloßer Zufall war, sondern sich auf klare Einsicht

in das Wesen der modernen Arbeiterbewegung stützt, geht aus dem
ganzen Schriftstück hervor, das überdies von Vertretern aus vier ver=
schiedenen Nationen, den Engländern Henry Roß und Thomas Webber,
dem Deutschen Karl Schapper, dem Franzosen A. Michelot und dem
Skandinavier Peter Holm unterzeichnet ist.

Die Adresse war von G. Julian Harney verfaßt. Sie erklärte:
„Der Arbeiterstand ist unser Stand; viele von uns gehören schon von
Geburt und die übrigen durch freie Wahl zur arbeitenden Klasse. Das
Interesse der ‚Söhne der Arbeit' durch die ganze Welt ist unser
Interesse; alle nationalen Unterschiede haben wir aufgehoben und freuen
uns der Erkenntnis, daß wir, alle und jede, Brüder sind, Glieder einer
Familie — des Menschengeschlechts."

Hierauf wurden die Opfer der Kriege hervorgehoben und die Ur=
sachen der Feindseligkeiten zwischen England und Amerika beleuchtet;
dann protestierte man gegen einen Krieg, worauf den Arbeitern Eng=
lands und Amerikas gezeigt wurde, daß sie keinerlei Interessen an
diesem Kriege hätten. Dann fährt die Adresse wörtlich fort: „Es ist
besonders ein Beweisgrund, mit dem sich die Kriegspropheten an die
Habgier der beiden Nationen wenden, nämlich dieser: Diejenige Nation,
welche über die Häfen des Stillen Ozeans herrschen wird, wird auch
einst den Handel mit China beherrschen. Die Voraussetzung gelte;
laßt die Leute, die Vorteil vom Handel haben, ja die Reichtümer durch
den Handel sammeln, laßt sie für die Handelsoberherrschaft kämpfen,
wenn sie Lust haben; die Handelsopfer aber haben wahrhaftig keinen
vernünftigen Grund, für die Häfen des Stillen Ozeans, sowie über=
haupt für irgend welche Häfen in den Kampf zu ziehen.

„Während in England Fabrikanten und Kaufleute sich fürstliche
Reichtümer erworben haben, welche sie in den Stand setzten, selbst die
alte Adelsaristokratie zu überbieten, so sind die Arbeiter, deren Schweiß
und Geschicklichkeit so glücklich von den ‚Handeltreibenden' benutzt
werden, auf die niedrigste Stufe der gesellschaftlichen Zustände herab=
gedrückt. Ihrer Arbeit durch die Anwendung von Maschinen beraubt,
oder nur auf eine elende Weise ihr Leben fristend, verzweifelnd mit
Weib und Kind, die den Götzen des Dampfes zum Opfer fallen —
werden sie immer ärmer und ärmer, wie ihre Zwingherren immer
reicher werden. Die Engländer rühmen sich des großartigsten Handels,
den die Welt je erlebt hat — ihre Handelsverbindungen bringen die

Reichtümer der Welt in ihre Häfen; aber die arbeitenden Klassen haben nicht Teil an diesen Reichtümern; ihr einziger Lohn ist Arbeit und Not des Armenhauses und ein schimpfliches Begräbnis auf dem Armenfriedhof.

„Wir haben guten Grund zu glauben, daß ein ähnlicher Zustand der Dinge in den Vereinigten Staaten bereits existiert. In den Handel treibenden und fabriktätigen Teilen der Union ist die Tyrannei des Kapitals unumschränkt, und die Lohnsklaverei ist nicht weniger drückend als in England. Das Bestehen der Handelskompanien, die Berichte der öffentlichen Blätter und die in Privatkorrespondenzen mitgeteilten Tatsachen lassen keinen Zweifel über die Vermehrung der sozialen Sklaverei der Arbeiter in allen großen Fabrik= und Handelsstädten und über die immer despotischer werdende Macht der Land= und Kapitalbesitzer. Der Fortschritt hat nur dazu gedient, die Tyrannei des Reichtums und die Sklaverei der Armut auszudehnen und stärker zu machen. Was kümmert's denn die Arbeiter aus einem der beiden Staaten, wer den chinesischen Handel beherrscht. Wenn die Arbeiter Europas und Amerikas es sich vornehmen, auf eine gerechte Verteilung der Produkte ihres Fleißes und auf einem billigen Umsatz ihres Überflusses zu bestehen, so werden alle Handelshäfen von gleichem Werte und offen für alle Nationen sein; keine Nation wird sie mit Beschlag belegen können, und Kriege, um sie zu erwerben, werden zu den Geschichten der Vergangenheit gehören."

Nachdem die Adresse dann vorschlägt, das streitige Gebiet zu einem unabhängigen Staate zu erklären und so den drohenden Krieg abzuwenden, schließt sie mit folgenden Worten:

„Arbeiter von Großbritannien und Amerika, wenn ihr die Ansichten billigt, die wir über diese Frage hegen, so zeigt Gesinnung und Mut und macht euch tätig daran, den Frieden der Welt zu erhalten. Vereinigt euch in öffentlichen Versammlungen, macht Eingaben an Parlament und Kongreß, schafft und fördert zu diesem Endzwecke Aufklärung der öffentlichen Meinung und bringt eure repräsentativen Regierungen dahin, daß sie gerecht, ehrenhaft und zum Wohl, nicht zum Elend des Menschengeschlechts handeln.

„Arbeiter Englands, eure Interessen liegen insgesamt auf der Seite des Friedens. Der Krieg wird die öffentliche Aufmerksamkeit von euren Leiden ablenken, eure Lasten vermehren, eurer Regierung viel=

leicht einen Vorwand verschaffen, eure eingezwängten Freiheitsrechte mit der täuschenden Versicherung, für ‚die öffentliche Sicherheit sorgen zu wollen', noch mehr zu beschneiden; der Krieg wird eure politische Emanzipation immer weiter in die Ungewißheit der Zukunft hinausschieben. Eure einzigen wirklichen Feinde sind Privatvorrechte, schlechte Gesetze und ein mangelhafter Gesellschaftszustand. Gegen diese allein solltet ihr das Kriegsgeschrei erheben.

„Arbeiter Amerikas, ihr seid, oder ihr solltet wenigstens sein, die Vorkämpfer der Freiheit; das war der Beruf, welchen Washington und seine großen Heldenbrüder euch hinterließen. Diesen hohen Beruf könnet ihr am besten dadurch erfüllen, daß ihr eure Staatseinrichtungen vollkommen macht; die Sklaverei der Weißen und Schwarzen — Lohnarbeit und Peitsche — abschafft; von eurer Gesetzgebung Landlords, Wucherer, Advokaten, Soldaten und andere Müßiggänger und Gauner entfernt; das wirkliche Volk, die Schöpfer des Wohlstandes, zu wirklichen ‚Oberherren' macht und so eine wirkliche, statt einer Namensrepublik gründet. Der Krieg wird euch in der Ausführung dieser Reformen nicht fördern, sondern nur hindern. Gebt diesen Reformen Leben, und jedes Volk der Erde wird eure Staatseinrichtungen verlangen, und euer Triumph wird vollkommen sein.

„Ein Krieg zwischen den beiden Nationen wird die barbarischen Nationalvorurteile und den Nationalhaß auffrischen, welche glücklicherweise jetzt fast ganz verschwunden sind vor dem Lichte der Aufklärung und den Vorteilen des Völkerverkehrs. Unser Wunsch ist, Brüderlichkeit, Freiheit und Völkerglück zu fördern; in diesem Geiste haben wir zu euch geredet; in diesem Geiste begrüßen wir euch als Brüder."

3. Der Krieg und die Sozialreformer.

Während die Englisch sprechenden Sozialreformer Amerikas sich mit dem Geiste, der aus dieser Adresse sprach, einverstanden erklärten und danach handelten, stellten sich die deutschen Sozialreformer unter Führung von Kriege gegen sie. In einer Antwort „An unsere Brüder in London", die von Kriege als „Korrespondent des Jungen Amerika" unterzeichnet ist, trat man für den Krieg ein. Diese Stellungnahme wurde unter anderem in folgender Weise begründet:

„Amerika ist das Asyl der Unterdrückten, das Land der Arbeiter, der freien Bauern, — England ist der Sitz des Despotismus, des

Kapitals, des Monopols; — in Amerika ringt sich die Arbeit los aus den Klauen der Geldherrschaft und bereitet der neuen Menschheit den Weg zum Erdenhimmel vor; — in England feiert der Mammon seine höchsten Triumphe, — Amerika ist der erste Boden für die neue Weltordnung, in England kommen die gräßlichsten Konsequenzen der Alten Welt zur Erscheinung; — ein Krieg zwischen England und Amerika ist ein Krieg zwischen der Alten und der Neuen Welt, ein Krieg des Despotismus gegen die Unabhängigkeit, des Kapitals gegen die Arbeit."

Und weiter heißt es: "Fiele Oregon in die Hände Englands, so fiele es damit direkt in die Hände des Kapitals; bliebe es ‚unabhängig', so würde es ebenfalls die Beute von schlauen Spekulanten werden, und alle Geldkönige der Erde würden sich in seinen Häfen herumbalgen. Kommt es dagegen zur Union, so wird es der Arbeit erhalten werden, denn das Volk der Vereinigten Staaten hat die Mittel in den Händen, sich vor den Gaunereien der Kapitalisten sicherzustellen."

„... Der Amerikaner ist der natürliche Vertreter der Arbeit und somit der natürliche Feind des Kapitals, das in der englischen Geldaristokratie seine Hauptstütze findet."

„... Was wir hier erobern, das erobern wir für die Arbeit, und was wir England nehmen, das nehmen wir dem Kapital — das ist unser Rechtstitel auf Oregon!"

Und Kriege stand mit der unsinnigen Haltung, die sich in dieser „Antwort" kundgibt, nicht etwa allein. Am 4. Juni fand eine Versammlung der deutschen Sozialreformer New Yorks statt, in der man beschloß, eine Freischar zu gründen, um in dem Kriege, der zwischen der Union und Mexiko wegen Texas auszubrechen drohte und der zu der Zeit in sicherer Aussicht stand, auf seiten der Union mitzukämpfen.

In der Begründung dieses Beschlusses wurde ausgesprochen, daß die deutschen Sozialreformer es als eine Mission des amerikanischen Volkes betrachten, den Menschenrechten die Welt zu erobern, daß sie der Überzeugung seien, daß das öffentliche Land in kürzester Zeit dem Handel entzogen und Gemeingut der Arbeit werden würde, und daß es deshalb eine Veruntreuung bedeute, wolle man „einen Strich Landes von der Union den Räubereien eines irregeleiteten Nachbarvolkes" preisgeben.

Die amerikanischen Sozialreformer englischer Zunge hatten sich auch in diesem Falle wieder gegen den Krieg erklärt. Jene Versammlung des deutschen Zweiges der Organisation aber verwahrte sich nachdrücklich „gegen alle Friedensdemonstrationen von seiten unserer amerikanischen Brüder, der Nationalreformer", deren Vorgehen sie „als eine traurige Verirrung" bezeichneten.

Gleichzeitig wurde eine Aufforderung an die deutschen Arbeiter New Yorks erlassen, in der diese aufgefordert wurden, eine Freischar zu bilden, „die sich jeden Augenblick bereit hält, nach Mexiko abzumarschieren".

Am 11. Juni organisierte sich die Freischar als „Young American Riflemen", 50 Mann stark. Zum Kapitän wurde Nikolaus Tillmann gewählt, und ein großer Teil der Wortführer der deutschen Sozialreformer New Yorks befand sich unter den Mitgliedern. Der Redakteur des „Volkstribun", der in seinem Blatte geradezu blutdürstig dem Kriege das Wort redete, war nicht darunter.

Unter den Bestimmungen, nach denen die Organisation der Freischar vorgenommen wurde, befand sich eine, die bestimmte, daß aller Gehalt der Offiziere und Gemeinen in eine gemeinsame Kasse fließen und vom Verwaltungsrat der Schar gleichmäßig unter die Mitglieder verteilt werden solle. Auch enthielt die Konstitution der Kompanie die Bestimmung, daß alle Glieder derselben sich mit „Du" anreden müßten.

Während der New Yorker Freischar keine Gelegenheit gegeben wurde, ihrem unsinnigen Treiben durch einen Zug nach dem Kriegsschauplatz die Krone aufzusetzen, trieben die „Kommunisten" in St. Louis die Komödie bis aufs äußerste. Dort organisierte der schon erwähnte Uhrmacher H. Koch aus deutschen Arbeitern eine „Texasfreischar", die 250 Mann stark, mit Koch an der Spitze, nach Texas aufbrach, ohne indes ins Gefecht zu kommen.

Während die deutschen Sozialreformer New Yorks sich durch Kriege in diese schiefe Stellung hineintreiben ließen, nahmen die amerikanischen Sozialreformer, wie schon erwähnt, auf ihrem Anfang Juni in Boston abgehaltenen zweiten „Industriellen Kongreß" entschieden Stellung gegen den Krieg. Sie erklärten, daß „kein landloser Mann sich bei irgend einem Kriege beteiligen darf ohne Aussicht auf Wiederherstellung seines Rechtes auf den Boden".

Auch sprach sich der Kongreß für den Zehnstundenarbeitstag aus, während die deutschen Sozialreformer von praktischen Arbeiterforderungen nichts wissen wollten und nur hier und da für Errichtung von Kooperativläden eintraten.

4. Ende der deutschen Sozialreformbewegung.

Mit der Organisation der deutschen Sozialreformer New Yorks ging es nun rasch bergab. Ihre Zentralisation zerfiel, doch hielten sich einzelne ihrer Vereine noch unter dem alten Namen bis in die siebziger Jahre des vorigen Jahrhunderts. Sie wurden durch ihre Unterstützungskasse zusammengehalten. Noch heute bestehen in New York Ausläufer dieser Bewegung, wenn auch teils unter anderem Namen.

Der „Volkstribun" hielt sich bis Ende des Jahres 1846, um dann zu verschwinden. Sein Redakteur fand zunächst Unterkunft in der demokratischen Partei, nachdem er noch eine Arbeit über „Die Väter der Republik" veröffentlicht hatte, in der er in drei Heften Benjamin Franklin, Thomas Paine und Paines Werke behandelte.

Hermann Kriege, der am 20. Juli 1820 zu Lienen bei Tecklenburg in Westfalen geboren wurde, war ein Schüler Feuerbachs und kam als solcher mit den übrigen Junghegelianern in Verbindung. In Brüssel machte er die Bekanntschaft von Engels. Von dort ging er nach London, dann nach New York. Nach dem Ausbruch der Revolution in Deutschland kehrte er nach dort zurück. In Berlin wurde er Mitglied des „Demokratischen Zentralkomitees", ohne indes eine hervorragende Rolle zu spielen. Dann kam Kriege wieder nach den Vereinigten Staaten und ging nach Chicago, wo er die Redaktion der „Illinois Staatszeitung" übernahm. Im April 1850 kam der Wahnsinn, dem er eigentlich wohl schon seit Jahren verfallen war, zum vollständigen Ausbruch. Er wurde nach New York zurückgebracht, wo er am 31. Dezember 1850 starb.

Die amerikanischen (Englisch sprechenden) Nationalreformer setzten ihre Landagitation noch einige Jahre fort, um sich dann in den neuen bürgerlichen Parteikonstellationen zu verlieren. Sie hielten noch einige „Industrielle Kongresse" ab, so im Juni 1847 in New York, 1848 in Chicago. Auf dem New Yorker Kongreß sprach man sich wiederum gegen den mexikanischen Krieg aus und nahm auch sonst in bezug auf Arbeiterforderungen eine recht vernünftige Haltung ein. Dagegen wurde eine scharfe Resolution, die sich gegen die Priesterschaft wandte, „die das blutgefleckte Banner des Kapitals" hochhält und einen „Kreuzzug gegen die Arbeit" führt, abgelehnt.

Ging auch damals ein mehr freigeistiger Zug durch die amerikanische Arbeiter- und Reformbewegung als in späteren Jahren, so war sie doch nicht hoch genug entwickelt, um ein direktes Verdammungsurteil über Priesterschaft und Kirche zu fällen.

Dritter Teil.
Wilhelm Weitling und seine Agitation in Amerika.

Erstes Kapitel.
Der Befreiungsbund.

1. **Weitlings erster Aufenthalt in den Vereinigten Staaten.**

In jener Sitzung der Brüsseler Kommunisten, in der die Erklärung gegen Hermann Kriege abgefaßt wurde, war, wie schon erwähnt, auch Wilhelm Weitling anwesend, der einzige, der seine Stimme gegen jene Erklärung abgab.

Ob diese Haltung die Ursache war, daß man sich seitens der New Yorker Sozialreformassoziation an Weitling wandte und ihn ersuchte, die Redaktion des „Volkstribun" zu übernehmen, ist uns nicht bekannt. Jedenfalls ist es Tatsache, daß Weitling nach Empfang eines Briefes von Kriege Ende 1846 nach Amerika abreiste, um diesen ihm angebotenen Posten zu übernehmen.

Er kam in New York an, als gerade die letzte Nummer des „Volks= tribun" erschien, und Kriege hatte die Bewegung der deutschen Arbeiter dieser Stadt in einer Weise verfahren, daß für den Augenblick an die Neugründung eines Arbeiterblattes nicht zu denken war.

Weitling half sich zunächst damit, daß er einige Flugschriften ver= faßte und den Verkauf derselben selbst betrieb. Von einer früher von ihm verfaßten Schrift: „Das Evangelium der armen Sünder" ließ er auf Kredit eine neue Auflage drucken und gab auch unter dem Titel: „The gospel of the poor sinner" eine englische Übersetzung derselben heraus. Neu erschien von ihm damals der „Notruf an die Männer der Arbeit und der Sorge".

Auch mit Albert Brisbane und anderen amerikanischen Fourieristen und Reformern trat Weitling um diese Zeit in Verbindung.

Die auf diese Weise eingeleitete Agitation Weitlings blieb nicht ohne Erfolg. Bald finden wir eine geheime Organisation unter der deutschen Arbeiterschaft, die nicht nur in New York, sondern auch in einer Anzahl anderer Städte der Union Fuß faßte, und die selbst in New Orleans und New Braunfels in Texas Zweigorganisationen besaß. Dieser geheime Verein nannte sich „Der Befreiungsbund", der auch um deswillen von Interesse ist, weil er die einzige deutsche Arbeiterorganisation ist, die, wie wir sehen werden, von Amerika aus in Deutschland festen Fuß zu fassen gesucht hat.

Ein Aufruf, den der „Befreiungsbund" erließ, wirft einiges Licht auf die Art der Organisation, sowie auf die Grundsätze dieser Vereinigung. Hiernach war die Verwirklichung folgender Grundsätze der Zweck des Bundes:

Alle Beamten sind Arbeiter des Staates und erhalten als solche einen verhältnismäßig gleichen Lohn.

Der Staat gibt allen Arbeit, welche Arbeit verlangen, und lohnt sie dafür wie seine Beamten.

Der Staat erhält alle Arbeitsunfähigen, welche Erhaltung verlangen, so anständig wie seine Beamten.

Nach Art des amerikanischen Logenwesens war auch der Befreiungsbund in verschiedene Grade eingeteilt.

Der erste Grad bestand aus jenen, die die obigen Grundsätze unterschrieben hatten.

Den zweiten Grad bildeten solche, die sich außerdem noch verpflichteten, einen gewissen monatlichen Betrag für literarische Propaganda zu zahlen.

Der dritte Grad bestand schließlich aus den Mitgliedern, welche den Logen des Bundes beitraten und sich durch monatliche Beiträge gegenseitig Unterstützung im Alter und in Krankheitsfällen sicherten.

Zur Agitation für den Befreiungsbund und zur Propagierung seiner Ideen machte Weitling im Anfang 1848 eine Reise durch die Union, die ihn bis nach New Orleans führte. Bei seiner Rückkehr nach New York erhielt er die Nachricht von dem Ausbruch der deutschen Revolution. Die New Yorker Loge des Befreiungsbundes beschloß, Weitling als Vertreter des Bundes nach Berlin zu senden, damit er dort für die Ausbreitung ihrer Organisation wirken solle. Als Vertrauensleute der New Yorker Loge des Bundes zeichneten damals Eugen Lievre, Wirt zum Shakespearehotel, und der Gerber Simon Schmidt, der schon in der Zeit der Weitlingschen Agitation in der Schweiz eine hervorragende Rolle gespielt hatte.

2. Weitling im Jahre 1848.

Weitling reiste über Frankreich nach Deutschland. Hier wohnte er als Delegat des Befreiungsbundes verschiedenen Arbeiterkongressen bei. In Berlin begann er im Oktober 1848 die Herausgabe einer Wochenschrift „Der Urwähler", die sich Organ des Befreiungsbundes nannte und das Motto trug: „Keine Güterverteilung! Keine Zwangsarbeit! — Aber lohnende Arbeit und ehrlicher Handel für alle".

Die erste Nummer des „Urwähler" enthielt einen Aufruf des amerikanischen Befreiungsbundes an das deutsche Volk, in welchem die Grundsätze und die Organisation des Bundes dargelegt wurden.

Für die besonderen Verhältnisse Deutschlands glaubte Weitling eine gewisse Modifikation in der Organisation seines Bundes nötig zu haben. Er schrieb darüber unter anderem:

„In Amerika hat jedes Mitglied für das Sammeln von Unterschriften und als Beglaubigungsattest auf Reisen ein numeriertes Bundesbuch. Solche Bundesbücher werden wir auch hier in Europa verbreiten. Dieses Bundesbuch, sowie die Zahl von Unterschriften, welche jeder sammelt, also Ordnung und Eifer, sind in der inneren demokratischen Logenorganisation Bedingnisse, durch welche die Wahlen geregelt werden. Aber die komplizierte und auf die Dauer berechnete Logeneinrichtung Amerikas ist nicht so schnell zu schaffen. Nebendem erfordert die bewegte Zeit rasches Handeln für die Hauptsache, für die Anerkennung der Grundsätze des Bundes.

Darum kann für die Organisation des Bundes vorläufig nur folgendes bestimmt werden:

„Jeder, welcher ein Bundesbuch unterschreibt und sich eines anschafft, ist Mitglied des ersten Grades des Befreiungsbundes.

„Wenn ein solcher durch die Wahl seiner Mitbürger Wahlmann, Offizier in der Bürgerwehr oder Mitglied des Komitees irgend eines volkstümlichen, demokratischen Vereins wird, überhaupt wenn ihm die Wahl seiner Mitbürger ein Amt anvertraut, oder wenn dieses schon geschehen ist, so wird derselbe dadurch Mitglied des zweiten Grades des Befreiungsbundes.

„Die Präsidenten der Vereine, die Kommandanten der Bürgerwehr, die Mitglieder der konstituierenden Nationalversammlungen sind, wenn sie dem Bunde beitreten, Mitglieder des dritten Grades desselben.

„Desgleichen sind Mitglieder des dritten Grades des Bundes alle Mitglieder derjenigen Kranken- und Unterstützungsgesellschaften, welche sich sämtlich für die Grundsätze des Bundes verpflichten.

„Diejenigen Mitglieder des Bundes, welche den konstituierenden Nationalversammlungen angehören, übernehmen durch eine Kommission aus ihrer Mitte die oberste Leitung des Bundes. Das Bundesorgan wird das Nähere berichten."

Die Weitlingsche Agitation in Berlin hatte keinerlei Erfolg. Es glückte ihm nicht einmal, dort eine Loge des Befreiungsbundes ins Leben zu rufen. „Der Urwähler" ging, nachdem fünf Wochennummern desselben erschienen waren, zugrunde. Weitling selbst erzählt, daß „Der Urwähler" es in Berlin und Umgegend auf kaum 150 Abonnenten brachte. Nicht besser stand es übrigens mit anderen Arbeiterorganen. Die „Verbrüderung", Organ von über 200 Handwerker- und Arbeitervereinen, brachte es nach Weitling in vier Monaten ihres Bestehens nur auf 370 Abonnenten. Und das in Zeiten allgemeiner Erregung. —

Nach dem Einzug Wrangels in Berlin, im November 1848, wurde Weitling gezwungen, die preußische Hauptstadt zu verlassen, und er wandte sich nach Hamburg, wo er sich bis zum August 1849 aufhielt. Dort sowohl wie im benachbarten Altona gründete er je eine Loge des „Befreiungsbundes". Dann begab er sich über London zum zweiten Male nach New York, wo er Ende 1849 wieder eintraf.

3. Das Programm des Befreiungsbundes.

Über die Aufgaben und Ziele des Befreiungsbundes veröffentlichte Weitling 1849 in Hamburg eine Flugschrift, die sich mit der Propaganda des Befreiungsbundes beschäftigt. Diese Flugschrift ist auch der dritten Auflage seiner „Garantien der Harmonie und Freiheit" beigefügt. In dieser Schrift gibt Weitling die moralischen, demokratischen, kommunistischen und ökonomischen Grundsätze des Bundes wieder und kommt dann auf die notwendigen Maßregeln in der nächsten sozialen Revolution zu sprechen, die nach seiner Auffassung die folgenden sind:

1. Die Grundsätze des Befreiungsbundes umfassen alles, was im Interesse der Menschheit je erstrebt wurde. Diese Grundsätze müssen daher die Grundsätze und Feldgeschrei der sozialen Revolution werden.

2. Die revolutionäre Armee verkündet sogleich nach dem ersten Siege die Grundsätze des Befreiungsbundes als Grundsätze der Revolution

und fordert die Reichen auf, augenblicklich von ihrem Überflusse den arbeitsfähigen Armen die notwendigsten Wohnungen, Möbel, Kleider und Nahrungsmittel gegen eine nützliche Beschäftigung, und den Nichtarbeitsfähigen dieselben umsonst zukommen zu lassen.

3. Die revolutionäre Armee wählt sogleich eine provisorische Regierung unter denjenigen Männern, welche die Revolution im Namen des Befreiungsbundes gemacht und proklamiert haben.

4. Die revolutionäre Armee bewaffnet das Proletariat und die Gewerbetreibenden und entwaffnet die böswilligen Reichen und ihren Anhang.

5. Alle Gefangenen ohne Unterschied erhalten Amnestie. Wer aber von nun an in irgend einer Weise das Volk in seinem Gemeintum und in seinen Interessen belügt, betrügt und bestiehlt, wird erschossen. Wer durch Verschwendung und Müßiggang anderen ein Ärgernis gibt, wird so lange eingesperrt, bis er arbeiten und essen gelernt hat.

6. Gerichte und Polizei samt Anhang werden abgeschafft. Das Volk bestimmt selbst durch die Wahlen diejenigen Personen, welche während der Revolutionen nach Feierabend über obige und andere Vergehen gegen die neue Ordnung standrechtlich zu erkennen haben.

7. Das stehende Heer wird mit der Volksbewaffnung verschmolzen. Der Sold der Mitglieder der provisorischen Regierung, der Beamten und der Offiziere geht mit dem Solde der Mannschaften der revolutionären Armee in gleiche Teile.

8. Die provisorische Regierung kreiert ein revolutionäres Papiergeld, welches sämtliche mit dem Begriff Eigentum und Kapital qualifizierte Grundstücke, Häuser, Schiffe, Geld, Früchte und alle in diesem Sinne qualifizierten Waren und Produkte unter dem Begriff Gemeintum repräsentiert.

Dieses Papiergeld muß in allen Kassen der provisorischen Regierung, die noch mit dem alten Geldsystem verkehren, für Steuern, sowie bei allen, welche noch in diesem Geldsystem verkehren, für Kaufgelder und sonstige Zahlungsverpflichtungen im vollen Geldwert angenommen werden.

In den unter Artikel 12 zitierten Magazinen des Familienbundes hingegen wird weder dieses noch ein anderes Papier- oder Metallgeld, weder Silber noch Gold angenommen, weil die in diesen Magazinen verwerteten Gegenstände nicht nach den täuschenden Begriffen Eigentum und Kapital, sondern nach dem durch Fleiß und Fähigkeit bestimmten sozialen Arbeitswert abgeschätzt werden.

Dieses revolutionäre Papiergeld ist gleichsam eine Notbrücke, welche neben der alten schlechten Brücke (dem heutigen Geldsystem) aufgeschlagen und wieder abgetragen wird, wenn der Bau der neuen Brücke (siehe Artikel 12) beendet ist. Dieses Papiergeld repräsentiert alle Güter, welche die einen unter den sophistischen Scheinrechten Eigentum und Kapital mehr als andere besitzen. Es repräsentiert also das Gemeintum aller ungerecht erworbenen Güter und soll darum nur ausgegeben werden zum Vorteil der Betrogenen und Enterbten. Es soll nur der Regierung, sowie den Armen und Fleißigen die Beschaffung der notwendigsten Bedürfnisse schnell möglich machen. Damit ist seine Bestimmung erfüllt.

9. Alle gutgewillten Reichen und Wohlhabenden, welche ihr Vermögen und Eigentum der Revolution gleich in den ersten Tagen zur Verfügung stellen, erhalten eine ihren Gewohnheiten und Ansprüchen entsprechende Pension in revolutionärem Papiergelde, in gemünztem Gelde (Silber oder Gold) oder in demokratisch kommunistischen Tauschanweisungen. Den Betrag dieser letzteren bestimmen die Gewerbekommissionen nach dem sozialen Benutzungswert. Dieser wird während der Revolution nur für nützliche Gegenstände, nicht aber für Summen in Gold und Silber bezahlt. Solche Summen werden in der gleichen Geldsorte verzinst und wieder zurückbezahlt, wenn sie der Regierung frühzeitig und gerne geliehen wurden.

10. Diese Summe und Zinsen werden durch progressive Steuern gedeckt, welche diejenigen in gemünztem Gelde bezahlen müssen, die noch im alten Geldsystem Geschäfte machen, verpachten, verkaufen und vermieten wollen. Alle übrigen sind von allen Steuern in gemünztem Gelde frei.

11. Für alles gemünzte Geld, was die Regierung auftreiben kann, werden Aufkäufe in solchen Produkten des Auslandes gemacht, welche der Gesellschaft notwendig und nützlich sind. Die Ausfuhr aller uns im Lande notwendigen Produkte wird verhindert.

12. Die provisorische Regierung operiert die Lösung der sozialen Frage zunächst durch schnelle Einführung demokratisch=kommunistischer Tauschanweisungspapiere, als Vorläufer der Kommerzbücher, oder anderer, vielleicht später als noch zweckmäßiger befundenen Tausch=

mittel. Diese Tauschanweisungen repräsentieren den individuellen und sozialen Arbeitswert des Fleißes und der Fähigkeiten des Volkes und werden in den Magazinen und bei den Kommissionen des Familienbundes nur für nützliche Arbeiten, gegen gelieferte oder geliehene nützliche Gegenstände, für Hausmiete und dergleichen ausbezahlt, nie aber gegen gemünztes Geld. Mit diesen Tauschanweisungen bezahlen die Agenten des Bundes für alle ihnen freiwillig gelieferten Produkte, Arbeiten und Dienstleistungen den vom Volke nach Artikel 15 festgesetzten Arbeitswert.

Gegen diese Tauschanweisungen werden dann dem Volke alle diese Produkte, Arbeiten und Dienstleistungen zu dem nach Artikel 15 und 18 geregelten sozialen Tauschwert wieder verkauft, nie aber gegen gemünztes Geld, auch nicht gegen revolutionäres Papiergeld.

Dadurch kommt es binnen kurzer Zeit dahin, daß die böswilligen Reichen für einen Sack voll Gold kein Pfund Brot bekommen können und verhungern müssen, wenn sie sich der neuen Ordnung der Dinge nicht vollständig anschließen wollen.

13. Alles unbenutzt bleibende Eigentum verfällt der provisorischen Regierung zur Verwaltung, desgleichen alle Erbschaften, alle Staats- und Kirchengüter.

14. Die ganze arbeitsfähige Bevölkerung gruppiert sich in Gewerbeordnungen und wählt für die Vertretung ihrer Interessen aus ihrer Mitte Gewerbekommissionen, Gewerbeparlamente und ein Sozialparlament des demokratisch-kommunistischen Familienbundes.

15. Diese Kommissionen bestimmen in allen Lokalitäten den Arbeitswert der verschiedenen Produkte nach den Qualitäten und Quantitäten derselben.

Die Zentralkommission des Sozialparlaments setzt die verschiedenen Preise auf einen verhältnismäßig gleichen Fuß und die provisorische Regierung bestimmt den sozialen Benutzungswert.

16. Die provisorische Regierung errichtet in allen Ortschaften Magazine, welche sie mit den rohen und verarbeiteten Produkten füllt, die ihr verkauft werden. Für diese geprüften Produkte zahlt sie den von den Gewerbekommissionen bestimmten Preis in demokratisch-kommunistischen Tauschanweisungen.

17. Da es im ersten Jahre der Übergangsperiode noch Millionen an allem fehlt, was sie gern hätten, so kann während dieses Jahres

jeder von allen Produkten so viel einliefern, als er will. Nach und nach erst — je nachdem sich Überfluß oder Mangel in irgend einer Produktion andeuten — stellt die Verwaltung durch geeignete Maßregeln das Gleichgewicht her.

18. Alle in die Magazine des Bundes gelieferte Produkte werden um so viel teurer verkauft, als — nach Abzug der durch das revolutionäre Papiergeld und die Anleihen und Progressivsteuern in gemünztem Gelde gebotenen Hilfsmittel — die Kosten der ganzen Verwaltung betragen, inbegriffen die Kosten der Erhaltung der Arbeitsunfähigen, der Erziehung der Jugend, der Garantie von Mangel bei vorkommenden Unglücksfällen und dergleichen. Diese letzte vollendete Preisbestimmung konstituiert den sozialen Benutzungswert.

19. Die Pfaffen und andere gelehrte Hokuspokusmacher werden nicht vom Staate und von den Gemeinden besoldet. Wer einen solchen haben will, mag mit seinesgleichen für dessen Erhaltung sorgen.

20. Die provisorische Regierung bleibt womöglich so lange im Amte, als der soziale Krieg dauert, und verstärkt sich während dieser Zeit durch Ergänzungswahlen. Der soziale Krieg dauert aber so lange, als noch in irgend einem Winkel der Erde die Kronen- und Geldsäcke regieren und mit ihren Helfershelfern das Volk verdummen, um es desto sicherer ausbeuten zu können.

Diese „notwendigen Maßregeln in der nächsten sozialen Revolution" geben in Kürze einen Überblick über das ganze utopistische System Weitlings, was ihre Wiedergabe hier rechtfertigt. —

Zweites Kapitel.
Historisch-Biographisches.

1. Ein Stück Selbstbiographie.

Wilhelm Weitling hat bisher keinen Biographen gefunden und über sein Leben und seine Schicksale sind nur lückenhafte und unsichere Nachrichten bekannt.

Die folgenden Daten, die seinen eigenen Angaben entstammen und in der Hauptsache seiner Zeitschrift, der „Republik der Arbeiter" entnommen sind, füllen einige der Lücken über Weitlings Leben aus und sind deshalb von Interesse.

Wilhelm Weitling wurde am 5. Oktober 1808 in Magdeburg als außereheliches Kind geboren. Sein Vater war ein französischer Offizier, namens Terijon, der im Jahre 1812 mit der Armee Napoleons nach Rußland mußte und dort verschollen ist. Weitling hielt das Andenken seines Vaters sehr in Ehren und später gab er einem seiner Söhne den Namen Terijon.

Nach dem Tode seines Vaters lernte Weitling während seiner Kindheit Not und Entbehrung in genügendem Maße kennen. Er besuchte in Magdeburg die Bürgerschule und erlernte, nachdem er diese verlassen hatte, die Damenschneiderei. Der Herrenschneiderei wandte er sich erst später in Paris zu.

Vom Frühjahr 1830 bis zum Herbst 1832 finden wir Weitling in Leipzig, wo er bei den Damenschneidern Höpfner & Walsach beschäftigt war. Hier war es auch, wo er sich zum ersten Male am politischen Leben beteiligte. Ein kleines satirisches Gedicht von ihm, das man bei einem öffentlichen Umzug als Transparent verwendet hatte, wurde in einigen Leipziger Blättern abgedruckt. Ende 1832 arbeitete Weitling in Dresden, 1834 in Wien, wo er eine Zeitlang mit Verfertigung von Modeartikeln für Damenputz beschäftigt war. Weitling muß in seinem Geschäft sehr tüchtig gewesen sein, denn er verdiente in Wien bis zu 60 und 70 Gulden wöchentlich, ein Lohn, der für die damalige Zeit als außerordentlich hoch zu bezeichnen ist.

Im Oktober 1835 kam Weitling nach Paris, und hier war es, wo er in Verbindung trat mit den geheimen Vereinen der deutschen Arbeiter, eine Verbindung, die maßgebend wurde für sein ferneres Leben.

Weitling blieb bis zum April 1836 in Paris, ging über Deutschland zurück nach Wien, von wo er im September 1837 wieder nach Paris zurückkehrte.

Über Weitlings Leben ist, wie erwähnt, wenig Genaues bekannt, und selbst über die Zeit seiner propagandistischen Tätigkeit sind viele falsche Angaben gemacht worden. Ein Stück Selbstbiographie, das Weitling in seinem Blatte veröffentlichte, ist deshalb von allgemeinem Interesse.

Mit dieser Selbstbiographie hatte es folgende Bewandtnis: Im Juli 1851 rüstete sich Weitling von New York aus zu einer Reise durch die Vereinigten Staaten. Kurz vorher war die öde Beschuldigung, zu der noch alle bürgerlichen Verleumder der Arbeiterbewegung ihre Zuflucht genommen haben, gegen ihn erhoben worden, daß er von Arbeitergroschen lebe. Er möge nicht arbeiten und beute die Arbeiter aus. Wohl mehr als Beantwortung dieser Beschuldigung, als aus einem anderen Grunde, veröffentlichte nun Weitling in seinem Blatte eine „Übersicht der Erfolge einer zwölfjährigen Propaganda mit bezug auf die Geldpunkte", die eine Reihe interessanter Daten aus Weitlings agitatorischem Leben enthält und die deshalb hier im Auszuge mitgeteilt sein mag.

Nachdem Weitling ein Inventar des Bestandes des Eigentums des von ihm gegründeten Arbeiterbundes, soweit dasselbe in der Druckerei und dem Buchhandel angelegt war und eine Übersicht der eingegangenen Propagandagelder, die sich in anderthalb Jahren auf 218 Dollar beliefen, gegeben hatte, kommt er zu der „Beschaffung und Verwaltung der ersten Propagandamittel". Hierüber führt er folgendes aus:

a. Pariser Propaganda.

Aus obiger Rechnung ersehen nun die Mitglieder, daß die Summen der jetzt vorhandenen Propagandamittel nicht allein durch die amerikanische Arbeiterbewegung gesammelt wurden, sondern daß diese Mittel überhaupt das Resultat eines mehrjährigen Wirkens für die Sache der Arbeiter sind. Ich werde darum zurückgehen auf die erste Zeit dieses Wirkens und so viel mir es jetzt möglich ist, alle mir zugeflossenen Einnahmen und alle dadurch möglich gemachten Ausgaben von 1838 an bis jetzt dem Publikum und besonders meinen Freunden, welche den Tatbestand kennen, nach der Reihenfolge der damit in Berührung stehenden Ereignisse in Zahlen vorführen, mit der Aufforderung, etwaige Irrtümer selbst schonungslos zu berichtigen.

Im Jahre 1838 wurde mir in Paris von der Zentralbehörde unserer Verbindung, der ich seit kurzem mit angehörte, der Auftrag: die Möglichkeit der Gütergemeinschaft durch eine Schrift zu veranschaulichen, weil die Mitglieder eine solche Schrift verlangten. Ich hatte einen Mitbewerber, aber die Mitglieder der Zentralbehörde entschieden sich einstimmig für meine Schrift: „Die Menschheit, wie sie ist und wie sie sein sollte". Sie wurde in 2000 Exemplaren gedruckt, natürlich wurde mir für das Manuskript nichts bezahlt. Ich verfaßte die Schrift zu einer Zeit, in welcher ich jeden Abend bis 10 und 11 Uhr und jeden Sonntag bis 12 Uhr mittags als Schneidergeselle arbeiten mußte. Ich übersetzte Lamennais' „Buch des Volkes" und gab das Manuskript einem Agenten unserer Verbindung für die Verbindung in Deutschland gratis mit. Ich lieferte 12 Lieder zu den „Volksklängen", versteht sich gleichfalls gratis. Das waren meine ersten literarischen Produktionen, mit Ausnahme eines politischen Gedichtes, was 1830 zu einem Transparent benutzt wurde und einige Tage darauf in zwei Leipziger Blättern erschien.

Später entschloß ich mich zu einer Reise nach dem Süden Frankreichs, die Behörde der Verbrüderung stellte mir aber die Notwendigkeit vor, für unsere Sache in der Schweiz zu wirken und Vereine und ein Monatsblatt zu gründen und gab mir 30 Franken Zulage zur Reise dahin. Das war das erste Geld, was ich zur Verbreitung unserer Prinzipien erhielt.

b. Die Schweizer Propaganda.

In Genf im Mai 1841 angekommen, gründete ich im Herbst ein Monatsblatt („Der Hilferuf der deutschen Jugend"), gründete unsere Verbindung und in vier Städten Speiseassoziationen. Das Blatt hatte 1000 Abnehmer in der ersten Zeit, davon 400 in Paris und 100 in London, und die Einnahmen gingen pünktlich ein, ohne daß ich mich je um den Verkauf des Blattes zu kümmern hatte. Ich arbeitete nebenher in meinem Geschäft und verdiente damals fast jede Woche 30 bis 40 Franken. Die Einnahmen des Blattes aber erlaubten, daß ich mich ganz dem Blatte weihen konnte. Dreimal von Paris aufgefordert, die Schneiderarbeit niederzulegen, entschloß ich mich erst dazu, nachdem es sein mußte, nachdem ich von Genf ausgewiesen wurde. Ich setzte das Blatt in Bern fort, sollte hier von der Polizei eingefangen werden, erfuhr dies eine halbe Stunde vor dem Überfall und floh mit zwei Monatslieferungen, welche soeben die Presse verlassen hatten, nach dem Kanton Waadt. In Bevey setzte ich das Blatt fort (unter dem neuen Titel: „Die junge Generation"). Ich gab dort nebenbei die „Garantien" in 2000 Exemplaren heraus. Der Kostenbeitrag dieses Buches wurde durch Unterschriften und Vorausbezahlungen gedeckt, mit der Bedingung, Bücher in Rückzahlung anzunehmen. Dann unterschrieb fast jeder der dortigen Arbeiter unserer Vereine für zwei Exemplare, manche für 10 und Simon Schmidt gar für 200. Die Pariser schickten dazu 400 Franken.

Um die Zeit wurden in Frankreich die Monatsblätter saisiert und die Agenten ins Gefängnis geworfen und später nach London transportiert. Gleichfalls wurde dem Blatte der Durchzug nach London versperrt, und so verlor es die Hälfte der Abonnenten. Außerdem hatten alle Mitglieder des „Jungen Deutschland" und deren Einfluß (etwa 100) das Blatt, seiner kommunistischen Tendenz wegen, schon bei der dritten Nummer aufgesagt. Ich wurde nun auch aus dem Kanton Waadt verwiesen und verlegte darauf die Redaktion nach Langenthal, und als ich auch hier nicht sicher war nach Zürich. In Zürich schrieb ich das „Evangelium der armen Sünder". Den Druck desselben hatten einige wohlhabende Freunde garantiert. Die Polizei nahm aber alles weg, bevor es ganz die Presse verlassen hatte, samt 200 „Garantien" und 120 Franken Geld und sperrte mich ein Jahr lang ein. Während dieser Zeit hatten meine Freunde den größten Teil des schon konfiszierten Manuskriptes zu retten gewußt und es an Jenny in Bern verkauft und den Erlös zu einem Zuge nach Zürich verwendet, um mich im Falle der Auslieferung zu befreien. Aber ich wurde zwei Tage vor Ablauf meiner Gefängniszeit den Gendarmen übergeben und nun nach Preußen geliefert. Die Freunde waren acht Stunden zu spät gekommen.

c. Die deutsche Propaganda.

Fröbel schickte mir eine Summe von, wenn ich nicht irre, 60 Franken auf dem Transport durch Deutschland nach. Von dieser Summe wurde mir aber nichts gegeben und nichts mitgeteilt. In Magdeburg angekommen, schickten mir die Hamburger Freunde 10 Dollar, ein wohlhabender Mann aus Elbing schickte für den Schneider Weitling 10 Taler an ein Magdeburger Handlungshaus. Die Krämerseelen schrieben ihm aber zurück, es existiere kein Schuhmacher Weitling in Magdeburg. Ich nahm, während ich in Magdeburg auf freiem Fuße lebte (etwa vier Wochen), daselbst bei einem Buchhändler eine Anleihe von 10 Taler auf. Die preußische Regierung ließ mich fast täglich durch die Polizei zitieren und schikanieren, verbot mir den Besuch aller Herbergen und Wirtshäuser, selbst den Besuch meiner Mutter, nahm meine Briefe in Empfang, verlangte Existenzausweise und dergleichen.

Daß mit mir überhaupt noch so viele Umstände gemacht wurden, hat damals alle Welt gewundert: denn erstens war ich eigentlich ein

Refraktär und hatte mich der Militärpflicht durch einen falschen Paß entzogen, mit welchem ich zehn Jahre lang Deutschland durchreist hatte. Ferner war schon im Jahre 1840 mein Name in allen schwarzen Büchern der Polizei der deutschen Regierungen, mehrere Verzweigungen unserer geheimen Verbindungen waren entdeckt worden, ein Dutzend Mitglieder, welchen ich lange Vorsteher war, hatte man abgefaßt und dieselben jahrelang in den Gefängnissen und Verhören herumgezogen. Und mein Name figurierte in allen diesen Inquisitionsakten. Man hätte Grund genug gehabt, mich zeitlebens einzusperren. Man hätte mich wenigstens, wie man es ja jedem anderen machte, unter eine Strafkompagnie stecken können. Anstatt dessen wurde ich von einer Drohung und Schikane unaufhörlich in die andere getrieben. Endlich, nachdem ich diesen Schikanen ungeachtet stets Rat geschafft hatte, wurde mir ein Ministerialbefehl verlesen, nach welchem ich dem preußischen Staate nicht mehr angehöre und das Land zu verlassen, sowie zu unterschreiben habe, daß ich bei zwei Jahre Zuchthausstrafe dasselbe nicht wieder betreten wolle. Ich verweigerte die Unterschrift und wurde wieder eingesperrt. Ich wurde so dreimal zur Unterschrift aufgefordert und mir bedeutet, daß ich nur unter dieser Bedingung freigelassen werde, und verweigerte dreimal die Unterschrift.

Endlich wurde ich ohne Unterschrift eines Morgens mit Gendarmen auf einen Wagen gepackt und über die braunschweigische Grenze gebracht. Die braunschweigischen Behörden schickten mich am anderen Tage wieder nach Preußen zurück, und ich wurde wieder eingesperrt. Acht Tage darauf hatte man mir einen anderen Paß ausgestellt und die zwei Jahre Zuchthaus und den Verlust des Bürgerrechts weggelassen. Den wollte ich unterschreiben, als ich auf der Rückseite in einem kleinen Winkel noch zur rechten Zeit die alte Bemerkung erblickte und die Feder zurücklegte. Man führte mich nun aufs Dampfschiff nach Hamburg, wo mich ein Agent der dortigen Regierung in Empfang nahm. Hier ließ man mich acht Tage frei herumlaufen, nachdem ich eingewilligt hatte, nach England zu gehen. Ich verkaufte hier bei Julius Campe einige im Gefängnis gemachte Gedichte für 10 Louisdor.

d. Die Londoner Propagandareise.

Bei meiner Ankunft in London im August 1844 fand ich 6 Pfund Sterling für mich vor, welche dort noch von den verkauften Monats=

heften restierten. Ich setzte nun meine literarische Tätigkeit in dem teuren London fort, fand aber mit Ausnahme von einigen Korrespondenzen dafür keinen Verleger. Indessen arbeitete ich unausgesetzt an meiner „Denk- und Sprachlehre", an einem Werke „Gerechtigkeit" und an einem anderen größeren sozialen Werke fort. Die Pariser und Schweizer schickten mir indes die Einnahmen von den dort verkauften „Garantien", außerdem erhielt ich durch dortige Sammlungen vielleicht an 500 Franken. . . .

In England bereiteten mir die englischen Sozialisten zwar herzliche Empfangsfeierlichkeiten, aber Hilfe wurde mir in London nicht geboten. Mir schwimmt indes so dunkel im Gedächtnis, als habe ich einmal von den deutschen Sozialisten daselbst ein oder zwei Pfund Sterling erhalten. Ein deutscher Kaufmann daselbst schickte mir aus eigener Anregung 100 Franken und ein Fabrikant in Deutschland 100 Franken. Später, als in meiner Kasse die größte Ebbe eingetreten war, erhielt ich für ein Manuskript 800 Franken. Davon schickte ich 200 Franken nach der Schweiz als Beitrag zur Bestreitung einer zweiten Auflage des „Evangelium der armen Sünder", welches als Propaganda, das heißt ohne auf Einnahmen zu rechnen, verbreitet werden sollte und wozu unsere Freunde von allen Seiten beisteuerten. Im Jahre 1845 wurde in Deutschland die zweite Auflage der „Garantien" von einigen mir persönlich damals unbekannten Freunden, welche unter sich die Geldmittel auftrieben, veranstaltet und im geheimen durchgeführt.

e. Die erste Propagandareise nach Amerika.

Nachdem ich 17 Monate in London gelebt, übersiedelte ich nach Brüssel und erhielt daselbst im Namen des Vereins von Hermann Kriege die Aufforderung, nach New York zu kommen und die Redaktion des von ihm gegründeten „Volkstribun" zu übernehmen. Die New Yorker Sozialreformer (nicht die späteren Oppositionsreformer) hatten das Reisegeld geschickt, und da dieses nach Abtragung einiger Schulden und wegen der Verteuerung der Überfahrtspreise nicht reichte, so schickten mir die Pariser 110 Franken nach Havre nach.

Ich kam zu Ende des Jahres 1846 nach New York ohne einen Cent Geld und gerade zur rechten Zeit, um in der letzten Nummer des „Volkstribun" zu lesen, daß das Blatt eingegangen sei, und um zu vernehmen, daß es 100 Dollar Schulden hinterlassen. Der Verein hatte mir früher 5 Dollar wöchentlich ausgemacht, bis ich eine Beschäftigung gefunden. Ich aber verweigerte diese Hilfe mit Ausnahme von zirka 5 Dollar, welche mir aufgedrungen wurden. Ich ließ darauf einige Flugschriften und eine neue Auflage des „Evangelium der armen Sünder" drucken und zwängte meine Gefühle in die mir damals fürchterliche Notwendigkeit, den Verkauf derselben selbst zu betreiben. Ich bezahlte in kurzer Zeit die Druckkosten den Leuten, welche mir Kredit gegeben, und zahlte auch die 50 Dollar auf die englische Ausgabe ab. Doch hatte ich für den Absatz dieser englischen Ausgabe nichts tun können, indem die Revolution von 1848 meine Reiseprojekte unterbrach. Ich übergab deshalb meinem Kreditor (einem hiesigen Buchhändler) diese ganze englische Ausgabe mit dem Verlust der bereits bezahlten 50 Dollar und gab außerdem demselben etwa 200 deutsche Exemplare des „armen Sünders" zu seiner Deckung mit in den Handel.

Aus dem Innern zurückgekommen, erhielt ich vom hiesigen „Befreiungsbund" 60 Dollar zur Reise nach Europa. Dowiat, gleichfalls Mitglied des Bundes, erhielt ebenfalls 60 Dollar. Außerdem erhielten wir für diesen Zweck 40 Dollar, welche in Philadelphia bei einer Rede, welche Dowiat dort hielt, gesammelt worden waren. Der hiesige Revolutionsverein gab mir ferner 100 Dollar und von den Nationalreformern in Cincinnati erhielt ich 20 Dollar. Von diesem Gelde gab ich 40 Dollar an Dowiat, zahlte noch einige Schulden und ging mit dem Rest nach Europa.

f. Die Propagandareise nach Deutschland.

Am vorletzten Schlachttage des Juniaufstandes kamen ich und Dowiat in Paris an. Ich durchreiste dann Deutschland und ließ dort Flugschriften drucken, welche ich in Frankfurt und im Badischen, namentlich in Heidelberg, umsonst verteilte. Ich wohnte als Delegat der hiesigen Vereine den Arbeiterkongressen bei und redigierte in Berlin den von mir im Oktober 1848 gegründeten „Urwähler". Nach Wrangels Einzug wurde ich verwiesen und ging nach Hamburg. Hier fand ich eine gastfreundliche Aufnahme bei einem dortigen Bürger und Hauseigentümer und arbeitete während des Winters an meiner „Denk- und Sprachlehre".

Ich wurde dort gleichfalls ausgewiesen, aber ich ging nicht, und die Polizei wagte damals noch nicht, mit Gewalt einzuschreiten. Im

Frühjahr 1849 veranstaltete ich mit Hilfe meiner Freunde die dritte Auflage der „Garantien", von welcher ich in Hamburg und Umgegend damals 900 und bis jetzt über 1000 absetzte. Es wurde vorher aber schon eine andere geheime Auflage dieser „Garantien" auf dem Buchhändlerweg verbreitet, von der ich gleichfalls nichts bezahlt erhielt. Ich gründete zugleich einen Kommunistenbund, mit einem Erfolg, der meine Erwartungen um das Zehnfache übertraf. Um dieselbe Zeit war ich für die Lieferung eines Leitartikels eines neuen täglichen Blattes mit wöchentlichen 10 Mark angestellt. Da kam die Preußenkatastrophe, durch den Ungehorsam einiger Leutnants des Bundes herbeigeführt, welche für alle Fälle angemessene Order hatten, nur keine Order zum Losschlagen, weder von mir, dem sie allein zu folgen hatten, noch von den Führern der Demokraten in Hamburg, noch von den Führern in Schleswig-Holstein.

g. Die zweite Propagandareise nach Amerika und Übersicht der gesamten Resultate.

Nach der Katastrophe entging ich durch die Wachsamkeit der Bundesmitglieder dem Gefängnis mit Verlust von zwei Koffern voller Schriften und Büchern, inklusive einer Menge gesammelter Notizen und eines Manuskriptes zur Füllung von zirka 25 Druckbogen. Eine Kiste mit 350 „Garantien" wurde um dieselbe Zeit in Leipzig weggenommen. So kam ich über London wieder in Amerika an und begann im Januar 1850 die Ausgabe der „Republik der Arbeiter".

„Die Menschheit, wie sie ist und wie sie sein sollte" hatte während dieser Zeit die dritte Auflage erlebt, ohne daß sie mir bisher einen Cent eingebracht hatte; die zweite Auflage war durch einen Buchhändler veranstaltet worden, ohne sich deshalb an mich zu wenden.

Vom „Evangelium der armen Sünder" brachte mir also nur die dritte Auflage ziemlich das volle Geld ein, zur zweiten zahlte ich außerdem, daß ich nichts dafür verlangte, 200 Franken, erhielt aber etwa 100 Franken für eine nach Köln gemachte Sendung. Von der ersten und dritten Auflage der „Garantien" nahmen mir die Polizei in der Schweiz und Deutschland 800 Exemplare. Die übrigen 4200 brachten mir nicht 800 Dollar ein, obwohl sie bis auf den Rest von 200 jetzt vergriffen sind, und davon mußte ich noch die Kosten der dritten Auflage bestreiten. Die zweite Auflage brachte mir eine Einnahme von 10 Talern.

Die drei Auflagen der „Menschheit usw." brachten mir bisher, obgleich ziemlich vergriffen, gar nichts ein.

Eine englische Flugschrift, sowie die englische Ausgabe des „Evangelium" brachten mir gleichfalls gar nichts ein. Diese Art der Propaganda kostete mich samt den in Deutschland gratis verteilten Flugschriften („Der Notruf") und den Zulagen zur zweiten Auflage des „Evangelium" nach Abzug von 100 Franken über 50 Taler, welche Ausgaben, sowie die durch Konfiskation erlittenen Verluste an Geld, Büchern, Schriften und Manuskripten, die Ausgaben für drei Seereisen, für eine Reise durch die Staaten, eine durch die Schweiz und eine durch Deutschland, alle im Interesse der Sache gemacht, insgesamt durch alle übrigen Einnahmen gedeckt werden mußten.

Alle Schriften, welche öfter nachgedruckt und in andere Sprachen übersetzt werden, sind nach buchhändlerischen Begriffen doch wenigstens ein Honorar von 5 Talern pro Bogen für jede Auflage wert. Danach schuldete man der Propaganda von verschiedenen Seiten noch 300 Dollar, und der Wert der vorrätigen, nicht konfiszierten Manuskripte belief sich auf wenigstens die gleiche Summe, wahrlich ein geringer Anschlag für eine Arbeit von zwei Jahren und für Arbeiten, welche durch den Lauf der Zeit nicht entwertet werden können, vorausgesetzt, daß sie in den Augen der Leser schon jetzt einen Wert haben.

Natürlich wurde mir hier und da durch die gastliche Aufnahme, welche ich bei einigen Freunden der Sache fand, eine Erleichterung zuteil. Was ich während eines Zeitraums von zehn Jahren also in Form von Unterstützungen oder für Reisekosten oder für Propagandazwecke durch Extrasammlungen erhielt, unsere Propagandagelder mit inbegriffen, beläuft sich aufs höchste angeschlagen auf 600 Dollar, wenn ich auch die 800 Franken dazu rechne, welche mir ein reicher Kommunist aus Deutschland, um die Bedenken der Annahme derselben zu verdecken, unter der Form einer Anzahlung für ein Manuskript geschickt hatte. Mit diesen Mitteln und dem Verkauf meiner Arbeiten habe ich seit 12 Jahren für die Sache gewirkt und alle Verluste und Kostenpunkte gedeckt. . . .

. . . Gebt nur dem Gedanken nicht Raum, daß Leute wie ich der Existenz wegen sich für die Sozialreform betätigen. Freilich kann ich nicht von der Luft leben und muß doch leben, wenn ich etwas tun soll, und kann auch nebenbei nichts anderes tun. Daraus folgt aber noch lange nicht, daß ich dies tue, „um mein Leben zu fristen", denn das ist mir nur der Sache wegen etwas wert. Ich habe der Sache wegen Existenzmittel zurückgewiesen, welche einträglich waren. Es ist ein Mann in New York, der bei einer Erfindung, welche ich vor neun Jahren gemacht habe, in einem Jahre 2000 Taler übergemacht haben soll, und viele andere leben noch jetzt von ähnlichen Arbeiten. Ich erhielt um die Zeit meiner Berufung nach Amerika von einem Londoner Kaufmann eine Bestellung von 2000 Ellen solcher Garnituren meiner Erfindung, habe aber der Sache wegen mich nicht damit beschäftigt, sondern die Erfindung einem Arbeiter gelehrt und ihm die Maschine gratis gegeben, welcher Arbeiter jahrelang daran arbeitete und wahrscheinlich damit wenigstens eine ähnliche Summe verdiente, da der obige erste von ihm die Arbeit gelernt hatte. Ein großer Geldverdienst hat schon vor 16 Jahren mich von meinen Gefühlen für das Recht der Arbeiter nicht abbringen können, und ich mußte doch in meinen Verhältnissen hinter den erhabenen Beispielen, welche uns unser Propagandavater Simon Schmidt gegeben, noch weit zurückstehen.

Ich hatte schon 1835 in Wien während eines Jahres in einer Arbeit, welche nur ich und noch jemand in ganz Wien machen konnte, einen Verdienst, der oft auf 70 Gulden Münze die Woche stieg, und in welchem mir jede Stunde Arbeit einen Gulden Münze einbrachte. Aber die Sehnsucht nach gleichgesinnten Männern trieb mich fort nach Paris, wo ich — um mich zu nähren — das Männerkleidermachen lernen und mit einem jährlichen Verdienst von zirka 700 Franken kümmerlich leben mußte und mich doch nicht wieder nach den Fleischtöpfen Ägyptens sehnte. Und ich habe es nie bereut. Gibt es überhaupt einen Menschen, welcher je Ursache hatte, ein mit Freuden gebrachtes Geldopfer zu bereuen, wenn dies Opfer den Zweck hatte, damit eine gute Regung zu befriedigen? Keinen gibt es. Drum so bringt Opfer, dann erntet ihr Freuden.

* * *

Soweit die Angaben Weitlings über seine Propagandatätigkeit und seine statistischen Ausweise.

Von den hier erwähnten Schriften Weitlings, die alle seine Ideen und Anschauungen wiedergeben, erschien die erste, „Die Menschheit, wie sie ist und wie sie sein sollte", zu Ende des Jahres 1838 in Paris, und wurden 2000 Exemplare derselben verbreitet. Für die Druckkosten brachte die damals sehr kleine Zahl Gleichgesinnter manches rührende

Opfer. Einige liehen dazu ihre Zimmer, andere arbeiteten nachts als Setzer, Drucker oder Buchbinder; noch andere gaben Geld, ja sogar in Ermanglung des Geldes ihre Uhren ins Leihhaus.

Es scheint überhaupt, daß Weitling es verstanden hat, seine engeren Anhänger mit dem vollsten Glauben an die von ihm gepredigte Lehre anzufüllen. Er selbst weist in seiner oben gegebenen statistischen Selbstbiographie darauf hin, daß beim Drucke seines zweiten Buches, seiner „Garantien der Harmonie und Freiheit" sich unter seinen Anhängern eine ähnliche Opferwilligkeit zeigte, als bei der Herausgabe seiner ersten Broschüre. An anderer Stelle berichtet er in seiner „Republik der Arbeiter" noch darüber, daß dieselben Arbeiter in der Schweiz, die es ihm ermöglicht hatten, innerhalb vier Wochen 1000 feste Abnehmer für seine Monatschrift zu erlangen, im Verein mit einigen Arbeitern in Paris im voraus 1000 Franken zusammenbrachten, um die Kosten des Druckes der „Garantien" zu decken. Ebenso wurde für die Errichtung von Assoziationskosthäusern zusammengesteuert, von denen Weitling schon in Paris einige gegründet hatte, und die er jetzt auch in der Schweiz zu errichten versuchte. „Da holte ein Schuhmacher," so äußert sich Weitling über die Opferfreudigkeit der Arbeiter jener Zeit, „den alle für einen schmutzigen Geizhals ausgeschrien hatten, 2000 Franken, welche er sich gespart, von der Bank und bot sie dem Verein ohne Zinsen an. Da gab der eine von seinem Ersparten hundert Franken, der andere sechzig, und niemand unter zwei Franken, und alle ließen sich die Summen in Büchern wieder zurückzahlen, deren Verkauf sie dann selber betrieben."

2. Zur Geschichte der ersten deutschen Arbeiterorganisationen.

Wir finden in Weitlings „Republik der Arbeiter" einige Angaben, die zur Vervollständigung seiner Biographie noch beitragen können, und die gleichzeitig als Beitrag zur Geschichte der ersten deutschen Arbeitervereine von Wert sind.

In einer Auseinandersetzung mit Cabet schrieb Weitling im Februar 1853 unter anderem folgendes:

Meine Broschüre „Die Menschheit, wie sie ist und wie sie sein sollte" erschien bereits zu Ende des Jahres 1838, und dieselbe enthält das System der Fähigkeitswahlen und der Kommerzstunden, eine Art Tauschsystem, welche Systeme bis heute noch in allen meinen Schriften die Grundlage der Reformen bilden, welche ich vorschlage.

Zur Abfassung einer solchen Schrift wurde ich von dem ersten deutschen Arbeiterverein nebst anderen aufgefordert, und die meinige erhielt den Beifall der Kommission und ich einen Platz in derselben. Die Kommission war durch gewöhnliches Stimmen gewählt worden, ich durch die Tätigkeit, welche aus meiner Schrift für mich stimmte. . . .

. . . Ich wurde 1835 in den „Bund der Geächteten" aufgenommen. . . . Als ich im Jahre 1837 von Wien nach Paris zurückkehrte, fand ich, daß sämtliche Vorsteher des Bundes der Geächteten die oberste Behörde ausgeschlossen hatten, aus purem Ehrgeiz, aber unter dem Vorwand, weil diese sich selbst eingesetzt habe. Man wollte, daß diese Behörde künftig gewählt werde. Diese Behörde hatte aber die Fäden in Deutschland in der Hand und begann sich in Paris eine neue Gesellschaft zu rekrutieren. Eine eigentliche Spaltung der Gesellschaft war es also nicht. Es war nur die Behörde abgespalten worden. Eine Sozialistenpartei gab es zur Zeit der Spaltung auch noch nicht im Bunde. . . . Die soziale oder vielmehr kommunistische Partei wurde erst durch meine Schriften geschaffen. Der neue Name des Bundes war „Bund der Gerechtigkeit". Weißenbach, jetzt in Peoria, hatte diesen Namen vorgeschlagen und durchgesetzt. . . .

. . . Der „Bund der Geächteten" wurde schon im Jahre 1830 gegründet und entstand aus einem Vereinigungsversuch der Deutschen, welchen selbst General Lafayette mit leitete. Als aus der großen Geschichte nichts wurde, zogen sich die Kerntruppen zurück und bildeten diesen geheimen Bund. —

Gegen Everbeck, der erst 1840 von Hohmann, später Farmer in der Nähe Chicagos, in den „Bund der Gerechten" aufgenommen wurde, wendet sich Weitling wegen dessen Angaben in seinem französischen Buche „Deutschland und die Deutschen". — Nach Everbeck spaltete sich der „Bund der Geächteten" wegen der sozialistischen Richtung des einen Teils, was Weitling als falsch bezeichnet. Ebenso sei es falsch, daß Cabets Anschauungen die kommunistischen Anschauungen im „Bund der Gerechten" veranlaßt hätten. Cabets „Reise nach Ikarien" erschien erst 1840, nachdem er in London den Kommunismus aus Thomas More und Robert Owen kennen gelernt hatte. Da Weitlings erste Broschüre schon 1838 entstand, konnten Cabets Anschauungen auf sie wohl nicht

gut eingewirkt haben. Tatsache ist, daß Weitlings „Die Menschheit usw."
in einer Nußschale schon all die Ideen enthielt, die wir weiter ent=
wickelt und ausgebaut in all seinen späteren Schriften wiederfinden.

Im Juni 1851 griff ein New Yorker Blatt, die „Abendzeitung",
Weitling in perfider Weise an, ihn beschuldigend, daß er „die Hand=
werker gegen die geistigen Arbeiter aufzureizen" versuche. „Ist dies,"
so hieß es da, „auch geistige Arbeit, was Herr Weitling treibt? Nein!
Es ist verschwenderischer Verbrauch von Tinte und Papier in ohn=
mächtigen Wutanfällen."

Hiergegen wandte sich Weitling in folgender Weise:

So verfährt man hier in New York mit einem Manne, der in der
bittersten Armut erzogen, zwar nicht einmal das Gymnasium, geschweige
denn die Universität, der nur die mittlere Bürgerschule zu Magdeburg
besuchen konnte und ein Handwerk erlernte, um sich nähren zu können,
der indes daraus für die Aufklärung im Interesse der Arbeiter so viel
Nutzen zu ziehen wußte, daß seine Schriften jetzt in fünf Sprachen und
in über 300 000 Druckbogen zirkulieren. So verfährt man gegen einen
Mann, aus dessen Agitation direkt oder indirekt alle deutschen kommu=
nistischen und sozialen Vereine in Europa und Amerika hervorgegangen
sind, welcher seit 15 Jahren auf der Bresche stand, um das Recht der
Arbeiter zu verteidigen, welcher dafür ein Jahr im Gefängnis zubrachte,
fünfmal ausgewiesen, zweimal transportiert und zweimal verbannt wurde,
welchem zweimal durch polizeiliche Überfälle Schriften, Bücher und Geld
konfisziert wurden, und welcher alle diese Leiden als keine Opfer be=
trachtet, sondern trotz allen bitteren Erfahrungen noch so viel Glauben
an das Bessere in der Menschenbrust bewahrt hat, daß er sich noch
jedes Opfers fähig hält, das im Interesse der leidenden Menschheit
von Nutzen sein kann.

Drittes Kapitel.
Weitlings Rückkehr nach Amerika.

1. Die Gründung der „Republik der Arbeiter".

Weitling war, wie erwähnt, Ende 1849 zum zweitenmal in New
York gelandet, und er nahm das Agitationswerk sofort wieder auf.
Schon am 15. Januar 1850 erschien unter seiner Redaktion ein

monatlich erscheinendes Arbeiterblatt, das er „Die Republik der Arbeiter" nannte und das einen streng Weitlingschen Charakter trug.

In einem „Aufruf", der an der Spitze der ersten Nummer erschien, wendet sich Weitling an die „Arbeiter und Arbeitgeber", denen er beiden sein Blatt als Vertreterin ihrer beiderseitigen Interessen empfiehlt. In einer Erklärung des Titels heißt es: „Ich wähle also die ‚Republik der Arbeiter', vielleicht treffe ich damit den Nagel auf den Kopf. Eine Republik der Arbeiter ist möglich und muß für den Arbeiter ein angenehmeres Leben bieten, als eine Republik aus Arbeitern und privilegierten Müßiggängern bestehend, welche letztere die Arbeit unter dem Joche der Geldsäcke halten. Oder glaubt ihr, die Arbeiter würden heulen und flennen, wenn es morgen keine Müßiggänger mehr gäbe? Nicht die Probe. Aber was würden die Müßiggänger anfangen, wenn sie für sich eine Republik bilden sollten? Jedenfalls würden sie zu arbeiten anfangen. . . ."

Die erste Nummer von „Die Republik der Arbeiter" fand in der Stadt New York einen Absatz von 950 Exemplaren, der bis zur dritten Nummer schon auf 2000 stieg, während die Gesamtauflage sich auf 2300 belief. Am Ende des Jahres 1850 wird die Auflage auf 4000 angegeben.

Weitling trat mit allen hauptsächlichsten Städten der Union in Verbindung, um dort Filialen seines Blattes zu errichten.

2. Weitlings Bruch mit den Sozialreformern.

Bei seinem ersten Aufenthalt in New York hatte Weitling nicht umhin gekonnt, den Ideen der Landreform, denen auch die Sozialreformer zustimmten, einige Konzessionen zu machen. Schon in der ersten Nummer seines neuen Blattes zeigte er seinen Bruch mit den früheren Bundesgenossen an. Er schrieb dazu folgendes:

„Als ich im Jahre 1846 auf den Ruf der hiesigen deutschen Sozialreformer nach New York kam, habe auch ich mich für die Grundsätze der Freesoilers (Anhänger des freien Bodens, Landreformer) verpflichtet, jedoch mit Bedingungen. Ich sagte der Gesellschaft, nachdem man mir die Grundsätze vorgelesen, daß es mir gleich sei, ob jeder 159 oder 161 Acres Land bekäme, wenn nur das Land den Spekulanten entrissen und zum Vorteil der arbeitenden Klasse benutzt werde, daß ich für die Durchführung dieser Grundsätze dem Zwecke nach mich verpflichten werde, wenn ich dadurch nicht verhindert werde, nach meiner besseren Ansicht für dieselbe Sache zu wirken. Damit waren unsere Freunde einverstanden, und in dieser Weise habe ich bisher dafür gewirkt."

Und im Juli 1850 äußerte er sich über denselben Gegenstand:

„Das Land muß allen und kann niemanden ausschließlich gehören, besitzen aber kann davon jeder nach Belieben einen Teil nach seiner Wahl — ob 10 oder 1000 Acres —, wenn er für den Besitz in die Kasse des ganzen Volkes einen entsprechenden Benutzungspreis entrichtet. Es ist zum Glück der einzelnen nicht notwendig, daß Land und Häuser das Eigentum einzelner werden. Die englischen Geldaristokraten bringen fast ihre ganze Lebenszeit auf Reisen zu und fühlen sich in gemieteten Wohnungen so frei wie in ihren eigenen.

Was jeder einzelne an Land, Häuser und möblierten Wohnungen benutzen will, miete er nach Gefallen von der ganzen Gesellschaft, welcher alles gehört. Das ist die vernünftigste Landreform, das ist die ganze und höchst einfache Sozialreform."

Viertes Kapitel.
Weitlings Reformvorschläge.
1. Die Gewerbetauschbank.

Nachdem Weitling sich von dem Ballast seiner früheren Verbindungen befreit hatte, ging er mit Eifer ans Werk, um eine Reorganisation der Gesellschaft auf Grund des Systems anzubahnen, das er in seinen Schriften niedergelegt hatte.

Im Vordergrund dieses Systems stand die Gründung einer Gewerbetauschbank, die Weitling gewissermaßen als Zentralpunkt seiner Propaganda ansah, mit dem zusammenhängend all seine sonstigen Mittel, sein Arbeiterpapiergeld, seine kooperativen Assoziationen, seine Gewerbeordnungen, ja selbst seine Koloniengründungen zu betrachten sind.

In den ersten Nummern seines Organs begann Weitling sofort die Propaganda für die Einrichtung dieser Gewerbetauschbank und was damit zusammenhing. Diese Bank war für Weitling der Hebel, mittels dessen alle anderen Institutionen, die er als Mittel zur Befreiung der Arbeiter sich erdacht hatte, ins Dasein gehoben werden sollten. Er erklärte, daß es nicht ratsam sei, mit der Gründung von Kolonien, die in seinem Programm ebenfalls eine große Rolle spielten, zuerst anzufangen, und ebenso warnte er vor einer zu großen Anzahl von Arbeiterwerkstätten und Speiseassoziationen. Das zersplittere die Kräfte, die sich in anderer Weise besser verwenden ließen. Außerdem, so führte er aus, würden die Leidenschaften der Menschen kleinen Unternehmungen eher gefährlich als großen. Man müsse die Leute für ihr gemeinsames Interesse assoziieren, ohne daß sie gezwungen seien, miteinander zu wohnen, zu speisen, zu arbeiten, ohne daß sie an ein Zusammenleben oder an irgend eine bestimmte dauernde Pflicht gebunden seien. Wenn das gelinge, so habe man viel für das Gedeihen der Assoziations- und Kolonisationsprojekte getan. Man habe dann ein Mittel gefunden, das Interesse der Meister und Arbeitgeber und das Interesse der Arbeiter miteinander zu verbinden. Und ein solches Mittel sah Weitling in der Gewerbetauschbank und in einem entsprechenden Arbeiterpapiergeld.

Nach den Resultaten dieser Gewerbetauschbank und nach den Mitteln, die sie aufzubringen imstande sei, sollte sich dann nach der Anschauung ihres Urhebers die Gründung und der Ausbau der Assoziationswerkstätten, der Kolonien und ähnlicher Unternehmungen richten. Diese Unternehmen sollten ihre Interessen den Interessen der Kaufleute und Kapitalisten „entziehen" und ihre Geldmittel durch Vereinigung in der Gewerbetauschbank zum Vorteil aller Beteiligten vervielfachen. Auch sollte diese Bank den Assoziationen und Kolonien vorteilhafte Einkaufs- und Absatzwege vermitteln.

Die Einrichtung der Gewerbetauschbank stellt Weitling sich folgendermaßen vor:

„Die Gründung einer Gewerbetauschbank, wie sie sein muß, um dem Zweck zu entsprechen, bedingt die Ausgabe eines neuen Arbeiterpapiergeldes und die Einrichtung von Magazinen und Stores. In diese Magazine oder an deren Agenten können die Arbeiter, Arbeitgeber und Farmer ihre Produkte jederzeit gegen das Arbeiterpapiergeld verkaufen und für dieses Papiergeld kaufen, was sie brauchen, so daß mit der Gründung dieser Tauschbank jedes Mitglied stets Arbeit haben und seine Produkte stets verkaufen und kaufen kann, ohne an die Kapitalisten und Zwischenhändler appellieren und sich von ihnen betrügen lassen zu müssen. Jeder wird in den Tauschregeln dieser Gewerbetauschbank stets den vollen Wert seiner Auslage und seiner Arbeit erhalten."

Weiter sagt er: „Der Gewinn, den jetzt die Kaufleute, Agenten, Spekulanten und Wucherer von der Arbeit ziehen, kommt also dadurch den Arbeitern und Arbeitgebern zugute. Wenn die Tauschbank nach einer wohlberechneten Organisation in Funktion tritt, so beträgt dieser Gewinn wenigstens 100 Prozent. Die Ersparnis der Unkosten und Verluste, welche die Zersplitterung der Geschäfte und die Unterordnung derselben an Zeit und Materialien veranlaßt, bringt einen anderen Gewinn, den man ... nicht genau berechnen, aber auf 100 Prozent berechnen kann."

An anderer Stelle seiner Zeitung führt Weitling über seine Gewerbetauschbank noch aus, daß zum Beispiel die Tischler bestimmen sollten, welche Möbeln den besten Absatz finden, die Schneider, welche Kleider, von welchem Stoffe und von welchem Schnitte am leichtesten auf Absatz rechnen können, ebenso die Schuhmacher, die Drechsler, und so nach und nach alle Gewerbeklassen.

Eine Kommission sollte den Wert der Produkte bestimmen und dem Produzenten dafür in Arbeiterpapiergeld zahlen, das durch die Gewerbetauschbank ausgegeben werden sollte.

Die Produkte der Gewerbe sollten in zu diesem Zwecke gegründeten Gewerbetauschmagazinen abgeliefert und verkauft werden, und zwar auch gegen Arbeiterpapiergeld.

Weitlings Plan mit seiner Gewerbetauschbank ging darauf hinaus, den Mehrwert, dessen Wesen und Entstehung er übrigens nicht kannte, nicht in die Hände der Kapitalisten, sondern in die Hände der Arbeiter gelangen zu lassen.

Weitlings Gedankengang über die Gewerbetauschbank als Mittel zur Arbeiterbefreiung geht aus seiner folgenden Schilderung hervor:

„Wenn ich ein reicher Mann wäre, würde ich nicht erst durch Herausgabe eines Blattes mir für unsere Zwecke Zustimmungen zu verschaffen oder Verwaltungsmaßregeln vorzuschlagen brauchen. Ich würde ganz einfach die mir am zweckmäßigsten scheinenden Einrichtungen treffen, nachdem ich sachverständige Männer meiner eigenen Wahl dazu zu Beratungen gezogen und zur Mitwirkung gestimmt hätte. Ich würde die nötigen Grundstücke und Häuser kaufen, würde die nötigen Magazine und Shops einrichten lassen und für 100000 Dollar Waren einkaufen, und zwar solche Qualitäten und Quantitäten, welche mir die vorteilhaftesten im Einkauf schienen. Diese Waren würde ich allen in kleinen

Partien ohne Profit wieder verkaufen, so daß man nirgends billiger kaufen könnte als bei mir. Darauf würde ich ein Papiergeld anfertigen lassen und sagen: Ich habe ein Vermögen von über 100 000 Dollar bar und in Waren. Auf diese Garantie hin gebe ich 100 000 Dollar Papiergeld aus, also ein sicheres, wie nur eines sein kann. An dieses Vermögen soll jeder den gleichen Teil und den gleichen Genuß haben, der mir nach und nach 5 Dollar einzahlt und dagegen von diesem Papiergeld im Werte von 5 Dollar nimmt, unter der Bedingung, daß ich der Direktor oder Verwalter des ganzen Vermögens bleibe, wogegen ich mich verpflichte, mit dem Lohn eines guten Arbeiters für meinen Teil zufrieden zu sein. Kämen nun tausend Mann zusammen, so könnte sich jeder derselben auf einmal als Miteigentümer der 100 000 Dollar betrachten und als Nutznießer eines Kapitals von 1000 Dollar und seiner im Verkehr gemachten Gewinne. Kämen 100 000 Mann zusammen, so hätte ich jedem nur einen Dollar geschenkt, aber durch die Einzahlung jedes einzelnen wäre unser gemeinschaftliches Operationskapital auf 600 000 Dollar angeschwollen. Die ersten würden also durch den bedeutenden augenblicklichen Vorteil gleich beitreten, und die daraus hervorgehende allgemeine Beteiligung würde nicht lange auf sich warten lassen. Mit 100 000 arbeitenden Mitgliedern aber ist die ganze politische und soziale Macht des Staates in die Hände unserer Gesellschaft gegeben."

Da Weitling nun kein reicher Mann war, der 100 000 Dollar zur Durchführung seiner Pläne zur Verfügung stellen konnte, so glaubte er in seiner Gewerbetauschbank das Mittel entdeckt zu haben, das ihn auch ohnedem zum Ziele bringen werde.

2. Gewerbeordnungen.

Um die Tauschbank ins Leben rufen zu können, hielt Weitling die Organisierung des Volkes für nötig, und er hatte auch hierfür einen entsprechenden Plan entworfen. Nach diesem Plane sollte sich das Volk in "Gewerbeordnungen" zusammentun, die wieder in besondere Geschäftszweige abgeteilt sein sollten. Wer einzutreten wünschte, sollte sich melden und eine Prüfung bestehen. Diese Prüfung war vorgesehen, weil die Gewerbeordnungen die Preise ihrer Arbeiten selbst bestimmen sollten. Eine Zentralkommission der Gewerbeordnungen, etwa einem Zentralkörper unserer modernen Gewerkschaften entsprechend, hätte dann die ganze Gewerbetauschbank zu organisieren.

Den Gewerbeordnungen sollten nicht nur die Arbeiter, sondern auch die Arbeitgeber angehören. Diese sollten sich über die Festsetzung der Arbeitspreise verständigen und besonders auch über die billigsten Bezugsquellen für Rohstoffe orientieren. Unter „Arbeitgeber" versteht Weitling übrigens nur jemanden, der „früher wenigstens selber Arbeiter war".

Man sieht, daß man diese Weitlingschen Gewerbeordnungen durchaus nicht mit den modernen Gewerkschaften verwechseln darf. Allerdings nahmen eine Anzahl gewerblicher Fachvereine in New York die Weitlingschen Ideen an, sie verpflichteten sich auch zu Beiträgen für die Gewerbetauschbank und ähnlicher Weitlingscher Unternehmen, aber zur Gründung eigentlicher Gewerbeordnungen nach Weitlingschem Plane kam es nicht.

Nach Weitlings Anschauung sollen die Bedingungen des Warenaustausches, den die Gewerbetauschbank mit ihrem Arbeitspapiergeld zu vermitteln hatte, sowohl den Austauschbedingungen der künftigen sozialen Republik der Arbeiter, als auch den jetzigen Austauschbedingungen entsprechen. Wer Produkte und Dienstleistungen verwerten wolle, der sollte sie nach seinem Plane von der betreffenden Gewerbekommission prüfen lassen und sollte sie dann in den Zentraltauschbureaus zu dem Preise bezahlt erhalten, den seine Gewerbeordnung dafür festsetzte. Alle Zahlungen sollten in Arbeitspapiergeld gemacht, alle Produkte nur gegen dieses Papiergeld verkauft werden.

Die Kosten der Erziehung, der Verwaltung, der Pflege in Krankheiten und im Alter sollten gemeinschaftlich bestritten werden. Diese sämtliche Kosten sollten, so stellte Weitling sich vor, auf die Preise aller Arbeiten geschlagen werden. Wenn also zum Beispiel die Tischler eine Arbeit zum Werte von 6 bestimmt hatten, so sollte die Arbeit mit 6 bezahlt und mit 8 verkauft werden, dafür hätte dann aber auch niemand mehr Abgaben zu zahlen, und Schule und Krankenpflege sowie eine Pension im Alter wären frei, sowohl für den Mann wie für die Frau.

Die Ausführungen Weitlings über seine Gewerbetauschbank, seine Gewerbeordnungen und was damit zusammenhängt, enthalten viele Unklarheiten und mancherlei Widersprüche, wie er denn auch die Einzelheiten seiner Pläne je nach den Umständen verschieden darlegte. Auch sonst ließ Weitling in Amerika manches von den Lehren fallen, die er in seinen ersten, in der Schweiz veröffentlichten Schriften niedergelegt hatte.

3. Das Programm der Gewerbeordnungen.

In den Gewerbeordnungen sah Weitling den wichtigsten Hebel zur Durchführung seiner Ideen, und er verwandte große Mühe darauf, die Aufgaben, die er diesen Organisationen zudachte, festzustellen. In Konstitutionsentwürfen, die er ausarbeitete, waren die Aufgaben genau definiert und jeder Schritt vorgezeichnet, den die Organisationen zu unternehmen haben würden.

Diese Gewerbeordnungen sollten Unterabteilungen der allgemeinen Arbeiterorganisation sein, die Weitling zu bilden gedachte. Mitglied sollte nur werden können, wer einen bestimmten Aktienbeitrag für die Tauschvereinigung gezahlt hatte. In genauester Weise stellte Weitling in seinem Statutenentwurf die Kommissionen und Komitees fest, die die Gewerbeordnungen zu leiten hatten. Da war eine Aufsichtskommission, eine Schlichtungskommission, das Direktorium, das sich aus Handels-, Finanz- und Zentraldirektoren zusammensetzte. Dann kam wieder ein anderer Entwurf, der die Zentralverfassung der vereinigten Gewerbeordnungen leiten sollte. In diesem Entwurf wurde ausgesprochen, daß die Gesamtheit der Gewerbeordnungen die Arbeiterverbrüderung bilden sollte. Als Zweck der Arbeiterverbrüderung war angegeben:

a. Vernichtung des Monopols der bevorrechteten Klassen zum Schaden der Arbeiter, allmähliche Einführung und Verwirklichung des sozialdemokratischen Grundsatzes der gleichen Rechte und Pflichten nach den gleichen Verhältnissen für jedermann.

b. Beförderung wahrer moralischer und physischer Wohlfahrt unter den Mitgliedern durch alle zu Gebote stehenden Mittel.

In einer Unzahl von Paragraphen, die aufs minutiöseste ausgearbeitet waren, folgten dann die Vorschriften für die verschiedenen Komitees, Kommissionen und Beamten, denen die Leitung dieser Zentralorganisation der Gewerbeordnungen zugedacht war.

Am klarsten ist der Zweck dieser Weitlingschen Gewerbeordnungen, die, wie erwähnt, mit eigentlichen Gewerkschaften nichts zu tun haben, in einem kleinen Flugblatt dargelegt, das in kurzer Fassung das Programm dieser Organisationen bringt.

Nach einer kurzen Einleitung, in der die Unterzeichner erklären, daß sie sich den in der „Republik der Arbeiter" vorgeschlagenen Gewerbeordnungen anschließen, kommen folgende Forderungen zum Ausdruck:

In gewerblicher Beziehung:

a. Sammlungen von Unterschriften für diese Gewerbeordnungen und nach Organisation derselben.

b. Die Agitation für einen Arbeiterkongreß zur Vereinigung aller bestehenden Gewerbeordnungen, Assoziationen und Kolonien.

c. Gründung einer Gewerbetauschbank und Einführung eines Arbeitspapiergeldes für die vereinigten Gewerbeordnungen und Kolonien.

d. Gründung von gemeinschaftlichen Werkstätten, Magazinen, Emigrantenhäuser für Arbeiter, Wohnhäuser und dergleichen.

e. Gemeinschaftliche Einkäufe solcher Bedürfnisse, welche wir von außen beziehen müssen, und gemeinschaftliche Verkäufe nach außen vom Überfluß unserer Produkte.

f. Vereinigung zu Maßregeln gegen die Zwischenhändler, welche die Arbeitspreise verderben, sowie überhaupt zu allen Maßregeln, welche das Interesse der arbeitenden Klassen zu fördern geeignet sind.

In politischer Beziehung:

a. Unterstützung der Freibodenfrage.

b. Forderung, daß den Gewerbeordnungen und Assoziationen die Staatsarbeiten übergeben werden.

c. Unterstützung von Maßregeln für die Erlangung einer Herabsetzung der Hausmieten und Renten.

d. Forderung der Selbstverwaltung der für die Einwanderer eingehenden Kopfgelder.

e. Je nach unseren Interessen die provisorische Unterstützung einzelner Maßregeln der Freihändler und Schutzzöllner.

f. Forderung der Freiheit des Sonntags für Vergnügungen und Unterhaltungen. Endlich überhaupt

g. die Unterstützung aller übrigen auf unser Interesse berechneten politischen und die Bekämpfung aller gegen dasselbe berechneten Maßregeln.

Das waren die Forderungen des Weitlingschen Programms der Gewerbeordnungen, dessen künstlicher Aufbau und deren unklare, die

tatsächlichen Verhältnisse vollständig außer acht lassende Punkte die
Arbeiterklasse nicht befriedigen konnten. In der Masse der Arbeiter
fanden sie deshalb auch keinen Anhang.

Später, gelegentlich einer Lohnbewegung und eines Streiks der
Schneider New Yorks, veröffentlichte Weitling noch den Entwurf eines
Aufnahmebuches des Geschäftsbundes der „Republik der Arbeiter", das
er zur Einführung empfahl. Dieses Aufnahmebuch sollte den „Zweck"
und die „Mittel" des Bundes enthalten. Als Zweck wurde die Verwirklichung der in der „Republik der Arbeiter" enthaltenden „Grundsätze" hingestellt. Die „Mittel" des Bundes waren eingeteilt in Propagandamittel, Assoziationsmittel, politische Mittel, Widerstandsmittel,
Einheitsmittel und moralische Mittel. Als Propagandamittel war die
Verbreitung der Grundsätze und Hinzuziehung von tüchtigen, würdigen
Mitgliedern zum Bunde bezeichnet. Unter Assoziationsmitteln wurde die
Gründung von Kassen aller Art empfohlen. Die politischen Mittel verlangten:

1. Abtrennung von allen Ämterjägerparteien und Verfechtung der
einzigen wahren und nützlichen Partei: der Partei der Arbeiter.

2. Verpflichtung, bei den politischen Wahlen nur das Ticket unserer
Partei zu stimmen.

3. Verpflichtung unserer Kandidaten, wenn sie gewählt werden, die
größere Hälfte ihrer Diäten in unsere Propagandakassen fließen zu lassen.

Unter den Widerstandsmitteln war vorgeschlagen, daß in jeder Stadt
ein „Schwarzes Buch" geschaffen werde, das alle „betrügerischen Advokaten, Kaufleute, Arbeitgeber und Arbeiter, sowie alle, die sich den
Zwecken der Assoziation feindlich zeigen," enthalten sollte.

Weiter war hier bestimmt, daß eine geheime Organisation zum Zwecke
des Ausstandes, „ausgeführt auf Befehl der geheimen Zentralverwaltung,"
geschaffen werde.

Ferner wurde gefordert eine militärische Zentralverwaltung des Bundes,
repräsentiert durch ein geheimes allgemeines leitendes Komitee für die
ganze amerikanische Arbeiterbewegung ohne Unterschied der Sprachen.
Neben diesem besteht diese Zentralverwaltung aus einem öffentlichen,
exekutiven, verantwortlichen Komitee für jede besondere Sprache.

Weiter waren noch drei verschiedene Grade der Mitgliedschaft vorgesehen, und als äußeres Bundeszeichen war die hochrote Fahne gewählt
mit einem weißen oder silbernen Triangel als Fahnenspitze.

Außerdem ist für diese Zwecke die blaue Bluse mit schwarzem Ledergurt und Wachstuchmütze einzuführen.

Die politischen Forderungen dieses Aufnahmebuchs sind von Interesse. Sie enthalten eine der wenigen Stellen, in denen Weitling sich für die Wahlbeteiligung der Arbeiter aussprach, von der er sonst, wie wir noch sehen werden, nichts wissen wollte.

Die kleinlichen Vorschriften, die Weitling in diesem Organisationsplan machte, sind bezeichnend für seine ganze Auffassung. Er glaubte, daß jede einzelne Einrichtung des Zukunftsstaates wie der Weg zur Erlangung desselben genau ausgearbeitet und geplant sein müßten, ehe man sie verwirklichen könne. Von einer geschichtlichen und ökonomischen Entwicklung der Dinge wußte er nichts. Er hielt dafür, daß man die von ihm geschaffenen und genau ausgearbeiteten Pläne nur durchzuführen brauche, daß man nur „wollen" müsse, um sie durchführen zu können.

Fünftes Kapitel.
Organisationsversuche.

1. Ein günstiger Anfang.

Gleichzeitig mit der Gründung seiner Zeitung machte sich Weitling ans Werk, um zunächst die deutschen Arbeiter New Yorks nach seinen Plänen zu organisieren. Dabei hatte er dreierlei im Auge. Erstens die Gründung einer allgemeinen Organisation der Arbeiter für die Gewerbetauschbank, weiter einen allgemeinen Kongreß der amerikanischen Arbeiter zur Förderung der Organisation, die er im Auge hatte, und schließlich die Gründung von Kolonien.

Bei Beginn der Weitlingschen Agitation waren die Umstände derselben ungemein günstig.

Im Frühjahr des Jahres 1850 bemächtigte sich der Arbeiter New Yorks eine tiefgehende wirtschaftliche Bewegung, bei der die Deutschen eine hervorragende Rolle spielten. Sie begann unter den deutschen Tischlern, die einen Streik siegreich durchfochten und dadurch den Ball ins Rollen brachten. Die Zimmerleute folgten und auch die Schneider, Schuhmacher, Bäcker, Dreher, Uhrmacher und andere Gewerbe stellten die Arbeit ein, und meistens mit gutem Erfolg. Im März organisierten sich die Schneider, und an einem Tage ließen sich 2000 deutsche

Schneider in die „Vereinigte Protektivunion der Schneider" aufnehmen gegen ein Eintrittsgeld von 25 Cents. Im selben Monat werden außerdem als organisiert aufgeführt die deutschen Schreiner, Schuhmacher, Polierer, Bildhauer, Tapezierer, Rouleausmaler und Bäcker. Beim Streik der Schneider kam es zu heftigen Zusammenstößen mit der Polizei, wobei viele deutsche Arbeiter verhaftet und ins Gefängnis geworfen wurden, zu deren Unterstützung man Sammlungen, auch in anderen Städten, vornahm.

Über die Entwicklung und den Verlauf dieser Bewegung äußert sich Weitling folgendermaßen:

„Um diese Zeit — im Januar 1850 — erschien die ‚Republik der Arbeiter'.

„Acht Wochen darauf hatten 20 verschiedene Gewerbe durch Ausstände ihre Löhne bis teilweise 25 Prozent erhöht und sich in Gewerben und Assoziationen organisiert und die Zentralisation derselben in eine Zentralkommission angebahnt.

„Noch einige Wochen, und 60 000 bis 80 000 Arbeiter des englischen Elements waren dem Beispiel der Deutschen in betreff dieser Organisation gefolgt und mit ihnen in Verbindung getreten.

„Die Bewegung erschien den Stadtbehörden New Yorks selbst so imposant, daß sie das Gesuch, dem Zentralkomitee der Arbeiter einen Saal in City Hall zur Gratisbenutzung zu überlassen, nicht abzuschlagen wagten. Das war aber auch der Glanzpunkt der Bewegung. Die Taten, die darauf folgen sollten, verliefen sich im Sande der parlamentarischen Gewohnheiten. Wir hatten, wie gewöhnlich, großartige Preisturnen in Wortmanövern, in welchen dem kurzsichtigen nahestehenden, sowie dem fernstehenden Publikum die schillernden Seifenblasen der freien Arbeit und der freien Arbeiter bis zum Überdruß vorgeführt wurden."

Wenn nun auch Weitlings Ansicht, daß diese Bewegung ausschließlich durch sein Blatt erzeugt und ins Leben gerufen worden sei, eine irrtümliche war, so war es doch erklärlich, daß eine ganze Anzahl der neu gegründeten Organisationen, die zudem nur recht lose zusammenhingen und durchaus nicht mit den später fest organisierten Gewerkschaften auf eine Stufe zu stellen sind, sich anfänglich mit den Prinzipien des einzigen deutschen Arbeiterblattes, das ihnen zugänglich war, einverstanden erklärten. Weitling selbst gab Mitte 1850 an, daß sich in New York 2500 organisierte deutsche Arbeiter, die einen Kassenbestand von 4500 Dollar hatten, mit seiner Gewerbetauschbank einverstanden erklärten und versprochen hätten, für sie einzutreten.

Es ist auch erklärlich, daß dieser günstige Beginn, den Weitling ausschließlich seinem Blatte und seiner Agitation zuschrieb, seine Hoffnungen aufs höchste anschwellen ließ. Er rechnete alle Organisationen, die irgend einen Beschluß zugunsten seiner Gewerbebank faßten, bereits zu Mitgliedern des „Bundes der Arbeiter", den zu gründen er sich vorgenommen hatte. Im Oktober 1850 gab er folgender optimistischen Ansicht Ausdruck: „Zwanzigtausend Teilnehmer an der Tauschbank können wir wahrscheinlich in acht Wochen bekommen, wenn wir jetzt alle unsere Kräfte auf diesen Punkt hin konzentrieren. Diese sammeln durch Einwechslung ein wöchentliches Kapital von 50 000 Dollar, also 50 000 Dollar für nichts, 50 000 Dollar, ohne daß es dem einzelnen einen Cent kostete; denn jede dafür erhaltene Bill unseres Papiergeldes gilt bei jedem einzelnen der 20 000 Mitglieder und bei allen Assoziationen für voll. Und wer dies den nächsten Tag bezweifeln sollte, erhält sein Geld zurück und wird für immer aus der Liste der Mitglieder gestrichen. Diese wöchentlich gesammelten 50 000 Dollar machen in vier Wochen 200 000 Dollar."

Ebenso optimistisch wie mit Bezug auf die Mitgliederzahl des „Arbeiterbundes", wie Weitling schließlich seine zu bildende Arbeiterorganisation nannte, der er anfänglich auch den Namen „Arbeiterverbrüderung" gab, war er auch in bezug auf den Erfolg, den er von einem allgemeinen Arbeiterkongreß erwartete. Er glaubte, daß dieser Kongreß von mindestens 100 000 Arbeitern aller Nationen beschickt werden, daß dieselbe Zahl sich dann seinem „Arbeiterbund" anschließen würde, und daß es möglich sei, mit einer solchen Organisation in kurzer Zeit die Reformierung der Gesellschaft nach seinen Plänen vollziehen zu können.

Wie gewaltig die Weitlingschen Hoffnungen getäuscht wurden, werden wir später sehen.

2. Die Eisenbahn nach der Pacificküste.

Weitlings Pläne waren nicht immer rein utopischer Art; er beschäftigte sich auch mit praktischen Dingen, wie er denn oftmals für zeitgemäße Fragen ein gutes Verständnis hatte. Unter den Plänen, die Weitling gleich nach Beginn seiner Agitation entwickelte, war auch der, eine Eisenbahn nach dem Stillen Ozean durch seine „Verbrüderung der Arbeiter" zu erbauen.

Der Plan zur Erbauung dieser Bahn war damals durch Whitney vorgeschlagen und von den Kapitalisten Amerikas gierig aufgegriffen worden. Man veranschlagte die Kosten des Baues auf hundert Millionen Dollar und verlangte, daß der Staat durch Ausgabe von Staatspapieren den Kredit für diese Summe schaffe und außerdem noch eine 30 englische Meilen breite Landstrecke längs der ganzen etwa 2000 Meilen langen Bahnstrecke bewillige. Unter diesen Bedingungen wollte man die Bahn in vier Jahren beendigen.

Diesem Plane setzte Weitling seinen eigenen Plan entgegen. Er regte einen Arbeiterkongreß an, der den Zweck haben sollte, den Bau der Bahn zu beraten, und der aus allen Staaten beschickt werden sollte. Weitling hoffte dabei auf eine Teilhaberschaft von 100 000 Mann, die vom Staat verlangen sollte, daß die Eisenbahn nach dem Stillen Meere dieser Arbeiterorganisation, die er als „Arbeiterverbrüderung" bezeichnete, zur Ausführung übergeben werde. Diese Bahn sei — so rechnete Weitling — innerhalb zwei Jahren zu vollenden, wenn der Staat — was übrigens auch die kapitalistischen Unternehmer verlangt hatten — die Ingenieure stellte und den Arbeitern die 2000 Meilen lange und 30 Meilen breite Landstrecke längs der Bahn überlasse. Weitling glaubte mit einer Auszahlung von vorläufig 10 000 Dollar täglich auskommen zu können, wenn der Staat alle Rohmaterialien liefere. Der Restbetrag sollte dann nach Vollendung der Bahn ausgezahlt werden. Statt der von den Kapitalisten geforderten hundert Millionen würde sich nach Weitlings Rechnung der Bau mit 27 Millionen Dollar herstellen lassen, wozu noch 13 Millionen zu fordern seien, die gewissermaßen den Profit der „Arbeiterverbrüderung" darstelle. Die Bahn sollte dann dem Staat, das Land mit den Ortschaften, die darauf zu erbauen seien, den Arbeitern eigentümlich gehören. Die Beköstigung der Arbeiter sollte aus den täglichen 10 000 Dollar bestritten werden, die der Staat nach Weitlings Ansicht zahlen sollte.

Weitling arbeitete in seiner gewohnten Weise einen Plan zur Verwirklichung des Unternehmens bis ins geringste Detail aus und forderte, daß durch Massenpetitionen an den Kongreß derselbe der Gesetzgebung unterbreitet werde. Dieser Plan war, wie die meisten seiner Entwürfe dieser Art, sehr weitschweifig gehalten und bis in die geringsten Kleinigkeiten ausgearbeitet. Er enthielt sogar die Bestimmung, daß die Direktoren, die zur Leitung der „Arbeiterverbrüderung" einzusetzen seien, mit der englischen, deutschen und französischen Sprache vertraut sein müssen, die drei Sprachen, die Weitling selbst beherrschte.

Es ist wohl unnötig, zu sagen, daß die Agitation zur Übernahme des Bahnbaues durch die Arbeiterschaft keinerlei praktische Resultate zeitigte. Ob es überhaupt zur Absendung von Petitionen kam, ist zweifelhaft, da die „Republik der Arbeiter" über den Anklang, den das Projekt fand, nichts zu berichten weiß.

3. Der erste deutsch=amerikanische Arbeiterkongreß.

Der Arbeiterkongreß, den Weitling geplant hatte, fand im Herbst 1850 in Philadelphia statt. Ursprünglich, als die Lebhaftigkeit der Arbeiterbewegung noch großen Erfolg zu versprechen schien, war beabsichtigt, den Kongreß in einer Stadt des mittleren Westens abzuhalten. Hiervon kam man ab, als sich zeigte, daß nur im Osten, in New York und Philadelphia sich einige Organisationen für die Weitlingschen Pläne erklärten.

Der Aufruf zur Beschickung des Kongresses ging aus von der „Zentralkommission der Vereinigten Gewerbe" und dem „Deutsch=amerikanischen Arbeiterverein" in Philadelphia, und enthielt eingangs die Erklärung, daß „W. Weitling in New York" die Einberufer „beauftragt" habe, den ersten Arbeiterkongreß zu berufen und daß er „seine Einwilligung zu den dazu nötigen Bestimmungen" gegeben habe.

Der Kongreß trat am 22. Oktober zusammen, und die anwesenden Delegaten bekannten sich ohne Ausnahme zu den von Weitling propagierten Grundsätzen. Dieser erste deutsche Arbeiterkongreß, wie Weitling ihn nannte, tagte bis zum 28. des genannten Monats. Vertreten waren St. Louis, Louisville, Baltimore, Pittsburg, Philadelphia, New York, Buffalo, Williamsburg, Newark und Cincinnati. Ein Teil der vertretenen Vereine zeigte eine recht ansehnliche Mitgliederzahl. So der allgemeine Arbeiterverein von St. Louis 310 Mitglieder; der Arbeiterverein von Louisville 150 Mitglieder; der allgemeine Arbeiterverein in Pittsburg 160 Mitglieder; die Schneider in Philadelphia mit 153 und der „Soziale Schneiderverein" aus derselben Stadt mit 260 Mitgliedern. Von New Yorker Vereinen hatten die Schreiner 946, die Schneider 500, die Schuhmacher 120, Drechsler 35, Bildhauer 80, Buchdrucker 30,

Zigarrenmacher 25 und Bäcker 35 Mitglieder. Vertreter von New York waren: W. Weitling, C. Feldner, H. Seeman, F. Steffen, J. Frankony und J. Triebswetter. Der allgemeine Arbeiterverein in Buffalo war mit 260, die dortigen Schneider mit 108 und die Tischler mit 188 Mitgliedern vertreten. Die Gesamtzahl der auf diesem ersten deutsch-amerikanischen Arbeiterkongreß repräsentierten Arbeiter betrug 4400, mit einem Vereinskassenbestand von 19 071 Dollar.

Die sehr weitschweifigen Beschlüsse dieses ersten deutschen Arbeiterkongresses auf amerikanischem Boden bewegten sich natürlich ausschließlich auf Weitlingschen Bahnen. Es wurde die Gründung einer Tauschassoziation befürwortet und die Anfertigung von Papiergeld. Dann wurde den Assoziationen empfohlen, sich nach Gewerben zu organisieren und Magazine zu errichten. Auch wurde befürwortet, daß in Städten, wo mehrere „Gewerbeassoziationen" oder Vereine bestehen, eine Zentralkommission errichtet werde, deren Aufgabe unter anderem die „Beratung der Interessen aller Gewerbe im allgemeinen" sein sollte. Auch eine Art Arbeitsnachweis wurde geschaffen in der Art, daß die Mitglieder der Organisationen verpflichtet waren, die in ihrer Arbeitsstelle vakanten Stellen einem hierfür geschaffenen „Arbeiterbureau" anzuzeigen.

Als allgemeine politische Grundsätze der Partei wurden die folgenden angenommen:

1. Freigebung des Bodens an wirkliche Bebauer.
2. Sicherung der Heimstätte gegen gezwungenen Verkauf.
3. Beschränkung des Bodenbesitzes.
4. Hohe Besteuerung aller verkauften, doch unbebaut liegenden Ländereien.
5. Schutz der Einwanderer gegen die Prellereien der Spekulanten und Makler.
6. Die Erlangung des Bürgerrechts darf von keiner Zeitbestimmung abhängen.
7. Übergabe der Staatsarbeiten an die Mitglieder der Gewerbe- und Tauschassoziationen.
8. Direkte Wahl aller Beamten durchs Volk.
9. Besoldung aller Beamten durch den Staat oder durch die Korporationen.
10. Das Recht der Abberufung von Repräsentanten, die ihren Instruktionen nicht nachkommen.

11. Abschaffung solcher Gesetze, welche der Gesetzgebung gestatten, über persönliche und Korporationsverhältnisse Gesetze zu erlassen.

12. Abschaffung aller Gesetze, welche der freien Anwendung des Sonntags hindernd entgegentreten.

Soweit die politischen Forderungen des Arbeiterkongresses, die, wie man sieht, eigentliche Arbeiterforderungen kaum enthalten, die sich in der Hauptsache aber decken mit den Forderungen, die damals von kleinbürgerlichen amerikanischen Reformern allgemein erhoben wurden.

Außerdem wurde noch die Wahl einer Zentralkommission für jede Stadt angeordnet, die ein Wahlkomitee bilden sollte und die dafür zu sorgen hatte, daß die Eingewanderten ihr Bürgerrecht baldigst erwarben. Auch der Gründung von Kolonien ward ein langer Beschluß gewidmet.

Der Kongreß übertrug der „Tauschkommission von New York" provisorisch die Vorortstelle. Jene Stadt, welche „zur Einführung der Tauschbank die meisten Geldkräfte bietet", sollte später als Zentralvorort dienen, und die dortige Zentralkommission sollte die Zentralgeschäfte des Arbeiterbundes verwalten. Die Zentralleitung dieses Bundes blieb aber in New York, und Gemeinden desselben bildeten sich in Cincinnati, Baltimore, Detroit, Cleveland, Louisville, Saginow (Michigan), San Antonio, Newark, Philadelphia und in einigen anderen Orten. In den meisten dieser Städte wurden auch Assoziationsgeschäfte gegründet. So bestanden in New York im Herbste 1850 zwei Groceries, zwei Bäckereien, zwei Schneidereien, eine Grocerie (in Williamsburg) und ein Boardinghaus, die alle nach dem Assoziationsprinzip betrieben wurden. Eine der Schneiderassoziationen beschäftigte 2 Zuschneider und 40 Arbeiter. In Buffalo kam es zur Gründung eines Schneiderladens und einer Tischlerwerkstelle. In Detroit errichteten die Tischler, in Philadelphia die Schneider und in Pittsburg die Tischler und Schneider je ein Geschäft.

In den Beschlüssen des Arbeiterkongresses in Philadelphia war der Name des Arbeiterbundes nur nebensächlich erwähnt worden, und auch sonst war Weitling mehr als enttäuscht über den Verlauf desselben. Er schreibt später darüber: Unser Kongreß hatte nichts gestärkt, gehoben und beschleunigt. Er hatte nach meinen Vorlagen die Gründung einer Zentralkasse beschlossen. Es wurde versprochen, aber gehalten wurde rein gar nichts.

Sechstes Kapitel.
Der Weitlingsche Arbeiterbund.
1. Die Konstitution des Arbeiterbundes.

Zur Förderung der Organisierung der Arbeiter im Arbeiterbund hatte der Kongreß in Philadelphia wenig oder gar nichts beigetragen. Die offizielle Konstituierung der Weitlingschen Arbeiterorganisation wurde denn auch vorläufig noch verschoben. Erst am 1. Mai 1852 erfolgte die offizielle Gründung des Arbeiterbundes.

Die Konstitution des Arbeiterbundes war in derselben weitschweifigen Weise abgefaßt, die alle Statutenentwürfe Weitlings kennzeichnen. In nicht weniger als 270 Paragraphen waren die Ziele und Zwecke der Organisation, wie die Funktionen aller seiner Organe genau festgesetzt. Von welchen utopistischen Anschauungen sich Weitling leiten ließ, geht unter anderem aus einem Abschnitt dieser Konstitution hervor, in der von der Stärkung des Bundes die Rede ist. Auf Grund der Bestimmung, nach welcher jedes Bundesmitglied alljährlich dem Bunde ein neues Mitglied zuzuführen habe, rechnet er mit einer alljährlichen Verdoppelung der Zahl dieser Mitglieder und des dem Bunde zur Verfügung stehenden Kapitals, was nach seiner Rechnung in zehn Jahren dem Arbeiterbund eine Arbeiterarmee von über hunderttausend Menschen und von Millionen an Vermögen zur Verfügung stellt.

Den hauptsächlichsten Inhalt der Konstitution des Arbeiterbundes gibt in zusammengezogener Form ein Flugblatt wieder, das die Ziele dieses Bundes darlegt. Da heißt es:

Der Arbeiterbund ist eine nach den Interessen gleicher Verhältnisse geordnete gegenseitige Tausch-, Kolonisations-, Assoziations- und Unterstützungsgesellschaft.

Jeder, der zum Arbeiterbunde treten will, hat 10 Dollar Einlage zu machen, entweder auf einmal oder in beliebigen Raten.

Ferner hat derselbe alle Monate einen Dollar an Beiträgen zu bezahlen.

Jedes Mitglied hat die Pflicht, dem Bunde jedes Jahr ein neues Mitglied zuzuführen.

Wer seine Pflichten konstitutionsgemäß erfüllt, ist zu folgenden Genüssen berechtigt:

Eine Unterstützung von wöchentlichen drei Dollar in Krankheitsfällen.

Gänzlicher Unterhalt bei Arbeitsunfähigkeit durch einen Unglücksfall.

Erhaltung der Witwen und Waisen nach dem Tode des Mitglieds.

Die Mittel zur Leichenbestattung eines Mitglieds.

Eine Entschädigungssumme bis zu 100 Dollar in Fällen von Feuerschaden.

Eine Pension von 250 Dollar im Alter von 50 Jahren und nach einer Mitgliedschaft von 10 Jahren.

Jedes Mitglied bekommt das Organ des Bundes „Die Republik der Arbeiter".

Und an anderer Stelle dieses Flugblattes heißt es:

Die Witwen und Waisen der Bundesmitglieder werden auf Verlangen in den Bundeskolonien untergebracht.

Wie wenig übrigens Weitling mit seiner Agitation bis zum Mai 1852, also bis zur Gründung seines Bundes, ausgerichtet hatte, ergibt die von ihm selbst berichtete Tatsache, daß er um diese Zeit nur auf 300 Mitglieder rechnen konnte.

Überhaupt hatte Weitling von dem Einfluß, den er bei Beginn seiner Agitation in New York im Frühjahr 1850 in Arbeiterkreisen besaß, schon zu Ende dieses Jahres, und später noch mehr, bedeutend eingebüßt. Es war das erklärlich. Die „Republik der Arbeiter" vertrat nur die Ideen Weitlings und mußte deshalb bald in Gegensatz kommen zu den Neuerscheinungen in der Arbeiterbewegung, die, wie die Gewerkschaftsbewegung, mit der sich entwickelnden Großindustrie sich natürlich entwickeln mußte. Aus der „Zentralkommission der vereinigten Gewerbe in New York", die sich im April 1850 gebildet hatte und die wohl als erster deutscher Arbeiterzentralkörper New Yorks zu bezeichnen ist, trat Weitling bald aus, weil seine Gegner dort die Majorität bekamen, zu welchen Gegnern besonders auch die ihm früher so ergebenen Sozialreformvereine zählten.

Anfangs des Jahres 1850 hatte sich in New York auch ein deutscher Buchdruckerverein gebildet, aus dem heraus sich der Plan entwickelte, ein tägliches sozialistisches Arbeiterblatt für diese Stadt herauszugeben.

Der beabsichtigte Titel für dieses Tageblatt sollte „Abendzeitung der Republik der Arbeiter" sein, und Weitling war als Redakteur derselben auserlesen. Das geplante Blatt erschien unter dem Namen

„Abendzeitung", doch trat Weitling infolge entstandener Streitigkeiten nicht in die Redaktion ein.

Die Abendzeitungsaffäre verschärfte den Gegensatz zwischen Weitling und der deutschen allgemeinen Arbeiterbewegung, soweit davon damals schon die Rede sein konnte. Die „Abendzeitung", die anfänglich die Interessen der Arbeiter von einem ziemlich gesunden Standpunkt aus vertrat — sie forderte unter anderem eine Organisation der New Yorker Arbeiter nach dem Beispiel der Gewerkschaften Englands —, landete bald im Hafen einer der bürgerlichen Parteien, nachdem sich die Hochflut der Arbeiterbewegung des Jahres 1850 schon im Herbste desselben Jahres verlaufen hatte. Die Buchdruckerassoziation, die ursprünglich Eigentümerin des Blattes war, bildete sich zu einer kapitalistischen Aktiengesellschaft um, und von den ursprünglichen Gründern des Blattes blieben als Eigentümer nur wenige übrig.

2. Weitling und das Gewerkschaftswesen.

Abgesehen von der obigen persönlichen Affäre Weitlings mußten auch dessen Anschauungen und Bestrebungen zu einem Gegensatz zwischen ihm und der Arbeiterschaft führen, deren natürliche Waffen, die Streiks und der Klassenkampf in allen seinen Formen, durchaus andere waren als jene, die Weitling empfahl. Dieser Gegensatz mußte kommen, weil Weitling zum Beispiel dem Streben der Erhöhung des Lohnes durch die Arbeiter durchaus kein Verständnis entgegenbrachte. Er sah in dem „Kampf um ein paar Cent Lohn" mehr, wie er sich über die aufkommende Gewerkschaftsbewegung ausdrückte, kein würdiges Strebensziel. Er sah in seiner Gewerbetauschbank und in seinen Kolonien die Mittel zur Befreiung der Arbeiterklasse, nicht in der Gewerkschafts- und nicht in der politischen Bewegung.

Über die Bestrebungen der Gewerkschaften, durch Ausstände ihren Lohn zu erhöhen, schrieb er einmal: „Was für ein Recht will zum Beispiel dieses oder jenes Gewerk für sich zur eigentlichen Geltung und Mitempfindung bringen, wenn es wegen Lohnverhältnissen aussteht, die im Vergleich mit denen anderer Gewerke noch äußerst befriedigend, ja glänzend betrachtet werden müssen? — Wir antworten: Kein eigentliches Recht, denn das eigentliche, das wahre Recht bedingt sich nur durch den erschöpfenden, vollständigen Umfang, womit es die Masse ähnlicher, natürlich zusammenhängender Interessen umfaßt und für diese alle den richtigen Maßstab, den leitenden Grundsatz feststellt. Ein zufriedenstellender Lohn für den Arbeiterstand überhaupt — ist ein Rechtssatz, eine Rechtsfrage — schneidet man aber aus diesem Allgemeinsatz willkürlich ein Stück heraus und spricht zum Beispiel, ohne daß irgend ein schreiendes Mißverhältnis, das zugleich ein Notstand der Betroffenen ist, in Frage kommt, von einer bloßen Befriedigung der Tischler oder Zimmerleute, unbekümmert um die Zustände der Arbeitslosen überhaupt und um die Mißverhältnisse, die sich vielleicht auf diesem Gebiet im allgemeinen zeigen, so zerstört man dadurch die notwendige Bedingung des Rechtssatzes und versetzt sich auf einen Boden, wo von einem wahren Recht gar nicht die Rede sein kann."

Ist es ein Wunder, daß Wilhelm Weitling mit solchen Anschauungen über den tagtäglichen Kampf der Arbeiter in ihren Gewerben in Gegensatz kam zu den Arbeiterorganisationen, die die Organisierung dieses tagtäglichen Kampfes zur natürlichen Aufgabe hatten?

Im Frühjahr 1853 nahm die Arbeiterbewegung in New York wieder lebendigere Formen an, und mehr noch als zwei Jahre vorher trachteten die Arbeiter, besonders die Deutschen, danach, durch gewerkschaftliche Organisationen ihre Interessen zu wahren. Damals entwickelte Weitling in eingehender Weise seine Stellung zu dieser Bewegung. Er schrieb da unter anderem:

„Die aus der grenzenlosen Spekulationswut sich mehr und mehr entwickelnde Verteuerung aller Bedürfnisse des Lebens, besonders der Hausmieten und der Nahrungsmittel, hat fast alle arbeitenden Klassen der Gesellschaft in Aufregung und zum Nachdenken gebracht, und die Unwissenheit derselben in Betracht der Abhilfe, welche ihnen die Gesetze der sozialen Reform bieten, hat dieselben wieder in die alten Irrtümer des Ausstandes von der Arbeit fallen lassen....

„In New York haben bereits die Maschinisten, die Tischler, Polsterer, Anstreicher, Bildhauer usw. Meetings gehalten und wiederholt ähnliche Mittel (Niederlegung der Arbeit) anzuwenden beschlossen. Ja die Polizeimannschaft in New York hat sogar einen höheren Lohn verlangt und ebenfalls die Teuerung der Lebensmittel und Hausrenten als Ursache angeführt. Die Hauseigentümer können dieselbe Ursache der Verteuerung aller Lebensmittel anführen, um die Forderung einer höheren Rente zu rechtfertigen, besonders wenn es den Arbeitern gelänge, in den meisten Arbeitszweigen höhere Renten durchzusetzen. Ja die Ka=

pitalisten sogar können sich über hohe Renten und teure Lebensbedürfnisse beschweren und höhere Zinsen fordern, und diese sowie die Haus- und Grundeigentümer und die Besitzer großer Warenvorräte überhaupt werden immer mehr Chancen haben, ihre Forderungen durchzusetzen, als die Arbeiter, welche von der Hand in den Mund leben. Die Reichen brauchen mit ihren höheren Preisforderungen gar kein Aufsehen zu machen, gar keinen Zeitungslärm zu schlagen. Sie können alles in der Stille abmachen, so daß fast niemand außer ihnen von einer beabsichtigten Lohnerniedrigung oder Preiserhöhung etwas merkt. . . .

„. . . Wenn aber die arbeitenden Klassen eine Erhöhung des Lohnes anstreben wollen, so stehen ihnen keine so kräftigen Mittel zu Gebote. Sie können nicht die Hand auf die Vorräte ihrer verfertigten Arbeit legen und sagen: Solange man uns nicht einen Dollar pro Tag bewilligt, so lange verkaufen wir dem Publikum keine Schuhe und Kleider, kein Mehl und Brot, lassen ihm keine Häuser bauen usw. Sie können höchstens erklären: Entweder gebt uns hierfür 10 bis 25 Prozente mehr, oder wir arbeiten nicht mehr. Aber wie schwer hält es, bis sich nur die Arbeiter eines einzigen Geschäftes über einen bestimmten Arbeitspreis und über die Durchsetzung desselben bei den Arbeitgebern einigen. Die Maschinisten können gewiß viel leichter durch Ausstand die Arbeitgeber in Verlegenheit setzen, als die Arbeiter in den meisten sonstigen Geschäftszweigen, viel leichter zum Beispiel als Tischler, Schneider, Schuhmacher und dergleichen. Dennoch sehen wir, welche Schwierigkeiten sie in Baltimore haben, ihre gerechten Forderungen durchzusetzen. Gerechte Forderungen? höre ich einige einwenden. Erhalten dieselben nicht schon wenigstens einen Dollar pro Tag und meistens $1^1/_2$ Dollar? Was sollen denn die Schneider und die Tischler sagen, von denen eine große Menge froh ist, wenn sie die Woche nur 5 Dollar verdienen? Sollte nicht der Lohn dieser zunächst erst dem Lohn der Maschinisten gleichgestellt sein, bevor man deren Forderung einer Lohnerhöhung eine gerechte nennen kann? Was sollen denn wir sagen, höre ich einige Näherinnen ausrufen, wir, die wir für die Mechaniker Hemden machen, für welche wir nur 6 bis $12^1/_2$ Cent pro Stück bekommen? Sollen wir uns mit einem Wochenlohn von 1 bis höchstens $1^1/_2$ Dollar begnügen, sollen wir solchen Lohn für gerecht halten, wenn die Mechaniker ihren Lohn von $1^1/_2$ Dollar pro Tag für einen zu niedrigen betrachten, obwohl sie damit die Woche sechsmal mehr in derselben Zeit verdienen als wir?

„Hier nimmt der Begriff von Gerechtigkeit auf einmal eine andere Ausdehnung und einen anderen Sinn an. Und beschränkt sich denn die Gerechtigkeit des Lohnes und deren Bestimmung nur auf eine Klasse von Arbeitern? Können die Arbeiter, welche einen Lohn für unzureichend halten, den andere nicht einmal in dieser Höhe erhalten, von diesen Sympathie mit ihren Forderungen erwarten? Können Schneider, Schuhmacher und Tischler sich zufrieden erklären, wenn Farmer, Müller, Spekulanten und Bäcker, um ihre Verdienste und Löhne zu erhöhen, die Getreide= und Brotpreise in die Höhe treiben? Wenn der Egoismus allein die Lohnerhöhungen leitet, wie viele wird man dann unter den besser Bezahlten finden, welche gesonnen sind, zum Vorteil der schlechter Bezahlten einige Opfer zu bringen? Und ist es nicht vor allem notwendig, daß ein allgemeiner Maßstab der Gerechtigkeit der Arbeitspreise zuerst in den Herzen aller Arbeiter Boden faßt, bevor man Sympathie mit den Forderungen solcher haben kann, welche ohnehin schon besser bezahlt sind als andere? Wenn es den besser bezahlten Arbeiterklassen fortwährend gelänge, ihre Löhne in die Höhe zu treiben, welche Hoffnung bliebe da den schlechter bezahlten Arbeitsklassen auf ein künftig möglich werdendes allgemeines Zusammenwirken aller Arbeiter für radikale Maßregeln im Interesse der arbeitenden Klassen überhaupt. Ist es denn die Lohnerhöhung, die Anzahl der täglichen Cents überhaupt, welche eine bessere Stellung für die Arbeiter bestimmt? — Was finden denn dieselben gebessert, wenn ihr Lohn auch um das Doppelte erhöht würde, wenn dann zu gleicher Zeit auch alle Bedürfnisse des Lebens um das Doppelte und Dreifache stiegen? Es kommt ja nicht auf die Anzahl der Cents oder Dollars an, sondern es kommt hauptsächlich darauf an, wie viele Bedürfnisse und Genüsse des Lebens uns für diese Anzahl zuteil werden können. Was nützen uns denn unsere vermehrten Einnahmen, wenn wir die darauf möglichen vermehrten Ausgaben nicht verhindern können? ...

„... Die Arbeiter fühlen ihre gedrückte Lage und werden durch irgend ein ansteckendes Beispiel, von Demonstrationen desselben Gefühles, von Zeit zu Zeit immer wieder veranlaßt, Versammlungen zu berufen und Mittel zur Abhilfe zu vernehmen. Das ist wohl gut, wenn dann nur der denkende Teil der Arbeiter in solchen Versammlungen auch seine Pflicht täte und kühn allen törichten unnützen Versuchen entgegenträte, welche die Sache im glücklichsten Falle nur momentan ändern, gewöhnlich aber mehr schaden als bessern. ...

„Ja, wenn eine Masse von Arbeitern das ihnen unaufhörlich widerfahrende Unrecht zu halber Verzweiflung in ihrer Brust aufkochen fühlten und diese Masse dann durch außergewöhnliche Sympathie erzwingende Beispiele die Massen mit fortrissen in irgend eine Maßregel des Widerstandes, dann möchte auch der Ausstand von der Arbeit eine Lektion den Reichen und Müßiggängern werden, aber nicht der partielle Ausstand, sondern der Ausstand aller Arbeiter ohne Unterschied, also das völlige Aufhören aller Arbeiten und Beschäftigungen. Das aber wäre fast gleichbedeutend mit Revolution, mit Raub, Mord und Terrorismus. Ein solcher Versuch würde die fürchterlichsten Kämpfe und im Falle des Gelingens die unerwartetsten Konsequenzen nach sich ziehen. Wenn irgend in einer Stadt einmal die arbeitenden Klassen durch irgend welches Ereignis zu dem Niederlegen aller Arbeiten schritten, dann würden wir zunächst Kämpfe der Arbeiter, welche ausstehen, mit denen, welche fortarbeiten wollen, sowie mit den Anhängern der Arbeitgeber sehen. Das Eigentum würde in solchem Kampfe so wenig geschont werden als das Leben und alle Klassen der Gesellschaft würden an diesen Kämpfen teilnehmen, besonders alle, welche viel und welche nichts zu verlieren haben. Die Vorratsmagazine, die Bäckereien und Schlachthäuser würden hauptsächlich der Gegenstand des Kampfes sein, in dem jede Partei deren Dienste und Vorräte sich würde erkämpfen und dieselben der Gegenpartei entziehen wollen. Die Waren würden plötzlich keine Preise und das Geld keinen Kurs mehr haben, Hunger, Bedürfnis, Vorrat und Waffengewalt allein würden entscheiden, wer essen, trinken, sich kleiden oder wohnen soll. Und das würde, wenn die verzweifelnde Arbeiterpartei nicht den ersten Tag niedergeschlagen und abgeschlachtet oder gehängt werden kann, den zweiten Tag jedenfalls zu einem Vertrage zum Vorteil derselben führen oder zu einem Brande von Moskau!! —

„... Es gibt eine Menge Mittel und gute Mittel, um die Arbeiter zweckmäßig zu organisieren, aber man hoffe auf keine radikalen Resultate von einem plötzlichen partiellen Ausstand. Indes man suche, wenn man Einfluß genug hat, solche Ausstandsversuche und die dadurch angefachte Rührigkeit zu einer festen Organisation zu benutzen. Eine solche erfordert aber vor allen Dingen, daß alle Arbeiter, welche sich so organisieren wollen, nicht einer wandelbaren Kommission, noch viel weniger mehreren Kommissionen die Leitung und Schöpfung einer Organisation anvertrauen, sondern einem einzigen dafür bekannten Manne. Ein Geist, ein Wille, eine Idee muß den Organisationsplan entwerfen und ihn leiten, wenn derselbe seinen Zweck erreichen soll." —

Und im März 1853, als die Zimmerleute New Yorks wegen der Forderung einer Lohnerhöhung die Arbeit einstellten, schrieb Weitling:

„Die Zimmerleute verlangen auch täglich einen Schilling mehr. Die in Brooklyn gar zwei Schilling mehr. Sie erhalten jetzt schon, mit wenigen Ausnahmen, täglich zwei Dollar. Sie werden am 26. März wiederum eine Versammlung halten und darin den Arbeitgebern und dem Publikum ihre unglückliche Lage auseinandersetzen.

„Es wird einem ordentlich wabbelich ums Herz bei solch erschrecklich elenden Lohnverhältnissen der armen, bedauernswerten Zimmerleute, welche verzweifeln müßten, wenn ihnen die ganz auf den Hund kommenden Arbeiter und Arbeiterinnen der Nadel nicht wenigstens billige Kleider zu liefern gezwungen wären, wenn sie sonst so klug sind, den Juden nicht jeden geforderten Preis zu bezahlen. Ihr Schneider solltet euch mit samt den Näherinnen in der Zimmermannsversammlung zu Tausenden einfinden und ihnen die Hand zum Bunde und zur gemeinschaftlichen Besserung eurer Lage reichen. Wie würde das sie ermutigen, besonders wenn ihr feststellet, daß niemand von den Schneidern und Zimmerleuten mehr arbeiten und die Arbeitslosen gemeinschaftlich unterstützt werden könnten so lange, bis ein für alle Schneider und Zimmerleute gleicher Lohn bewilligt würde, also entweder einen Dollar pro Tag für jeden Schneider und Zimmermann, oder vielmehr, da der der Zimmerleute mit Recht zu wenig ist, 2 $\frac{1}{4}$ Dollar für jeden Schneider und Zimmermann. Herrjemine! wie würden diese Ausstands- und Aufopferungshelden die Flügel hängen lassen, welche Sprache würden sie führen, welche Auswege suchen, um von solcher ihren egoistischen Zwecken gefährlichen Vereinigung loszukommen."

Daß bei solchen Anschauungen über den gewerkschaftlichen Kampf der Arbeiter, über ihr tagtägliches Streben nach Hebung ihrer Lage durch Verbesserung der Arbeitsbedingungen Weitling in der Masse der Arbeiterschaft keinen Halt gewinnen konnte, ist klar.

3. Ein revolutionäres Kommunalprogramm.

Wie Weitling sich die Forderungen dachte, die die Arbeiter im Falle eines siegreichen Aufstandes, mit dem er unter Umständen rechnete, erheben sollten, geht aus einem Artikel hervor, in dem er einen angeblichen Traum wiedergibt.

Dieser Artikel enthält eine Art Arbeiterprogramm, das in Kraft zu treten habe, wenn, wie der Träumer voraussetze, die Stadt New York durch eine Revolution in die Hände der Arbeiter gefallen, wenn die Kommune von New York erklärt sei. Dieses Arbeiterprogramm enthält die folgenden Forderungen, die in Form einer Proklamation in der Stadt verbreitet werden sollten:

Montag, den 14. Januar, 4 Uhr nachmittags.

Die Arbeiter von New York haben die Regierung ihrer Interessen selbst in die Hand genommen.

City Hall ist von ihren bewaffneten Haufen besetzt. Die Behörden sind abgesetzt worden.

Allen Offizieren ist bei Todesstrafe verboten, in ihrer Uniform in die Straße zu steigen oder sich auf ihren Sammelplätzen einzufinden. Jeder, der so in den Straßen erscheint, wird erschossen.

Alles, was sich Waffen verschaffen kann, wird aufgefordert, sich damit in seinen Arbeitskleidern unverzüglich nach dem Park zu begeben und sich daselbst der Arbeiterkommission zur Verfügung zu stellen.

Wer den Arbeitern Waffen und Munition und Lebensmittel verweigert, wird erschossen.

Die Arbeiter von New York verordnen hiermit:

Das gesamte Hauseigentum der Stadt New York fällt an die Arbeiter zurück.

Niemand kann künftig mehr Vermögen haben, als er nachweisen kann, durch nützliche Arbeit und ehrlichen Handel verdient zu haben.

Jeder, welcher das Volk betrogen hat, wird des Landes verwiesen und sein Vermögen konfisziert.

Alle Schulden sind aufgehoben.

Die nächsten drei Monate soll niemand mehr Rente bezahlen, und dann nur an die Behörden der Arbeiter.

Die Beamten sollen künftig nicht mehr Gehalt bekommen als den Betrag, den gute Arbeiter verdienen können.

Wer nicht in einer nützlichen Arbeit zu arbeiten versteht, soll sein Bürgerrecht verlieren und keines erhalten können.

Alle für reich bekannten Personen und alle, welche bekannt sind, in ihrem Interesse gehandelt zu haben, sollen unverzüglich entwaffnet werden.

Die Arbeiter sollen in Bataillone organisiert und bewaffnet werden.

Diese Organisation soll zugleich für die Arbeit, für die Bedürfnisse und für die Verteidigung dienen.

Alles Bargeld soll der Arbeiterregierung gegen Schuldscheine ausgeliefert werden.

Diese Organisation soll so lange in Kraft bleiben, bis das Volk der Vereinigten Staaten oder des Staates von New York die Rechte und Pflichten der Arbeit als Basis ihrer Konstitution angenommen hat.

Die gewählte Kommission der Arbeiter bleibt bis dahin in Permanenz, ergänzt sich selbst und wählt einen Diktator, dem sie selbst sich in allen Anordnungen unterwirft.

Soweit das Programm Weitlings für eine revolutionäre Kommune von New York, das leider nur Traum blieb.

4. Weitling und die politische Organisation der Arbeiter.

Wie gegen die gewerkschaftliche Organisation der Arbeiter, so wandte sich Weitling auch gegen die politische Organisation und besonders gegen die Wahlbeteiligung der Arbeiterschaft. Das verhinderte ihn freilich nicht, wie wir sahen, zeitweilig auch das unabhängige Wählen zu empfehlen. Übrigens enthält Weitlings Kritik des Wählens manche interessanten Seiten. So, wenn er zum Beispiel in seinen „Garantien der Harmonie und Freiheit" ausruft: „Was nützt es denn, wenn wir das Recht haben, einen Namen in den Wahltopf zu werfen; wenn die Wahlen vorüber sind, sehen wir ja doch immer, daß die Reichen recht haben und wir unrecht." Den erzieherischen Wert der Wahlen für die politische Organisation der Arbeiter kannte Weitling nicht. Das was er in den Vereinigten Staaten vom Wahlrecht und dessen Ausübung sah, war sicherlich nicht geeignet, ihm bei seiner Übersiedlung nach Amerika eine bessere Meinung über die Bedeutung des Wählens beizubringen.

So schrieb er denn in der „Republik der Arbeiter" unter anderem:

„Das Stimmen ist mir von jeher als dummes Zeug vorgekommen. Was gilt mir ein Stimmrecht, in dem meine Ansicht von des Volkes Bestes nicht mehr wiegt, als die Ansicht jedes unwissenden Rowdy, ja sogar ein Stimmrecht, das ich nur anwenden kann, um mit Tausenden meiner Mitbürger Leute zu Ämtern zu verhelfen, welche deren Eigenschaften im glücklichsten Falle nur von Hunderten von uns einigermaßen

bekannt sind. Man fragt uns nicht, ob wir einmal über die Lohn=
verhältnisse, die Eigentumsverhältnisse, über die Sicherung unserer
Zukunft, über die Regelung der Arbeitsinteressen und dergleichen ab=
stimmen wollen. Nur über Narrenspossen und Ämterjagden läßt man
uns abstimmen."

Auch mit der Demokratie hatte Weitling nichts im Sinne, und
ihm lag die Diktatur weit näher. Er sprach es verschiedene Male
offen aus, daß er sich aus dem Holze geschnitzt glaube, aus dem man
einen Diktator mache. Er äußerte sich hierüber folgendermaßen:

„Nicht die Demokratie, nicht die Vielherrschaft, nicht die Stimmen=
mehrheitsentscheidungen, nicht die republikanische Staatsform führt eine
Befreiung der arbeitenden Klassen vom Joche des Zinswesens, der
Spekulation, des Geldsackes und von der Verdummung durch die Kirchen=,
Vereins= und Zeitungspfaffen herbei, nicht die Freiheit des Mehrheits=
dusels führt die Arbeiter zur Einheit, zur Macht und zum Recht der
Arbeit, sondern die Lehren von den Rechten und Pflichten der Arbeit
und der Notwendigkeit einer gewaltigen Macht zur Verwirklichung der=
selben, die Organisation der Arbeiter für Verbreitung dieser Lehren,
unter einer diktatorischen Leitung, der feste Vorsatz derselben,
sich jeder Macht anzuschließen und ihr die Alleinherrschaft zu sichern,
welche diese Macht für die Rechte der Arbeit in die Wagschale der
Eroberung wirft."

Als im Mai 1853 unter den deutschen Arbeitern New Yorks Ver=
suche gemacht wurden, eine unabhängige politische Bewegung zu schaffen,
sprach Weitling von dem „alten Steckenpferd, dem politischen Wahldusel".

Und er fährt dann fort: „Wir haben euch Großmannssüchtler
tausendmal bewiesen, daß ihr noch in der Finsternis des demokratischen
Universitätsdusels wandelt. Ihr habt uns verschrien für Aristokraten
und wir haben euch doch stets bewiesen, daß eure Demokratie nur ein
Humbug ist und nur allein nach unseren Grundsätzen die Demokratie
eine Wahrheit werden kann. ... Wie wollt ihr denn auf dem bisher
eingeschlagenen Wege die Massen dahin bringen, daß sie wenigstens
eine Mehrheit von Männern wählen, welche so einig debattieren und
stimmen und so aufopferungsfähig sind, daß durch deren Wahl eure
Ideen verwirklicht werden können? ...

„... Denkt nur an die ewigen Organisierungsversuche in der Mitte
des kleinen Leserkreises von einigen Hunderten, in welchen ihr euch

herumzubalgen habt. Sie müßten so gut und so stark in der Überzeugung und zugleich so entsagend in betreff der auszuteilenden Ehrenstellen sein, wie noch kein Beispiel solche Einheit aufzuweisen hat. Sie müßten ohne Ehrsucht und Neid dem Volke die scheinbar besten Männer zur Wahl vorschlagen. Aber wie sollen diese unter der großen Masse eine solche Wahl selbst mit dem besten Willen treffen können, ohne daß nicht andere sagen können: es giebt noch bessere Männer? Und nun vollends gar die Masse! Wie sollen Millionen von Wählern sich so genau kennen lernen, um unter sich die Besten anders als nach ihren Versprechungen in den Zeitungen kennen zu lernen? ...

„Ich habe euch gesagt, daß nur allein nach unseren Grundsätzen — und um euren aufgeblasenen Dünkel zu strafen, füge ich bei — den von W. Weitling zuerst aufgestellten — die Demokratie eine Wahrheit werden könne, und will es euch zum vielleicht hundertsten Male erklären.

„Nach unseren Grundsätzen soll im sozialen Staate die leitende Behörde verpflichtet sein, das Volk, Männer und Frauen, über jeden Vorschlag eines einzelnen abstimmen zu lassen, welcher dafür vorher eine gewisse Anzahl von Unterschriften, sage 10 000, erhält. Desgleichen soll in jedem Bezirk, in jeder Stadt, was Lokalangelegenheiten anbetrifft, nach einer gewissen Anzahl von Unterschriften die Lokalbehörde verpflichtet sein, darüber abstimmen zu lassen.

„Auf diese Weise kann man die ganze Sozialreform nach und nach in kurzen verständlichen Fragen, die jeder versteht, vor das Volk bringen, ohne daß dasselbe dadurch getäuscht werden könnte, denn hierdurch erhält jeder bestimmt das, was er von seiner Abstimmung erwartet."

Und an anderer Stelle schreibt er über denselben Gegenstand:

„Man sieht, daß die Herren allmählich zu der Einsicht kommen, die Arbeitersache sei auf etwas Reelleres zu stellen, als auf politische Plattformen und hochklingende Meetingsphrasen. Sie werden noch immer klüger werden und endlich einsehen, was wir schon oft ausgesprochen haben; daß einer politischen Organisation der Arbeiter, wenn sie von Bedeutung und Erfolg sein soll, eine gesellschaftliche Organisation vorangehen müsse. Es ist eine oberflächliche und zugleich irrige Meinung, daß die Arbeiter unter den Verhältnissen, wie sie noch jetzt sind, eine klassenfeste Verbundenheit, eine zusammenhaltende Gemeinsamkeit der Interessen und überhaupt eine reine, sie als Macht dokumentierende Stellung in der Gesellschaft hätten. Das ist nicht der Fall. Es sind noch so viel verschiedene Interessen jetzt da, als es Gewerbe gibt; der Arbeiterstand schmilzt allenthalben mit dem Kleinbürgertum und mit der Klasse der Landbebauer auf eine Weise zusammen, daß er vielfach seine Mitglieder in deren Reihen sich verlieren und von da aus gegen ihn kämpfen sieht. Die politischen Scheinmittel, die in den bisherigen Arbeiterplattformen aufgeführt stehen, wie zum Beispiel zehnstündige Arbeitszeit, Priorität bei Konkursfällen, freie Erziehung, Ausnahme der Kinder eines gewissen Alters von der Arbeit usw., reichen nicht aus, um den Begriff eines gemeinsamen Interesses und einer wirklichen Verbundenheit zu erzeugen. Solche Anforderungen fallen entweder mit den allgemein bürgerlichen zusammen, oder modifizieren sich so nach den verschiedenen Gewerken, daß dem einen ziemlich gleichgültig bleiben kann, was den anderen ganz und gar aufregt. Die Idee eines gemeinsamen Grundverhältnisses, die erst das eigentliche Klassenbewußtsein gibt, durch deren Dasein der Arbeiter erst zur Erkenntnis seiner selbst, seines Verhältnisses zur Gesellschaft und seines unbedingten Rechtes kommt — diese Idee fehlt noch zurzeit. Diese Idee ist ausgesprochen in dem Satz: ‚Eigentumsrecht der Arbeiter auf ihre Arbeit! Emanzipation der Arbeiter vom Lohnverhältnis und Arbeitgeber!'

„Hierin haben wir den realen Begriff des Arbeiters und seines eigentlichen Rechtsanspruches. In diesem Satz liegt die Idee des für alle Arbeiter gemeinsamen Grundverhältnisses. Diesen Satz festhalten, und der Arbeiter kommt zum vollen, unzweideutigen Bewußtsein seiner Stellung und seines Strebens. Er wird sich mehr und mehr herausschälen aus allen verwirrenden Beziehungen und zweideutigen Hingehörigkeiten, um sich zum spezifischen Charakter eines Arbeiters zu konsolidieren und seine demgemäße Klassenbedeutung in der Gesellschaft klar festzusetzen und abzuscheiden. In diesem Satz aber liegt die Quelle einer wahren und klaren Arbeiterpolitik, einer politischen Erkenntnis und Bildung des Arbeiters für seine Klasseninteressen. Dieser Satz ist mit einem Worte der wahre Arbeiter und seine wahre Sache.

„Würden die Arbeiter sich dieses Satzes als ihres Evangeliums bewußt, proklamierten sie ihn der Welt und versuchten sie auf Grundlage seiner ihre gesellschaftliche Organisation, das heißt ihre

Verbindung unter sich und ihre Stellung zu den bisherigen Arbeitgebern durch Privatkontrakte, so wären sie auf dem Wege, jene gesellschaftliche Stellung und klassenhafte Konsolidation, jenes gemeinsame Bewußtsein ihrer Interessen und Rechte, jene physische Macht und jene moralische Intelligenz in der Gesellschaft zu gewinnen, die ihnen dann auch den politischen Einfluß nicht lange ausbleiben ließe. Dann könnten sie sich endlich **politisch organisieren**; eine solche Organisation hätte alsdann natürlichen Grund und wirkliche Bedeutung; sie wäre erfolgt als das Resultat eines gebietenden Daseins, besäße die Gediegenheit, Klarheit und Macht notwendiger Wirkungen."

Siebentes Kapitel.
Weitlings allgemeine Anschauungen und Ideen.

1. Weitling und die imperialistische Sozialreform.

Weitlings Verachtung dessen, was man heute unter Volksherrschaft versteht, und seine Vorliebe für die Diktatur brachte ihn auch zu Anschauungen über Zeitereignisse und Personen, die vollständig von den damaligen allgemeinen Anschauungen fortschrittlicher und demokratischer Kreise abwichen und die besonders auch in Widerspruch standen mit den Ansichten anderer proletarischer Wortführer. So behandelte man Napoleon III. in den Kreisen der ehrlichen Achtundvierziger während der ersten Jahre nach dem Staatsstreich nur mit wohlverdienter Verachtung. Anders Weitling! Er sah in Louis Bonaparte einen Mann, von dem das Proletariat wohl etwas erwarten könne, und weit entfernt davon, Hilfe aus solchen Händen von sich zu weisen, riet Weitling den Arbeitern, nicht zu zögern, und auch von den Mächtigen der Erde Hilfe entgegenzunehmen.

Er schreibt darüber:*

„Die soziale Wiedergeburt der Menschheit: die Organisation derselben auf der Basis der Rechte und Pflichten, welche das Gesetz der Arbeit auf natürlichem Wege allen verhältnismäßig erteilt und auferlegt, kann nur in den Händen einer starken Regierung gedeihen. Eine solche aber kann nur in der Einheit und Dauer sich geltend machen, nicht in der Mehrheit und im Personenwechsel. . . .

* Wilhelm Weitling, Der Katechismus der Arbeiter. New York 1854.

„... Je mächtiger der Anwalt der Interessen der Arbeiter gemacht werden kann, desto besser ist es für die Durchführung dieser Interessen. Will ein Monarch, will ein gekröntes Haupt für euch in die Schranken treten, ja, will er euch nur die Hälfte von dem bewilligen, was in diesem Katechismus als notwendig bezeichnet wird, so nehmt es an, weist es nicht zurück und haltet zu solchem Manne. Das Geschrei nach Republik schlägt eure Reformpläne wieder um Jahrhunderte zurück. Laßt die Republik fahren, sie überliefert euch dem Ehrgeiz der Maul-, Feder- und Degenhelden, am Ende gar dem Geldsack, wie hier in den Vereinigten Staaten.

„Solche Republik ist keine Republik der Arbeiter, hüten wir uns, um ihretwegen die Hilfe eines Mächtigen von uns zu weisen, der die Einsicht und den Mut, die Tatkraft, den Ruf und die Ehrsucht hat, ein Protektor, ein Regent, Diktator und Organisator der Arbeiter werden zu wollen! Hüten wir uns, einen solchen von dem neidischen Geschnatter ehrgeiziger akademischer Jünglinge und freiheits- und ehrbürtiger Intriganten, unter dem Trugbild der Republik, an unserer Hilfe irre werden zu lassen.

„... Wenn daher zu irgend welcher Zeit ein Mächtiger für unsere Forderungen in die Schranken treten sollte — und das wird bereinst gewiß geschehen —, so halten wir zu ihm, mag er nun Kaiser, König, Diktator oder Protektor der Arbeiter sein wollen. Halten wir besonders stets zu einem solchen, denn ein solcher bedarf eines steten Anhalts. Ein solcher hat gegen sich die ungeheure Masse von unerfahrenen Fürstenfressern und Freiheitsschreiern. Diese bestärken entweder in edler Selbsttäuschung oder in kluger Berechnung für ihre egoistischen Zwecke die Massen in dem Glauben, daß die Mehrheit irgend welcher Versammlung immer die beste Wahl treffe, nie verleitet werden könne und alle durch ihre Mehrheitsbeschlüsse gemachten Gesetze folglich auch nur im Sinne der Interessen solcher Mehrheit gemacht werden können.

„Die Massen sind durch das blinde, unüberlegte Geschrei: Freiheit! Freiheit! Republik! Republik! welches von aufopfernden und edeldenkenden sowohl als von unbändigen, unflätigen und egoistischen Naturen genährt wurde, so verleitet worden, daß heute eine Deklamation gegen die republikanische Regierungsform ihnen in der Ekstase vorkommen muß, wie dem Bankier ein Vorschlag zur Gründung einer Tauschbank.

„Ein Glück ist es, daß der Mächtige, welcher sich seines Zieles bewußt ist, gewöhnlich wenig nach dem Massengeschrei zu fragen braucht. Und wenn er seiner Aufgabe gewachsen ist, so bringt er damit bei derselben Masse durch, welche ihn — wenn man sie unter die Leitung feindseliger Wortführer gesetzt — gewiß verlassen hätte. Louis Napoleon hat uns ein solches Beispiel gegeben. Der Mann hat noch nicht viel getan, was mich berechtigen könnte, ihn den Arbeitern als einen Mann ihrer Hoffnungen hinzustellen. Aber er hat doch den Willen gehabt, mehr zu tun, und hat auch schon mehr getan, als die Monarchen seiner Zeit getan haben. Er hat auch mehr im Interesse der Arbeiter getan, als in allen bekannten Republiken, solange die Geschichte bisher Zeugnis gibt, dafür bisher getan wurde.

„Napoleon braucht nicht viel zu tun, um Aufmerksamkeit und Hoffnungen zu erregen. Aber Napoleon hatte 1840 den Willen und die Hoffnung, mehr zu tun. Sein Wille war damals, ganz der Armee und den arbeitenden Klassen ein Kaiser zu werden. Seine Unterstützung des Schneiderausstandes im Jahre 1840, welche die Ausstände fast aller anderen Gewerbe nachzog, durch geheime Geldsendungen, seine Proklamation von Boulogne beweisen dies klar und deutlich. Diese war nur an die arbeitenden Klassen Frankreichs gerichtet und für ihre Interessen berechnet, war mit gänzlicher Hintansetzung der Geldmacher und der Bourgeoisie geschrieben! . . .

„. . . Wer uns die Garantie einer billigen und guten Regierung zum Vorteil der arbeitenden Klasse gibt, der soll uns regieren. . . . Aber immer nur einer soll gewählt werden, immer nur einer soll die Ordnung regieren und alle anderen Beamten sollen ihm streng unterworfen sein."

Weitlings Anschauungen über die Rolle, die er den Mächtigen der Erde im Befreiungskampf der Arbeiter zuwies, und die Hoffnungen, die er auf deren Sozialreform setzte, mußte ihn naturgemäß in Gegensatz bringen zu der Auffassung, daß die Arbeiterklasse als solche berufen sei, ihre Befreiung selbst zu erringen.

Über den Klassenkampf spricht Weitling denn auch in durchaus wegwerfendem Tone. So erklärt er im Mai 1853:

„Die Arbeiter aber werden am Ende gewahr werden, wie sie durch die Massenbeteiligungs- und Klassenkampfschwindler hinters Licht geführt wurden."

2. Weitling und die Religion.

Es waren aber nicht bloß die Anschauungen Weitlings in bezug auf die wirtschaftliche und politische Bewegung der Arbeiter, die ihn und seine Organisation in Gegensatz zu der Masse derselben stellen mußte. Es kam noch hinzu, daß er für seine Agitation eine gewisse religiöse Form beibehielt und daß er den Gottglauben, den er zu Anfang seiner Agitation schon hervorgehoben hatte, auch hier in Amerika nicht fallen ließ, und daß er seinen Kommunismus durch die Lehre Christi zu stützen suchte.

So hatte er früher mit Bezug auf sein „Evangelium der armen Sünder" erklärt: „In diesem Werke wird in mehr als hundert Bibelstellen bewiesen, daß die kühnsten Folgerungen der freisinnigen Ideen ganz im Einklang mit dem Geist der Lehre Christi sind." Und in dem „Evangelium" selbst heißt es: „Die Religion muß nicht zerstört, sondern benutzt werden, um die Menschheit zu befreien. . . . Christus ist ein Prophet der Freiheit, seine Lehre die der Freiheit und Liebe."

Diesen Standpunkt hielt Weitling hier auch in Amerika aufrecht. In einem kleinen Gedicht, das er den Kindern der Mitglieder des Arbeiterbundes zum Auswendiglernen empfahl, finden sich zum Beispiel die folgenden Strophen:

> Ich bin ein kleiner Kommunist
> Und frage nicht nach Geld,
> Da unser Meister Jesus Christ
> Davon ja auch nichts hält.

> Ich bin ein kleiner Kommunist
> Und bin's mit Lieb und Treu,
> Und trete einst als treuer Christ
> Dem Arbeitsbunde bei.

In einem Artikel, in dem Weitling seine Ansichten über die Bedingungen des Gedeihens der Kolonien des Arbeiterbundes niederlegte, äußerte er sich in bezug auf die Lehren Jesu und was damit zusammenhängt, folgendermaßen:

„Die Lehre Jesu bildet den Kernpunkt unserer Moral und diese Moral ihre praktische Anwendung in den Verhältnissen der Arbeit und der Genüsse, sowie der Rechte und Pflichten der Kolonisten. Alle mit dieser Lehre übereinstimmenden und dieselbe vervollkommnenden Lehrsätze der Weisen aller Völker und Religionen sollten dieser Lehre Jesu beigefügt und ein neues heiliges Buch daraus geschaffen werden, dessen Inhalt mit den Fortschritten der positiven Wissenschaften im Einklang sein würde, und welches Buch die Stelle der jetzt dafür gebrauchten Bibel vertritt; deren gute Lehren es natürlich enthalten würde. Nach den Grundsätzen dieser Moral aller Weisen sollte unsere Jugend in den Schulen und unsere Erwachsenen in wöchentlichen Vorlesungen erbaut werden.

„Nach diesen Lehren würden dann alle Beziehungen mit den Mitgliedern und Fremden geregelt werden.

„Alle in der alten Bibel enthaltenen Mythen von Wundern und dergleichen, alle darin enthaltenen Widersprüche und übersinnliche Anschauungen würden ohne Spott erklärt oder widerlegt werden. Vor der übersinnlichen Anschauung des höchsten Wesens aber würde unser Wissen sich demütig beugen und bescheiden gestehen: Ich kann es nicht begreifen. Ich habe nicht die Kühnheit, meinen Anschauungen eine selbstgemachte Form von einer so gewaltigen Möglichkeit zu geben. Ich kann nicht sagen, nicht beweisen und behaupten, ob das, was die Menschen Gott nennen, so wirklich existiert, wie sie es behaupten, noch kann ich behaupten, daß nichts dergleichen existiert.

„Aus dem moralischen Kernpunkte eines aus allen guten Lehren der Weisen aller Völker konzentrierten Lehrbuches würden die kommunistischen Grundsätze der gleichen Rechte und Pflichten, nach den gleichen Verhältnissen der Arbeiten und Genüsse hervorgehen. Vor allem aber würde eine bessere Einsicht über die Notwendigkeit einer einheitlichen Verwaltung aller dieser Interessen daraus hervorgehen, und zwar durch den Grundsatz, daß die ersten Stellen, diejenigen, welche so oft vom Ehrgeiz angefochten werden, an das materielle Interesse weniger Ansprüche machen dürfen als alle übrigen."

Die christliche Auffassung Weitlings und seine antidemokratischen Neigungen mußten notwendigerweise abstoßend wirken auf ein Arbeiterelement, das, wie die damaligen deutschen Arbeiter New Yorks, noch angefüllt war mit den demokratischen Anschauungen der Revolution des Jahres 1848 und das durchweg auch schon den religiösen Anschauungen entwachsen war; jedenfalls dem Christentum ganz gleichgültig gegenüberstand.

3. Weitling und Karl Marx.

Es kam noch hinzu, daß sich Weitling gerade die tüchtigsten Leute des deutschen Arbeiterelements, jene nämlich, die drüben in Europa bereits mit dem Kommunistenbund in Verbindung waren, und die teilweise auch hier noch unter dem Einfluß der Marxschen Anschauungen standen, durch seine zur Schau getragene offene Feindschaft gegen Karl Marx abstieß und von sich fern hielt.

Und doch war es gerade Karl Marx gewesen, der Weitlings bedeutendstes Buch, die „Garantien der Harmonie und Freiheit", bei seinem Erscheinen rückhaltlos anerkannt und mit seinem Lobe desselben auch nicht zurückgehalten hatte.

Weitlings Feindschaft gegen Marx ist zunächst zurückzuführen auf die Erkenntnis, daß mit diesem ein Größerer als er selbst die Leitung der Arbeiterbewegung übernommen habe, eine Erkenntnis, die dem ins Maßlose gewachsenen Selbstgefühl Weitlings eine tiefe Wunde versetzen mußte. Bei einer Zusammenkunft, die Marx, Engels und andere im März 1846 mit Weitling in Brüssel hatten, kam es zu heftigen Auseinandersetzungen zwischen Weitling und Marx, welcher betont hatte, daß man die kommunistischen Lehren, die sich — wie die Weitlingschen es taten — nur an das Gefühl wenden, zu bekämpfen habe. Nach einem Briefe Weitlings aus jener Zeit zu urteilen, scheint es, daß Marx sich damals auch besonders gegen die „Systemarbeiten" Weitlings gewandt habe.

Aus jener Zeit stammt auch die Erklärung von Marx, Engels und Genossen gegen Hermann Kriege und seinen „Volkstribun", der Weitling als einziger der bedeutenderen Kommunisten in Brüssel seine Unterschrift verweigerte.

Auch lagen für Weitling rein persönliche Gründe vor, auf Marx als auf einen Gegner zu schauen.

Weitling hatte schon im Jahre 1844 das Manuskript eines Werkes beendet, das er „Allgemeine Denk- und Sprachlehre, nebst Grundzügen einer Universalsprache der Menschheit" betitelte. In diesem Werke suchte Weitling eine Reform der Sprache „nach den Gesetzen der Natur und der Logik" zu geben. Er erklärte, er habe „in einer einfachen, bestimmten und unterscheidenden Bestimmung jedes Begriffes einen Schutz gegen die falsche Auffassung und Anwendung der Begriffe erkannt und diese Bezeichnung am einfachsten und treffendsten in einer richtigen Klassifikation der Begriffe aller Dinge, Eigenschaften, Bewegungen, Zustände, Verhältnisse usw. gefunden". Weitling kam dabei nach seiner Ansicht zu folgenden Resultaten:

„Die Gelehrten haben sich in ihrem Wissen verirrt und an eine Menge falscher, komplizierter Formen, Regeln und Dogmen gebunden, welche ihnen das Lehren und anderen das Lernen erschweren.

„Die Sprachlehren samt ihren Regeln sind grundfalsch und daher eine wahre Marter für die Jugend, die an dem Unsinn ihren jungen Verstand verkrüppeln muß.

„Eine vollkommene, zweckmäßig gebaute Sprache ist für die Wissenschaft dasselbe, was eine Maschine für die Handarbeit ist: sie erleichtert das Wissen um das Zehn-, Hundert- und Tausendfache."

Weitling erklärt, daß seine vervollkommnete Sprache von Kindern und Fremden in so viel Wochen erlernt werden könne, als sie jetzt in der deutschen Sprache Jahre dazu brauchen. Auch würde die Reformsprache kürzer, reicher und wohlklingender sein.

Nach Weitling löst eine richtige Klassifikation der Sprache die schwierigsten Fragen, „als: was ist Geist, Wahrheit, freier Wille, haben wir freien Willen usw., indem sie durch die Klassifikation der Begriffe und durch die Gesetze der Wahrnehmungsfähigkeiten uns erklärt, was wir fragen."

Die Weitlingsche „Sprach- und Denklehre" wurde im März 1855 als im Druck befindlich angezeigt, und damals waren acht Bogen des auf zwölf bis dreizehn Bogen berechneten Buches bereits fertig. Ob das gesamte Buch indes je erschienen ist, konnte nicht festgestellt werden, erscheint auch sehr fraglich.

Zur Druckstellung dieses Buches nun hatte Weitling die Hilfe von Marx und Engels in Anspruch genommen, das heißt, er hatte sie bald nach Vollendung des Manuskripts — Mitte der vierziger Jahre also — ersucht, ihm die Geldmittel für den Druck zu verschaffen. Das war abgelehnt worden, und Marx mag bei dieser Gelegenheit mit einigen satirischen Bemerkungen nicht zurückgehalten haben, die ihm Weitling nie verzieh. Friedrich Engels erzählte in späteren Jahren noch davon, daß Weitling sein damaliges Manuskript damit empfohlen habe, daß darin der Dativ als „eine aristokratische Einrichtung" abgeschafft sei. —

Mag nun die unmittelbare Ursache der Feindschaft Weitlings gegen Marx gewesen sein, welche sie wolle, gewiß ist, daß Weitling sich keinem

Menschen gegenüber so ungerecht benommen hat, wie gegen Marx. Bei seinem Streite mit der „Abendzeitung" ruft er aus: „Du hast nach Hegel und Karl Marx die Kunst des Zerstörens studiert und versuchst an der reinsten Bewegung das Gift deiner Wortspiele." Als A. Willich im Dezember 1853 von London nach New York kam, nach seinem Zerfall mit Marx, und als ihm in New York von seinen Freunden ein offizieller Empfang bereitet wurde, bei dem man auch die Komödie der Überreichung eines Ehrenschwertes aufführte, da schrieb die „Republik der Arbeiter" wörtlich: „Die zweideutige und intrigante Stellung des Marx und seiner näheren Freunde in der Arbeiterbewegung ist ja bekannt genug. Bekannt ist, daß Marx die Arbeiter nur als eine zur Selbsthilfe und Selbstregierung unfähige Masse betrachtet, die nach dem Gebot und Willen eines außer und über ihr Stehenden zu den humanistischen und sozialistischen Endzielen getrieben werden muß, welche dieser gesetzgebende Einzelne eben für gut befindet.

„Diese Ansicht allein wäre hinreichend, einem die intrigante Tätigkeit eines Marx zu erklären, der eben, weil er nur das persönliche Ansehen als maßgebend für die Arbeiter betrachtet, auch alles tun muß, um eine Person (zunächst die seinige) gegen andere in Vorzug zu erhalten. Wie natürlich zugleich, daß er dabei Wahrheit und Lüge, Wirkliches und Empfundenes zusammenwirft und nach gewissenloser Willkür seinen Zwecken dienstbar macht. Solches ist und bleibt der Weg aller, die für persönliche Endzwecke agitieren."

Das Schlimmste indes, was Weitling gegen Marx verübte, findet sich in einer „Schlußbemerkung zum Kölner Kommunistenprozeß", in welchem bekanntlich eine Anzahl Mitglieder des Kommunistenbundes, der unter dem Einfluß von Marx stand, nach langer Untersuchungshaft zu mehrjähriger Strafe verurteilt wurde. Hier läßt Weitling seinem Haß gegen Karl Marx in folgender Weise freien Lauf:

„Wir haben mit Bedauern in diesem Prozeß die ergreifenden Ergüsse beherzter Kommunisten, diese in den Herzen der Millionen zündenden Worte strenggläubiger und festüberzeugter Kommunisten vermißt, denen diese Lehre eine heilige Religion und ein stärkender Balsam für ihre, für das Wohl der Menschheit blutenden Herzen geworden ist. Wir haben in diesem ganzen Prozeß kein Herz auf der Zunge brennen, kein Märtyrerflämmchen aufflackern sehen. Mit wenigen Ausnahmen waren alle Worte der Verteidigung nur darauf berechnet, sich einer

Verurteilung zu entziehen. Indes sind wenigstens einige durch ihren Lebenswandel von Kölnern allgemein geachtete Männer verurteilt worden und diese Verurteilung wird Propaganda machen. Unter diesen war Dr. Becker nie vollkommen einverstanden mit der von Marx und Konsorten gelehrten Verhöhnung der Männer, welche in ihrer Propaganda für den Kommunismus ein Herz voll Gefühl durchblicken ließen, welche nicht auch zugleich ein Herz voll Rache oder Spott gegen die Lehren Christi zeigten. Diese Männer, welche in ihrem Wohnungskreise mehr für den Kommunismus tun konnten, als das ganze Bruchstück des unter Leitung von Marx stehenden Bundes, mußten durch leichtsinnige Emissäre und Korrespondenzen kompromittiert werden, das lag im Interesse der Regierung, welcher nicht unbekannt war, daß Dr. Beckers öffentliches Wirken ihr gefährlicher war, als die zur Schau gestellten, töricht prahlerischen Erdolchungsprojekte und Abschlachtungsvorschläge anderer Bundesmitglieder.

"Dr. Becker war der Herausgeber und Redakteur der ‚Westdeutschen Zeitung' in den Jahren 1848 bis 1850 und opferte einen großen Teil seines Vermögens daran. Das hatte ihm die Regierung nicht vergessen. Es konnte ihr daher nichts willkommener sein, als das Auffinden einiger Scheingründe, um ihn in diesen Prozeß mitzuverwickeln.

"Es wurde von seiten der Zeugen und des Anwalts der Regierung jedes Mittel benutzt, um diese an Zahl der Mitglieder schwache Verbindung zu einer ungeheuer zahlreichen zu machen, um auf diese Weise den Begüterten Furcht vor dem Kommunismus und Vertrauen in die Regierung beizubringen und bei den Geschworenen ein strenges Urteil zu erwirken.

"Dieser Plan ist vollkommen gelungen, und die Erdolchungs- und Abschlachtungsprojekte einiger Prahlhänse des Bundes, welchen nicht einmal Courage zuzutrauen ist, sie auszuführen, waren vollkommene Beweismittel für die Gefährlichkeit des Bundes. Aber Karl Marx influierte schon seit acht Jahren diesen Teil des Bundes mit seinen Ansichten, und man hat während dieser Zeit von keinem einzigen Versuch derart gehört, während von den französischen geheimen Gesellschaften binnen neun Jahren neun Anfälle auf das Leben Louis Philipps gemacht wurden.

"Unter der Menge von Vereinen in den verschiedenen Städten sind nur sehr wenige in Deutschland als unter dem Einflusse von Karl

Marx stehend zu betrachten, die übrigen, an Zahl zehnmal stärkeren, haben stets sich als Vereine des ganzen Bundes betrachtet und nicht als besondere Anhänger des mit dem Bunde zerfallenen Karl Marx.

„Der erste deutsche Kommunistenverein entstand durch die Belehrung und den Übergang des republikanischen Bundes der ‚Gerechtigkeit', welcher in Paris seinen Sitz hatte, sich im Jahre 1837 in Masse von seinen Führern, den ‚Geächteten' trennte und sich diesen neuen Namen gegeben hatte. Von diesem aus wurde der Kommunismus nach der Schweiz und anderen Städten Frankreichs verpflanzt. Von diesem aus wurde derselbe im Jahre 1839 nach London und Deutschland und im Jahre 1844 nach Schweden und Amerika verpflanzt, wo Hermann Kriege dafür auftrat. Köln ist eine spätere Verzweigung dieses Bundes. Die strenge Einheit des Bundes dauerte aber nur so lange, bis Karl Marx — welcher sich im Jahre 1844 noch verächtlich über den Wert solcher Verbindungen ausdrückte — selbst Mitglied des Bundes wurde. Mit einem Angriffe gegen Hermann Krieges Wirken in Amerika beginnend, bestrebte er sich seit dieser Zeit, jeden neben ihm im Bunde stehenden Agitator zu bekämpfen. Er und Konsorten bewirkten Trennungen in der Schweiz, in Frankreich und Deutschland, infolge eines Ausschlußdekrets, nach welchem W. Weitling (damals schon in Amerika) sowie die Schweizer Kommunisten und die Hälfte der Pariser aus dem Bunde ausgeschlossen wurden, weil sie mit religiöser Propaganda (Evangelium der armen Sünder) für die Ausbreitung des Kommunismus wirkten. Dies dauerte bis 1851, wo Herr Marx in London endlich seinerseits ausgeschlossen wurde, worauf sich die getrennten Vereine wieder aneinander schlossen. Marx hatte damals noch die Verbindungen mit Deutschland, welche sich hauptsächlich auf Köln konzentrierten, in Händen.

„Vor der Beteiligung von Marx und Konsorten war der Bund hauptsächlich ein für Belehrung organisierter. In den Versammlungen wurden alle Fragen einer künftigen vernünftigen Organisation der Gesellschaft besprochen. Aber die gelehrten Kritiker à la Marx, und dieser letztere hauptsächlich, verwarfen alle Systeme, ohne sie zu widerlegen und ohne auf die Fragen der Zukunft überzeugende Antworten zu geben, (weil dieselben ihnen nicht den gewünschten Einfluß gewährten). Sie lehrten den Atheismus, sprachen über Hegel und die hohe Bedeutung der deutschen Philosophie, die den Unkundigen erklärt werden müsse, und zogen Leute in den Bund, welche von uns früher nicht aufgenommen worden wären. Da nun die Systeme, das heißt die Pläne einer künftigen sozialen Organisation diesen Führern à la Marx stets zuwider waren, so wurde auch darüber die Besprechung so geführt, daß man nie wußte, was denn eigentlich vor dem Kampfe erstrebt und nach dem Siege werden solle, und die gewöhnlichen Unterhaltungen waren dann Atheismus, Guillotine, Hegelei, Strick, Dolch, Spionenriecherei und innere, durch Ehrgeiz angeregte Reibungen.

„Unter solchen Umständen nur ist es begreiflich, wie es möglich war, daß es Spionen gelang, Mitglieder zu verführen, ihnen die wichtigsten Dokumente zu stehlen, oder gar, wie der als Zeuge auftretende Polizeirat Stieber aussagt, sie ihnen zu verkaufen. Unter solchen Umständen nur ist es begreiflich, wie es möglich war, Spione in den Bund aufzunehmen und sich in kurzer Zeit von ihnen so täuschen zu lassen, daß man ihnen Aufträge und Adressen nach Deutschland und andere wichtige Mitteilungen anvertraute. Unter solchen Umständen mußte allerdings das Mißtrauen so weit um sich greifen, daß man ehrliche Leute in den Verdacht der Spionage brachte...."

Es kann nicht angenommen werden, daß Weitling dieses Urteil über Marx im guten Glauben schrieb. Er wußte, daß es unwahr war, wenn er andeutete, daß unter dem Marxschen Einfluß die Unterhaltungen über „Guillotine, Strick, Dolch usw." im Kommunistenbund eine Rolle spielten. Er mußte wissen und wußte, daß gerade Marx' Einfluß es gewesen war, der diese Attribute der Geheimverschwörungen aus den Organisationen verbannte, indem er sie in ihrer ganzen Lächerlichkeit hinstellte und ihre Befürworter durch Hohn und Spott zum Tempel hinaustrieb.

Die obige Weitlingsche Auslassung ist eine der wenigen, die ihren Urheber in ein recht schlechtes Licht stellen.

4. Weitling und die Philosophie.

Wilhelm Weitling machte, wie wir gesehen haben, von seiner Abneigung gegen die Philosophie und besonders auch gegen Hegel, als dessen Schüler ihm Karl Marx erschien, kein Geheimnis. Über seine Stellung zu Hegel und zu Feuerbach äußerte er sich im Mai 1851 in folgender Weise:

„‚Feuerbachs Religion der Zukunft' und ‚Wesen des Christentums' sollten sich in jeder deutschen Familie und in jedem Verein befinden, das ist mein Urteil über Feuerbach. Ruge und Hegel freilich befriedigen die Leute meiner Richtung nicht, so wenig als Heinzen. In der Hegelschen Ichlehre hat schon mancher den gesunden Verstand verloren. Wie oft wurde mir ans Herz gelegt, doch den Hegel zu studieren. Ich habe das Buch sechsmal in die Hände genommen, und jedesmal fielen meine Blicke auf künstlich inhaltlose Phrasen, und nie hat mir jemand sagen können, was denn der Hegel eigentlich wollte. Bakunin, später beim Dresdener Aufstand beteiligt, wollte mich zum Beispiel in Zürich 1842 täglich eine Stunde über Hegel belehren. Die erste Stunde war ich gespannt, weil ich etwas erwartete, und mein Lehrer war zufrieden. In der nächsten Stunde kamen wir an das Wort Geist. Ich wollte mich nicht darüber hinaus führen lassen, ohne daß mir der Sinn dieses Wortes, hier im Buche gebraucht, gehörig definiert werde. Ich wollte erst wissen, was Geist sei. Bakunin aber wollte, daß ich ihm einstweilen ohne diese Erklärung weiter folge. Ich versuchte es, aus purer Gefälligkeit für Bakunin, aber es ging nicht. Ich fühlte, daß mein Verstand auf diese Weise in der Irre herumgeführt werde. Und das Studium der Hegelschen Philosophie hatte für mich ein Ende."

Achtes Kapitel.
Die Kolonie „Communia".
1. Die Gründung.

Die enge Auffassung, die Weitling der Arbeiterbewegung entgegenbrachte, führte dazu, daß er den Einfluß, den er Anfang 1850 auf die deutschen Arbeiter New Yorks tatsächlich ausgeübt hatte, immer mehr verlor. Mit diesem schwindenden Einfluß mußte ihm natürlich auch die Einsicht kommen, daß er sein Hauptprojekt, die Tauschbank, nicht durchführen könne, und die Folge war, daß die Agitation für diese Tauschbank, wie auch die Agitation für die damit zusammenhängenden Gewerbeordnungen, immer mehr in den Hintergrund trat. An ihre Stelle aber trat die Agitation für eine andere Gründung, und diese Gründung war die kommunistische Kolonie „Communia", die im County Clayton in Iowa gelegen war.

Schon früher hatten deutsche Arbeiter sich an Gründungen kommunistischer Kolonien auf amerikanischem Boden versucht. Die bedeutendste dieser Kolonien war die in Philadelphia Mitte der vierziger Jahre gegründete Teutonia, die bald mit einem Verlust von 40000 Dollar für die Teilnehmer zusammenbrach. Unter der Leitung des Elsässers Andreas Dietsch, des Verfassers des „Tausendjährigen Reiches", bildete sich die Kolonie Helvetia im Staate Missouri. Doch war der Ort so unglücklich gewählt, daß fast alle Mitglieder, die nicht vorher davonliefen, am Klimafieber starben. Dietsch starb Anfang 1846. Ferner bestand noch eine Kolonie Germania in Wisconsin, die es aber kaum über die Anfänge brachte.

Einige der übrig gebliebenen Mitglieder der Dietsch'schen Kolonie Helvetia hatten sich nach dem Untergang derselben nach St. Louis gewandt. Gelegentlich der Anwesenheit von Hermann Kriege und mit Hilfe des schon früher genannten „Antipfaff" des Uhrmachers Heinrich Koch, bildete dieser Rest der Dietsch'schen Kolonie zusammen mit anderen einen Verein, in welchem Kochs Einfluß maßgebend war.

Koch, der für seine Dienste im mexikanischen Kriege, den er als Kapitän einer kommunistischen Freischar mitgemacht hatte, Landanweisungen seitens der Regierung erhalten hatte, stellte dieses Land dem Verein zur Gründung einer Kolonie zur Verfügung. Der Verein beschloß die Gründung einer solchen und zog im Jahre 1847 nach Jowa, nachdem vorher der Versuch an einer anderen Stelle gemacht, aber aufgegeben worden war.

Diese Kolonie nannte man „Communia", und ihr erster Präsident war Heinrich Koch. Um sich seine Einlagen zu sichern, ließ dieser das Land der Kolonie heimlich auf seinen Namen eintragen. Darüber kam es bald nach der Gründung schon zu Streitigkeiten, die damit endigten, daß die Kolonie Koch mit einer Summe von 600 Dollar auskaufte, worauf dieser im September 1849 austrat und seiner ganzen Gefühlsschwärmerei, die er als Kommunismus bezeichnete, Valet sagte. Er lebte dann in Dubuque, wurde Fachpolitiker, der bald den Whigs bald den Demokraten diente und sich mit Regierungskontrakten ernährte.

Weitlings Beziehungen zur „Communia" datieren vom Jahre 1850. Über die Anknüpfung dieser Beziehungen berichtet er:

„Durch Briefe aus Communia wurde ich 1850 mit der Kolonie bekannt. F. Arnold wurde gegen Ende dieses Jahres von St. Louis aus, woselbst diese Koloniegesellschaft sich gebildet hatte, veranlaßt, die Kolonie zu besuchen, und ebenso auch ich bei meiner Ankunft in St. Louis.

„In der Kolonie fand ich zufällig alte Bekannte. Der eine, jetzt gestorben, hatte mit mir in Dresden 1832 auf einem Zimmer gewohnt, den anderen, Venus, hatte ich in Bern 1841 als einen Mann unseres Prinzips kennen lernen, woselbst er als Schmied arbeitete. Die anderen kannten mich mehr, als ich sie kannte. Es machte einen wohltuenden Eindruck auf mich, hier so alte brave Bekannte für praktische Durchführung unserer Grundsätze im kleinen Haushalt verbunden zu sehen.

„Es bewegten mich Gefühle wie zu einer denkwürdigen Zeit unserer Schweizer Propaganda. Aber es ist gefährlich, auf die Hypotheken solcher Gefühle anderer Leute Geld anzulegen. Obwohl ich einstweilen nur meine Privatbörse zog und 80 Dollar anlegte, so waren wir doch miteinander und durch unsere gegenseitigen Verbindungen in St. Louis so weit gekommen, daß der Anschluß ‚Communias' an den Arbeiterbund in gehöriger Form beschlossen, protokolliert und von allen Mitgliedern unterzeichnet wurde."

2. Der Kampf um die Existenz.

Die Kolonie, deren Anschluß an den Arbeiterbund Weitling in dieser Weise schilderte, war, wie erwähnt, in Jowa gelegen, und zwar 50 Meilen von Dubuque, 5 Meilen von Elvador und 15 Meilen von Guttenberg, in einem Winkel, welcher durch den Zusammenfluß des Turkey- und des Volgaflusses gebildet wurde, etwa 25 Meilen von deren Mündung in den Mississippi. Das Land wird als fruchtbar geschildert und landschaftlich schön.

Bei der Übernahme durch den Arbeiterbund bestand die Communia nur aus 10 Mann, deren Leben, bei harter Arbeit zwar, als angenehm geschildert wird. Im Winter gingen einige von ihnen noch in die Städte, um dort auf ihrem Handwerk zu arbeiten. Im Frühling gingen sie nach der Kolonie zurück, um das Land zu bebauen.

Früher hatte sich Weitling selbst gegen die Gründung von Kolonien als Anfangsmaßregel erklärt, indem er schrieb: „Mit der Gründung von Kolonien zuerst anzufangen, ist nicht ratsam, auch nicht mit noch mehr Etablissements von Arbeiterwerkstätten oder Arbeiterspeiseassoziationen, als jetzt an einzelnen Orten schon bestehen." Er befürchtete eine Zersplitterung der Kräfte, die er alle für sein Hauptziel, die Tauschbank, angewandt sehen wollte. Die Aussichtslosigkeit der Bankgründung führte ihn dazu, seinen Anhängern die Koloniegründung als praktisches Resultat ihrer Tätigkeit und als erstrebenswertes Ziel hinzustellen. Die Gelder, die die verschiedenen Gemeinden des Arbeiterbundes bisher für die Gewerbebank aufgebracht hatten, wurden nun für die Kolonie verwandt, und diese verschlang alle Mittel, die in den nächsten Jahren vom Arbeiterbund aufgebracht wurden.

Zunächst war freilich alles eitel Sonnenschein. Als Weitling im Oktober 1851 zum ersten Male „Communia" besuchte, schrieb er: „Da stehe ich hier zum ersten Male in meinem Leben auf einem heiligen Boden brüderlicher Gemeinschaft, dessen Bewohner es sich zur Aufgabe gemacht haben, nicht halb und einseitig, sondern ganz einzustehen für die heilige Sache, für welche ihr bewährten deutschen Kommunisten mit mir und Vater Cabet seit Jahren in Europa gekämpft habt. So weit mein Auge über diese Berge und Täler schweift, trifft es auf einen freien gemeinschaftlichen Boden, auf einen Boden, den unsere Propagandisten zur Befreiung der Arbeit vom Joche der Ausbeutung und Verdummung bearbeitet und bebaut haben. Dieses Land also, ihr Männer der Propaganda und des Arbeiterbundes, gehört uns!"

Dieses Land, das Weitling als das Land der Verheißung begrüßte, hatte damals eine Größe von 1240 Acres, wobei außerdem noch 3000 Acres Regierungsland in Betracht kamen, das in der Nähe lag. Das bezahlte Land wurde mit Einfriedigung von Weitling auf 2500 Dollar geschätzt. Es enthielt ein Wohnhaus mit fünf großen Familienwohnungen, einen gemeinsamen Speisesaal und Küche. Dieses Wohnhaus wurde von Weitling mit 1000 Dollar eingestellt, vier Nebengebäude zu 500 Dollar; Werkzeug, Acker-, Haus- und Küchengerät zu 500 Dollar, Frucht- und Viehbestand zu 1900 Dollar. Mit 100 Dollar Kassenbestand insgesamt also 6500 Dollar. An Vieh war auf der Kolonie vorhanden: 100 Schweine, 30 Stück Rindvieh, 250 Hühner, 15 Schafe, 20 Gänse, 7 Pferde usw. Die Zahl der Mitglieder betrug damals fünfzehn.

Die rosigen Schilderungen aus dem Anfang der Verbindung von Kolonie und Arbeiterbund erhielten bald Flecken, als schon Ende 1851 die Kolonisten vom Arbeiterbund 3000 Dollar verlangten, um eine Sägmühle bauen und den Viehbestand mehren zu können. Weitling tat, was in seinen Kräften stand, um die Kolonisten zu befriedigen. Es wurden Privatgelder aufgenommen, wo die Einnahmen der Bundesgemeinden nicht langten. Im ganzen wurden in dieser Weise über 9000 Dollar vom Arbeiterbund in die Kolonie hineingesteckt.

Weitling, der sich moralisch für dieses Geld verantwortlich fühlte, verlangte von den Kolonisten eine gesetzliche Sicherheit. Das wurde zwar versprochen, aber nicht gehalten.

Im Juli 1852 ging Weitling zum zweiten Male nach der Kolonie, um die Geldangelegenheit zu regeln. Er verlangte einen „Deed of trust" über 5000 Dollar, dagegen erhob sich Opposition in der Kolonie, und die Folge war, daß ein Teil der Kolonisten austrat und sein eingelegtes Geld mit sich nahm. Der bleibende Rest der Kolonisten aber gab die verlangte Sicherheit. —

Damit waren aber die vorhandenen Schwierigkeiten durchaus nicht erledigt. Es mußte eine Mahlmühle angeschafft werden, die wieder einige tausend Dollar erforderte. Dann stellte sich das Bedürfnis für eine Sägmühle heraus. Auch diese wurde gekauft, doch stellte sich bald heraus, daß man ein sehr schlechtes Geschäft gemacht hatte. Dann wieder mußte, um Betriebskraft zu erhalten, ein Mühlendamm gebaut werden, der mindestens 4000 Dollar verschlang, ohne daß er je fertig wurde.

Die Folge dieser Neubeschaffungen war ein stetiger Geldmangel in der Kolonie trotz der großen Beträge, die der Arbeiterbund und Weitling nach Jowa schickten. Weitling verfiel in seinen alten Fehler, er machte eine neue — Konstitution für die Kolonie, die dem Statut des Arbeiterbundes mehr angepaßt war als die alte. Als auch das nichts half, ließ Weitling sich im November 1853 selbst zum Verwalter in der Kolonie wählen. Kaum an Ort und Stelle angelangt, machten sich wieder Gegensätze zwischen Weitling und den Kolonisten geltend, die zur Folge hatten, daß Weitling sich weigerte, seinen Verwalterposten auszufüllen. Ende Dezember desselben Jahres verlangten die Kolonisten, daß die Kolonie der Zentralpunkt des Arbeiterbundes sein solle; daß alle Gelder, Beiträge und Pensionsfonds seitens der Bundesgemeinden direkt an die Verwaltung der Kolonie gesandt werden sollten, und daß das Organ, die „Republik der Arbeiter" von New York nach „Communia" verlegt und dort herausgegeben werden solle.

Weitling setzte all diesen Plänen energische Opposition entgegen. Die gegenseitige Verbitterung wurde vermehrt, als Weitling auf seinen

Namen vierzig Acres neu erworbenen Landes gerichtlich eintragen ließ, um so den Bundesmitgliedern ihr eingeschossenes Geld zu sichern. Die Kolonisten verlangten die Übertragung dieses Landes als Eigentum der Kolonie. Als Weitling das ablehnte, wurde die Opposition gegen seine Verwalterschaft so groß, das ganze Verhältnis so unleidig, daß Weitling sich am 6. Januar 1854 gezwungen sah, seine Verwalterstelle niederzulegen.

3. Streit und Ende.

Über den Stand der Kolonie um diese Zeit schrieb Weitling bei Übernahme der Verwalterstelle folgendes:

„Man ist gegenwärtig mit der Aufnahme des Inventariums beschäftigt, welches schwerlich mit den hohen Löhnen, welche den Interessen des Bundes bisher aufgedrückt wurden, in Harmonie stehen wird. Diese Überzeugung drängte sich mir augenblicklich auf bei einigen Beispielen, die mir vorgeführt wurden. Ich fand bei diesen Beispielen beinahe ein Drittel der Bezahlung höher, als die im allgemeinen in der Außenwelt dafür gelieferte Arbeit. Dem zunächst zu begegnen, hielt ich für meine erste Pflicht. Gar manches mißfiel mir so, daß ich lieber die ganze Kolonieangelegenheit dem Chaos der Zufälligkeiten preisgegeben hätte, als darin mich als Verwalter festzusetzen. So zum Beispiel hat die bisherige Verwaltung schon Pachtkontrakte für ein und mehrere Jahre gemacht und dadurch der neuen Verwaltung gleichsam die Hände gebunden. Eine Farm an der Mahlmühle ist auf sieben Jahre verpachtet, ohne daß nur eine einzige Sicherheitsklausel darin zugunsten des Bundes und der Bundesinteressen vorkommt. Wir sollen beschaffen und nur immer beschaffen, was für die Geschäfte, die ein einzelner für sich vorteilhaft und nötig hält, notwendig gekauft und geschafft werden muß, während wir an anderen Plätzen Geld und Arbeitskraft vorteilhafter anlegen können!"

Am 1. November 1853 schrieb Weitling in einem Flugblatt, in welchem er zum Beitritt in die Kolonie auffordert, unter anderem folgendes:

„Der Arbeiterbund zählt heute an 500 Mitglieder und einen Kapitalstock im Werte von 17000 Dollar."

Und über die Kolonie äußerte er: „Diese Kolonie ist gechartert und hat 1600 Acres Land, eine Sägmühle, eine im Bau begriffene Mahlmühle, eine Brickyard, Dresch-, Mäh- und Schneidemaschine; ein Brickhaus, zwei Frame-, zwei doppelte und zwei einfache Blockhäuser, einen Pferdestall von Brick, Vieh und Pferde im Werte von 2400 Dollar. Die Arbeiten werden auf Stück bezahlt, und wer eine eigene Haushaltung führen will, kann sie führen, wie in der alten Gesellschaft. Der Grund und Boden der Häuser und der Handel sind gemeinschaftlich."

Als Weitling dies schrieb, befanden sich 36 Männer, 13 Frauen, 3 Mädchen und 18 Kinder in der Kolonie.

Die Verhältnisse, die Weitling in der Kolonie vorfand, sowie die Behandlung, die man ihm selbst angedeihen ließ, trafen ihn hart, und ganz enttäuscht schrieb er am Tage nach seiner Abdankung:

"Nach allem, was ich hier durchgemacht habe, zu urteilen, scheint es mir auch, als habe man mich eher anderer Absichten, als der Einführung und Handhabung einer besseren Ordnung wegen hierher gesprengt. Man versuchte von einigen Seiten alle möglichen Mittel, um meine Stellung zu erschweren, an mir Grund zu einer gerechten Beschwerde zu finden, und besonders bei mir, wie bei der Aufgabe des Deed of trust, die Überschreibung der 40 Acres Mühlenland auf die Kolonie zu erzwingen. Man nahm eine Stellung ein, als existiere gar kein anderer Zentralpunkt, als habe die Kolonie ohne Bedingung über alle Bundesgelder zu verfügen. Man sagte, ich könne gezwungen werden, die 40 Acres zu überschreiben. — Es scheint also in meiner zweideutigen Berufung mehr dieser Zweck gelegen zu haben, als der gute Zweck, den ich im Auge hatte, nämlich den, hier die so lang gepredigte soziale Ordnung zu Fleisch und Blut zu machen."

An anderer Stelle desselben Briefes wendet er sich an die Mitglieder des Bundes und schreibt:

"Ich will in Eure demokratische Hand alles legen, was ich durch Eure Hilfe seit vier Jahren geschaffen. Ich will zurücktreten von allem, was noch an meinen Einfluß erinnern könnte, will ein einfaches, seinen Beitrag zahlendes Bundesmitglied bleiben. Nur so lange, als es notwendig ist, diese rein demokratische Form zu verwirklichen, nur so lange, als die Übertragung der einen Gewalt auf die andere dauert, halte ich es für eine Pflicht, zu Eurer Seite zu stehen. Ich übergebe Euch kein Defizit. Ihr habt in materieller Beziehung den besten Standpunkt, den Ihr nur wünschen könnt. Ihr habt eine Druckerei und ein Blatt, das sich bezahlt macht, und seid eine kräftige Gesellschaft, die jetzt auch ohne mich fortbestehen kann. Ihr habt jetzt Existenzmittel für viele. Ich will Euch alles übergeben, alles, alles und beweisen, daß ich wenigstens nicht den Bund als eine Milchkuh betrachten werde und man im Notfall mit Hosenflicken auch sein Leben machen und dabei noch singen und lustig sein kann. Wenn die Roheit und Unwissenheit mich in jener Beziehung verdächtigte, so habe ich das bisher nicht geachtet, wenn aber Leute, die ich schätze, sich in ihren ehrgeizigen Leidenschaften so weit vergehen, wenn ich die besten Menschen in den Schmutz der Ehrsucht fallen sehe, dann kenne ich keine bessere Kur für diese Krankheit zum Vorteil dessen, was ich bisher lehrte, als die Durchführung des Entschlusses, den ich gefaßt."

Es scheint, daß die Mitglieder des Arbeiterbundes den Rücktritt Weitlings nicht ernst genommen haben, denn er blieb nach wie vor in seiner Stellung. Die Gegensätze zwischen ihm und der Kolonie aber wurden immer ärger. Weitling blieb hartnäckig bei seiner Weigerung, die 40 Acres Land, das Mühlenland genannt, das die Kolonisten notwendig gebrauchten, an die Kolonie zu übertragen. Weitling verlangte sogar, daß ihm nach einem Paragraphen des Statuts die Diktatur übertragen werde, da der Arbeiterbund in Gefahr sei. Er verlangte weiter, daß das ganze Eigentum der Kolonie dem Bunde übertragen, und daß zu diesem Zwecke ein öffentlicher Verkauf des Eigentums der Kolonie vorgenommen werde. Der Streit nahm immer häßlichere Formen an. Weitling veröffentlichte in seinem Blatt Briefe der Opposition in der Kolonie mit allen grammatikalischen und orthographischen Fehlern, um die Kolonisten wegen ihrer Unbildung lächerlich zu machen; diese nannten Weitling einen Betrüger, eine geradezu lächerliche Bezeichnung gegenüber einem Manne, der neben freier Wohnung für sieben Dollar wöchentlich seine große Arbeitskraft dem Arbeiterbund zur Verfügung stellte, und der bei Übernahme des Verwaltungspostens sofort sein eigenes Gehalt als Verwalter beschnitt, dabei freilich verlangend, daß auch die Kolonisten das tun sollten, was sie aber verweigerten.

Was unter diesen Umständen kommen mußte, kam. Die Kolonie verklagte Weitling wegen der Herausgabe des Besitztitels auf das Mühlenland. Beiderseitig wurden Advokaten angenommen, und des Streites und des Geldausgebens war kein Ende.

Es scheint, daß Weitling mit seiner Halsstarrigkeit gegenüber den Kolonisten zu weit ging, obgleich er in der Sache durchaus recht hatte.

In diesem Lichte erschien die Angelegenheit auch verschiedenen Gemeinden des Arbeiterbundes. Hinter dem Rücken von Weitling beschloß man, eine Anzahl von Delegaten nach der Kolonie zu senden und zu versuchen, die Sache in Güte beizulegen. Weitling hörte von dem Projekt und ging ebenfalls aufs neue nach Jowa, ohne daß indes weder er noch die Delegaten an der Sachlage das geringste geändert hätten. Die Kolonisten erklärten darauf, sie wollten die Kolonie verlassen, wenn man ihnen ihren Teil auszahle, wozu sie nach dem Statut berechtigt waren. Als das nicht geschah, verkauften sie Vieh, um sich mit dem Erlös bezahlt zu machen. Die Kolonisten selbst bildeten zwei Parteien. Die Majorität verlangte Auflösung der Kolonie, die Minorität den Fortbestand. Weitere gerichtliche Schritte wurden eingeleitet. Beide Parteien erwählten ihren eigenen Verwalter, die sich handgreiflich und gerichtlich ihre Rechte streitig machten und sich gegenseitig durch gerichtliche Einhaltsbefehle und Sheriffs die Schlüssel und das Zugvieh abnahmen. Was kommen mußte, kam. Die Kolonie ging zugrunde und zog Arbeiterbund und „Republik der Arbeiter" und die ganze Weitlingsche Agitation mit sich in den Abgrund.

Neuntes Kapitel.
Das Ende der Weitlingschen Agitation.
1. Niedergang des Arbeiterbundes.

In New York hatte der Arbeiterbund schon seit langem keine Rolle in der eigentlichen Arbeiterbewegung gespielt. Anfänglich hatte man öffentliche Versammlungen einberufen, um für die Weitlingschen Ideen und praktischen Versuche Propaganda zu machen, und besonders war es ein Mann, F. Arnold, der als Redner Bedeutendes für die Weitlingsche Propaganda wirkte, und nicht bloß in New York, sondern in allen Großstädten des Landes. Nach reichlich Jahresfrist zerfiel aber Weitling mit Arnold, und später hörte die öffentliche Agitation für den Arbeiterbund fast gänzlich auf. Man hielt im eigenen Vereinslokal, in Beekman Street, übrigens sehr hübsche Unterhaltungen und Zusammenkünfte, bei denen es an guten musikalischen Genüssen nicht fehlte, auch Mitgliederzusammenkünfte und Versammlungen, doch trat man nicht viel an die Öffentlichkeit. An der allgemeinen Arbeiterbewegung beteiligte man sich nicht, höchstens daß man einmal teilnahm an einem Bankett, das zu Ehren eines neu ankommenden Revolutionärs von der Flüchtlingschaft veranstaltet wurde.

Als nach dem Staatsstreich Napoleons eine Anzahl deutscher Kommunisten in Paris verhaftet wurden, veranlaßte Weitling für ihre Unterstützung, sowie zur Unterhaltung ihrer Familien eine Geldsammlung. Das ist aber das einzige Beispiel, daß Weitling oder sein Arbeiterbund in der Öffentlichkeit für Zwecke eintraten, die außerhalb ihres eigenen engen Kreises lagen.

Durch Streitigkeiten in der New Yorker Bundesgemeinde kam es zu einer Spaltung, bei der die in solchen Fällen bekannte gegenseitige Beschuldigung der Unterschlagung von Geldern nicht fehlte. Die austretende Minorität konstituierte sich darauf als "Communia II" zu einem neuen Kolonieunternehmen, das aber über die Anfänge nicht hinauskam, aber immerhin den Arbeiterbund noch weiter schwächte.

Vom März 1851 bis zum 1. Juli 1855 wurden nach einem Bericht Weitlings in den Arbeiterbund 967 Mitglieder aufgenommen. Das Hauptkontingent lieferten die Schneider, von denen 234 dem Bunde beitraten. Außerdem waren unter den Mitgliedern 118 Tischler, 95 Schuhmacher, 35 Schlosser und 23 Zigarrenmacher. Sonstige Gewerbe waren in geringerer Zahl vertreten.

2. Ende der "Republik der Arbeiter".

Das Organ des Bundes, die "Republik der Arbeiter", erschien vom Januar 1850 an bis zum April 1851 als Monatsschrift und wurde dann in eine Wochenzeitung verwandelt, als welche sie den Untertitel "Zentralblatt der Propaganda für die Verbrüderung der Arbeiter" führte. Bis zum Dezember 1854 erschien das Blatt wöchentlich, dann vom Januar bis zum Juli 1855 wieder als Monatsschrift. Am 21. dieses Monats wurde ihre letzte Nummer herausgegeben.

Die "Republik der Arbeiter" vertrat nicht die allgemeine Arbeiterbewegung, sondern nur die persönlichen Anschauungen Weitlings. Sie brachte nur sehr lückenhafte Berichte über die Bewegung der Arbeiter jener Tage, und ist deshalb auch keine Quelle für den Stand oder die Lage der Arbeiter aus jener Zeit. Anfänglich brachte das Blatt theoretische Auseinandersetzungen; Artikel über Tauschbank, Gewerbeordnungen, Arbeiterpapiergeld usw.; dann überwogen die Berichte über die Kolonie, besonders in den letzten Jahren, alles andere. Später füllte Weitling sein Blatt dann noch an mit dem Wiederabdruck seiner früheren Schriften, der „Menschheit, wie sie sein sollte", „Das Evangelium der armen Sünder", „Arbeiterkatechismus" und andere, die in Separatabdrücken dann verkauft wurden.

Wertvoll war die „Republik der Arbeiter" durch die vielen Korrespondenzen aus der Flüchtlingsschaft und von persönlichen Anhängern und Freunden Weitlings aus London, Paris, Genf, Basel, Hamburg und anderen Orten. Wenig wert waren dagegen die Korrespondenzen aus den amerikanischen Städten, die sich meist nur mit den Vorgängen innerhalb des Arbeiterbundes, mit den kleinen Leiden und Freuden der Mitglieder beschäftigten, und die nichts zu sagen wußten über die allgemeine soziale Lage der Arbeiter, über ihre Löhne, ihre Arbeitszeit, ihre Arbeitsbedingungen oder über ihre Bewegung zur Besserung ihrer Lage. Das fehlt durchweg auch in den editoriellen Korrespondenzen Weitlings, die er von seinen Reisen durchs Land — besuchte er doch nicht weniger als siebenmal die Kolonie — an seine Zeitung schickte; doch waren im übrigen diese Korrespondenzen nicht ohne Interesse.

3. Weitlings letzte Lebensjahre.

Weitlings Unternehmungen und Agitation gingen an dem Irrtum ihres Urhebers zugrunde, daß die Welt sich durch Paragraphen und willkürliche Bestimmungen regieren lasse. Er gab sich der Meinung hin, daß der bloße Willen des Menschen genüge, um das Reich des Kommunismus zu errichten, und mit all seiner Energie versuchte er nun, die Welt zu überzeugen, daß seine Ideen, seine Vorschläge die richtigen seien, um zum kommunistischen Ziele zu gelangen. Man brauche, das war seine Auffassung, nur zu wollen, die Menschen brauchten nur einzusehen, daß er recht habe, und sie brauchten nur den von ihm vorgeschlagenen Weg zu wandeln, sich nur von ihm führen zu lassen, um zur Glückseligkeit zu kommen. An historische Vorbedingungen zur Verwirklichung kommunistischer Ideale glaubte er nicht und von ökonomischen Gesetzen, die die Form der Gesellschaft und des sozialen Lebens bestimmen, hielt er wenig. Er glaubte daran, daß man den Menschen die Überzeugung beibringen müsse, daß der Kommunismus eine gute Einrichtung sei, und daß man ihnen das durch praktische Beispiele und durch materielle Vorteile begreiflich machen müsse, um sie zu veranlassen, dem Beispiel zu folgen und den Kommunismus einzuführen. Von der sozialen Entwicklung, die die menschliche Gesellschaft notwendigerweise zu einer kommunistischen Form der Gesellschaft führen muß, wußte er nichts.

Weitling glaubte nicht nur fest an seine eigene Lehre, er hielt sich persönlich auch berufen, diese Lehre auszubreiten und zu verwirklichen, ihr Apostel, ja ihr Messias zu sein. Es war ein Stück religiösen Geistes, das ihn inspirierte, das ihn zum fanatischen Anhänger seiner eigenen Ideen machte. Und er glaubte nicht nur an seine eigene Lehre, er glaubte auch an seine Mission als Ausbreiter dieser Lehre. Das war es, was ihn unduldsam gegen die Meinungen anderer machte, was in ihm den Glauben weckte, daß er als Diktator berufen sei, den Kommunismus praktisch durchzuführen. Daraus entwickelte sich auch sein ungesundes Selbstbewußtsein, das schließlich zur krankhaften Größe anwuchs und das ihn veranlaßte, an alle Probleme der Wissenschaften mit der Überzeugung heranzutreten, daß er berufen sei, ihre Lösung herbeizuführen. Das zeigte sich bei seinem schon erwähnten Buche „Sprach- und Denklehre", das zeigte sich mehr noch bei einer von ihm hinterlassenen Schrift über das Weltsystem, in der er der Astronomie neue Bahnen anzuweisen suchte, und in welchem ihm die Erde als Mittelpunkt des Weltsystems erschien. Über diese Schrift, die er nach dem Zusammenbruch seiner Unternehmungen verfaßte und deren Manuskript sich im Besitz seiner Familie befindet, schrieb er in einem Briefe vom 26. Februar 1856 an seinen Freund Petersen. Es geht aus dem Briefe hervor, daß Weitling aus seinem astronomischen Manuskript Auszüge an verschiedene wissenschaftliche Gesellschaften und Personen geschickt hatte, und es heißt dann weiter:

„Eben Deinen Brief empfangen. Ich lege Dir noch kein Exemplar der Zuschrift bei, da es viel Porto kostet. Später schicke ich eines unter Kreuzband. Jetzt muß ich alles vermeiden, was meinem Zwecke — einer Besprechung und Prüfung dieses Gegenstandes durch die Akademien — hinderlich sein könnte. Ich schickte hier am 8. Februar eines an Humboldt und eines an Chevalier, doch beide nicht — wie sich's gehört — im Briefformat. Ich schickte am 20. Februar mit übersetzten Auszügen ins Französische und Englische eines an l'Institut de France, eines an The Royal Institute of London, eines an den Astronomen Airy in Greenwich, je eines an die Akademien in Berlin, Wien,

München, Petersburg und eines an Encke, Direktor der Sternwarte in Berlin. Heute schicke ich eines an die Akademie in Leipzig, eines an die in Breslau und eines an Sir John Herschel. Ich denke, das ist genug, hoffe aber wenig davon. Als Newton das entdeckte, was man das Fallgesetz nennen könnte, was aber eben nur eine künstlich zurecht gemachte Ausrechnung der Zeit, welche der Mond zum ‚Auf die Erde fallen' brauchen werde, war — da wurde er vor Freude krank und konnte nicht mehr weiter rechnen. Es ist gut, daß der meine Ideen nicht gehabt hat, den Mann hätte vor Freude der Schlag gerührt. Doch der war Mathematiker, war wahrscheinlich reich, hatte hohe Gönner — und keinen, den Interessen der Reichen als feindlich bekannten Namen. Aber ich — — ich erwarte von allen diesen Absendungen gar nichts Bestimmtes. Nur das freut mich, daß ich eben noch die Mittel in meiner Gewalt habe, diese Idee unter das Publikum zu bringen und der Vergessenheit zu entreißen, trotz Neid und Mißgunst, trotz den tausend Hindernissen, mittels welcher die von den regierenden Interessen der Reichen und Mächtigen zu Rittern geschlagenen, sogenannten Vertreter der Wissenschaft jede, nicht in ihren Pflanzschulen gezogene Frucht der öffentlichen Aufmerksamkeit zu entziehen wissen. Vielleicht klingt das sehr voreilig, da ich ja noch gar keine Probe von diesen Körperschaften habe, da ich ja noch gar nicht sagen kann, ob sie mich nicht gründlich entweder widerlegen oder gebührend anerkennen werden, wenn sie dies nicht können. Ja, aber eben weil es nicht das erstemal ist, daß ich, ohne Wissenschaften studiert zu haben, bessere Früchte gesehen, als aus den studierten Wissenschaften, und ich so viel Verstand mir zu haben erlaube, als um wenigstens zu wissen, daß man mich in den Hauptsachen nicht widerlegen kann, darum wird man, wenn immer möglich, am liebsten ganz und gar schweigen. Gib acht, man wird höchst ungern darüber sprechen. Und doch kann der endliche Ausbruch nicht vermieden werden."

Von einigen der Personen und Institute, an die Weitling wegen dieser seiner Schrift sich wandte, erhielt er Antwort, so von Alexander von Humboldt und von den Londoner und Pariser Instituten, doch keine Hilfe zur Herausgabe seines Werkes.

Das in diesem Briefe erwähnte astronomische Werk Weitlings, ist „Die Mechanik des Himmels" betitelt. Es behandelt nach einem Briefe des Sohnes von Weitling an den Verfasser dieser Schrift ein System der Bewegung der Weltkörper, in welchem die Erde von Osten nach Westen in einem Kreise schwingt und gleichzeitig einen Polarlauf hat, der die Erde einmal jährlich abwechselnd nördlich und südlich der Bahnebene der Sonne bringt, wodurch die Erdbahn eine Ellipse wird. Die Sonne schwingt — immer nach Weitlings Ausführungen — in einem großen Kreise von Westen nach Osten um die Erde, von welchem Kreise die Kreisbahn der Erde das Zentrum ist. Der Sohn Weitlings fügt seinen Ausführungen hinzu:

„Alle Beobachtungen, nach diesem System kalkuliert, stimmen genau mit den nach dem Kopernikanischen System gemachten Beobachtungen überein, und vieles Unverständliche in dem letzteren wird durch ersteres aufgeklärt." —

Abgesehen von seiner übertriebenen Auffassung von dem Werte seiner eigenen Leistungen und von der Möglichkeit seines Könnens, eine Auffassung, die sich schließlich zu fixen Ideen krankhaft verkörperte, war Weitling ein Mann von genialer Veranlagung und einem Wissen, das sich auf viele Gebiete erstreckte. Er war berechtigt, auf dieses Wissen stolz zu sein, hatte er sich es doch als Autodidakt unter Entbehrungen und Schwierigkeiten aller Art selbst erwerben müssen. Er war lebhaften Geistes, rastlos in der Arbeit und von einem beneidenswerten Optimismus. Keiner seiner Anhänger glaubte so sehr an den Erfolg seiner Agitation, als er selbst. Was immer er anfing, schien ihm notwendigerweise zum Ziele führen zu müssen. Was immer er auch begann, der Erfolg erschien ihm sicher, und stets sah er bereits 20000, 40000, 100000 Arbeiter um sich versammelt, die ihm in seinen Vorschlägen folgten. Dabei war er opferbereit bis zur Entbehrung, von einer Ehrlichkeit, die keinen Zweifel gestattet, und von den bescheidensten Lebensansprüchen. Seine persönlichen Bekannten schildern ihn als liebenswürdig im Verkehr und als heiteren, lebensfrohen Gesellschafter. Als Redner sprach er sehr eindrucksvoll und hatte ein volles, zu Herzen gehendes Organ.

Als der Arbeiterbund und was damit zusammenhing zusammengebrochen war, zog sich Weitling erbittert von aller Agitations- und Reformarbeit zurück. Er war in seinen Erwartungen bitter enttäuscht und seine früheren optimistischen Anschauungen machten tiefer Entmutigung Platz. Diese Entmutigung und Hoffnungslosigkeit mit Bezug auf die Arbeiter Amerikas zeigt sich unter anderem in einem Artikel der letzten Nummer seiner „Republik der Arbeiter", in dem er verzweiflungsvoll ausruft: „Solch ein trauriges Leben habe ich nirgends in Deutschland zu führen brauchen, als hier Tausende ... geduldig führen müssen. Und was das Traurigste ist, ohne Hoffnung auf Revolution müssen sie es führen. Wenn man einmal so unglücklich sein muß, dann lieber in Paris, der großen Revolutionsstadt so unglücklich sein, in Paris, wo Elend und Reichtum sich in Blusen berühren, wo niemand so arm werden kann, daß ihm auch noch die Hoffnung genommen werden könnte, einst im Kampfe gegen seine Bedrücker zu sterben. Es wendet sich einem das Herz im Leibe herum, wenn man sich in diese Betrachtungen vertieft. Und doch — was taten hier die Arbeiter für die Besserstellung ihrer Lage? Was taten sie in guten Zeiten? Was tun diejenigen jetzt dafür, welche nicht so tief gesunken sind?"

Und so zog sich Weitling, an allem verzweifelnd, zurück. Sein „Arbeiterbund" bestand noch etwa ein Jahr, bis er auseinander fiel. Die Kolonie ging ebenfalls bald zugrunde, ihr Eigentum wurde verkauft, der Ertrag ging für Gerichts- und Advokatenkosten drauf. Am 26. Februar 1856 schrieb Weitling darüber noch in dem schon erwähnten Brief an seinen Freund Petersen in Paris: „Mit unserer Kolonie geht es immer mehr dem Ende — dem endlichen öffentlichen Verkauf — entgegen. Alle zusammen, die noch zum Bau dazu gehören vorgeben, zählen in zwei Lagern kaum mehr als 40 Mann. Alles ist in Konfusion und brunter nnd drüber.

„Wenn meiner Schrift (sein astronomisches Werk ist gemeint) öffentliche Anerkennung würde, dann wächse mir der Mut noch einmal, die Kolonie dem Bunde zu retten zu versuchen. Aber! Aber! Wenn die Hoffnung nicht wäre."

Nach dem Zusammenbruch seiner Unternehmungen kümmerte sich Weitling nicht mehr um die Arbeiterbewegung. Er war später, als er zusammen mit seiner Frau, einer geborenen Karoline Toedt, die er im Jahre 1854 geheiratet hatte, und deren Schwester eine Westenschneiderei betrieb, noch Mitglied der „Costum Tailors Union", doch nur gezwungenermaßen. Als 1868 die „Soziale Partei" in New York gegründet wurde, wurde Weitling des guten Namens halber, den er noch immer in Arbeiterkreisen hatte, ohne sein Zutun in das Exekutivkomitee dieser Partei gewählt.

Er lehnte aber ab. Er wollte nichts mehr von den Emanzipationsbestrebungen der Arbeiter wissen, weil sie seinen Ratschlägen nicht gefolgt waren.

Bald nach dem Eingehen der „Republik der Arbeiter" erhielt Weitling durch demokratischen Einfluß einen Posten im New Yorker Einwanderungsbureau in Castle Garden, und zwar als Registrator der deutschen Einwanderer. Diesen Posten behielt er bis zum Ausbruch des Rebellionskrieges. Teils gezwungen, teils freiwillig nahm er seine Entlassung. Die Schikanen, denen er als Demokrat seitens der republikanischen Verwaltung und der republikanischen Kollegen ausgesetzt war, machten es ihm unmöglich, seine Stellung zu behalten. Teils widerstrebte es ihm auch, die jungen Einwanderer, die ihm vorgeführt wurden, zu überreden, wie man das von ihm verlangte, ins Heer einzutreten und in den Krieg zu ziehen. So ging er.

Während seiner freien Zeit hatte er sich schon vorher neben seinen astronomischen Studien mit Erfindungen in seinem Gewerbe beschäftigt, und das wurde von jetzt ab seine Haupttätigkeit. Er konstruierte eine Knopflochmaschine, die zugleich Stickmaschine war. Aber man betrog ihn um seine Erfindertätigkeit. Die bekannten Nähmaschinenfabrikanten Howe, Singer und andere suchten ihn auf, um sich seine Maschine zeigen zu lassen, nur zu dem Zwecke, dieselbe kennen zu lernen und nachahmen zu können. Weitling nahm sieben verschiedene Patente heraus, ohne daß ihm aus einem einzigen derselben ein Vorteil erwuchs.

Besonders schlimme Erfahrungen machte er mit dem Gründer der Nähmaschinenfirma Singer & Co. Singer hatte die Knopflochmaschine Weitlings durch verschiedene Experten besichtigen lassen, ahmte sie nach und brachte sie in den Markt. Als Weitling Protest erhob und mit gerichtlicher Klage drohte, erklärte sich Singer bereit, dem Erfinder 500 Dollar zu zahlen. Weitling weigerte sich, eine solch geringfügige Summe anzunehmen, und verlangte das Zehnfache dieser Summe, 5000 Dollar.

Die Sache zog sich hin, und Weitling starb darüber. Vorher aber hatte er seiner Frau noch das Versprechen abgenommen, nicht weniger als die von ihm verlangten 5000 Dollar von Singer anzunehmen. Das zahlte Singer trotz der eingeleiteten Verhandlungen nicht; die Witwe Weitlings konnte wegen Mangel an Mitteln eine Klage gegen den reichen Nähmaschinenfabrikanten nicht durchführen, und sie mußte es geschehen lassen, daß der Fabrikant sich die Frucht der Geistesarbeit ihres Mannes zu Gemüte führte.

Aus Weitlings letzten Lebensjahren liegt noch ein Brief vor, der sich zum Teil auf seine Patentangelegenheit bezieht. Dieser Brief war an seinen Freund Schilling gerichtet und trägt das Datum vom 22. Juli 1869. Es heißt unter anderem darin:

„... Mit meinen Patenten bin ich noch immer der Betrogene. Wer hier kein Geld hat, kann anderen gegenüber, welche sehr viel haben, ohne ebensoviel Geld nicht zu seinem Rechte kommen. Bewahre die Menschheit der Himmel vor solchen Republiken des Geldsacks. Hier regiert nur die Heuchelei, welche sich nicht schämt, auf all und jede erlaubte Weise Geld zu machen. Dazu hätte ich oft genug die Mittel gehabt, den Charakter aber nicht, und wünsche nicht, daß dieser demoralisierende Zustand um sich greift.

„Hoffentlich eilt man in Europa nicht solch verfluchtem Zustand entgegen, obgleich auch dort die Gelehrten das große Wort über Bildung und Aufklärung führen und die Blätter danach redigieren. Wer nichts Nützliches zu arbeiten versteht, wer sich nicht an Entsagung und Arbeit zugunsten seiner Nebenmenschen gewöhnt hat, hat kein Recht und keinen zuverlässigen Willen, sie aufklären zu wollen. In der Arbeit und der noblen Aufopferung für seine Mitmenschen liegt die Propaganda der Zukunft, nicht in dem künstlichen Geschmier und Geschreibsel derer, welche nur an sich denken und einen Zustand wollen, in welchem nur die Wort- und Schreibkünstler gewählt werden können, andere zu beherrschen. ...

„Ich brauche sehr notwendig einen Verleger für meine Astronomie, das wertvollste Buch, das je in der Welt erschienen ist und erscheinen wird. Aber die Verleger solcher wertvollen Arbeit könnte man nur finden, wenn vom Werte wirklich überzeugt. Wie das vor Veröffentlichung anzustellen, weiß ich nicht. Du selbst wirst auch gar keine Bekanntschaft unter diesen Leuten haben. Darum versuche nicht, Dir Mühe zu geben. Ist dies doch selbst Dr. Borottau nicht gelungen. Mir würde es gelingen, hätte ich nicht eine starke Familie und nur allein für mich zu sorgen. Ich habe schon Schwereres durchgesetzt. Da ich übrigens gegen Erwartung wieder genesen bin, so glaube ich, es liegt in der uns noch unbekannten Weltordnung, daß meine Arbeit in die Öffentlichkeit bringt. Die gesamte Geschichte der Menschheit weiß nichts Wichtigeres aufzu=

weisen. Der Mensch erkennt darin die Weltgesetze, welche seinen Wohnort bewegen, obwohl noch immer ohne zu wissen, warum."

Während der in obigem Briefe erwähnten Krankheit hatte Weitling übrigens alle seine Manuskripte mit Ausnahme seines astronomischen Werkes und den größten Teil seiner Briefe verbrannt, auch solche, die wie seine „Sprach- und Denklehre" schon zum großen Teil gedruckt waren. —

Wilhelm Weitling starb am 25. Januar 1871, nachdem er drei Tage vorher noch einem Verbrüderungsfest der New Yorker Sektionen der Internationalen Arbeiterassoziation beigewohnt hatte. Er hinterließ eine Witwe und sechs Kinder, fünf Söhne und ein Mädchen.

Seine Anhänger spielten bei seinem Tode schon lange keine Rolle mehr in der New Yorker Arbeiterbewegung. Doch hielten sich einzelne ihrer kleinen Verbindungen bis in die Mitte der siebziger Jahre.

Vierter Teil.
Ein Jahrzehnt deutscher Agitationsarbeit in Amerika.

Erstes Kapitel.
Die ersten deutschen Gewerkschaften.

Von einer eigentlichen gewerkschaftlichen Organisation in unserem heutigen Sinne war unter den deutschen Arbeitern New Yorks in den vierziger Jahren des vorigen Jahrhunderts kaum die Rede. Trotzdem fehlte es natürlich nicht an Streiks und ähnlichen Kämpfen, in denen die eingewanderten deutschen Arbeiter eine Rolle spielten. Waren doch damals gewisse Geschäftszweige fast ausschließlich in ihren Händen, wie die Möbelschreinerei, die Schneiderei, die Pianofabrikation usw. Auch Vereine geselliger Art bestanden schon, die in der Hauptsache sich aus Arbeitern derselben Geschäftsbranche zusammensetzten. In der Fabrik und in der Werkstatt lernte man sich kennen; was war natürlicher, als daß man sich auch in geselligen Vereinen zusammenfand, und daß diese Vereine, gerade weil die Mehrzahl ihrer Mitglieder demselben Gewerbe angehörten, den Charakter einer Fachvereinigung annahmen, in deren Versammlungen die Interessen der Arbeiter des betreffenden Gewerbes zur Verhandlung gebracht wurden.

Von besonderer Klarheit in bezug auf Ziel und Aufgabe der gewerblichen Vereinigungen konnte natürlich nicht die Rede sein. Meistens nahmen diese Vereine denn auch, wenn sie sich überhaupt über das Niveau gewöhnlicher geselliger Vereine erhoben, mehr den Charakter einer Produktiv- oder Konsumassoziation an, als den einer Kampfvereinigung.

Über die Unklarheit der Wortführer der deutschen Arbeiter von damals gibt ein Artikel Auskunft, den der Redakteur des „Volkstribun" über die Gewerbevereine brachte. Ein in Baltimore erscheinendes Blatt, der „Demokrat", hatte die deutschen Arbeiter aufgefordert, Gewerbevereine zu gründen. Dem stimmte der „Volkstribun" zu, hervorhebend, daß man hier in New York schon seit längerer Zeit beschäftigt sei, gewerbliche Assoziationen ins Leben zu rufen. Wörtlich heißt es dann weiter: „Wie sich aber eine praktische Bewegung immer nach den lokalen Bedingungen richten muß, unter denen sie ins Leben tritt, so haben wir der immer mehr wachsenden Konkurrenz der Arbeiter in New York insoweit nachgeben müssen, daß wir alle Vorbereitungen zur Konstituirung dieser Gewerbevereine so lange ein Geheimnis bleiben lassen, bis die nötigen Fonds zur Anlage der gemeinschaftlichen Etablissements beisammen sind. Wir können von unseren armen Brüdern nicht verlangen, daß sie sich dem Risiko hingeben, für lange Zeit brotlos zu werden, darum geben wir ihnen vollkommen recht, wenn sie behaupten, sie müssen noch so lange vom Kapital ziehen, bis sie in den Stand gesetzt seien, für sich selbst zu arbeiten. Und dann genügt es ihnen nicht, auf kurze Zeit den Lohn ein wenig in die Höhe zu bringen, sie wollen sich für immer ihren Lebensunterhalt sichern und selbstgewählte Meister, nicht faule Kapitalisten, an ihrer Spitze haben. Dazu bedarf es aber umfassender Vorbereitungen, und die können hier wenigstens nicht unter den Augen der Kapitalisten, ihrer natürlichen Feinde, getroffen werden."

Wie man aus diesen Ausführungen ersieht, handelt es sich um die Gründung von Produktivvereinen, die als Mittel der Befreiung der Arbeiter vom Kapitalisten angesehen wurden. Inwieweit die hier angedeutete Gründung solcher Vereine vorschritt, ist nicht mehr festzustellen. Es bestand indes eine deutsche Schneiderassoziation in New York, die sich Mitte 1846 bildete. Auch wurden Versuche unternommen, einen deutschen „gemeinsamen" Handel von Lebensmitteln zu errichten. Auch die Tischler und andere Gewerbe New Yorks bildeten ähnliche Assoziationen, über deren Gründung aus Baltimore, Philadelphia, Cincinnati und St. Louis gemeldet wird. In St. Louis war besonders die deutsche Schusterassoziation stark. Die Konstitution dieser letzteren hatte eine Einleitung, die uns einen Begriff von den Anschauungen der fortschrittlichen deutschen Arbeiter jener Zeit gibt.

Diese Einleitung lautete: „Eine immer zunehmende Spannung zwischen den Unbegüterten und Wohlhabenden besteht jetzt schon teilweise in allen zivilisierten Ländern der Erde; ein offener Krieg bereitet sich vor, wenn von Seite der Gesellschaft hier nicht etwas getan wird, um die Interessen der sich Entgegenstehenden zu vereinen. Wie viele Wohlhabende stehen den Armen kalt und starr, nicht warm und liebend, entgegen, während diese mit Grimm und Neid auf die Übermütigen blicken, beide aber den Satz: „Liebet euch untereinander" längst vergessen haben. — Immer gebieterischer äußert sich der Wunsch der Unbeglückten im Staate nach Verbesserung ihrer sozialen Zustände und spricht sich aus im Kommunismus und ähnlichen Erscheinungen. Es ist ein schwerer Irrtum, mit Hohn auf diese Bestrebungen — Symptome des kranken Zustandes unserer Gesellschaft — hinzuweisen, weil sie die sich selbst gegebene Aufgabe noch nicht gelöst und wohl gar von künftigen Zeiten die Erfüllung oft unklarer Hoffnungen erwarten. — Kein Unbefangener, der mit vorurteilsfreien Augen in die Zustände dieses sogenannten freien Landes blickt, wird in unserer Zeit mehr behaupten, daß das Erringen bürgerlicher Freiheit die Unbemittelten befriedigen kann — da es sie ja noch nicht beglückt —, sie, die doch auch ein Recht haben, ein mäßig Glück vom Leben zu verlangen. Wie? wenn sie sich einst dies oft verkümmerte Recht gewaltsam nehmen? Was soll dann aus den menschlichen Zuständen werden?

„Es wäre freilich Übertreibung, wollte man behaupten, daß der Arme in diesem Lande jetzt schon so übel dran ist wie in Europa, aber dahin wird es im Verlauf der Zeit hier ebenfalls kommen. Dies womöglich zu verhüten, ist die Pflicht der hiesigen Gesellschaft, solange sie sich noch frei bewegen kann."

Die Konstitution selbst, unterschrieben von Weitz, Präsident, Heinrich von der Au und G. Scho, Sekretäre, enthält die Regeln, nach welchen die Schusterassoziation von St. Louis ihre Produktivgeschäfte gründen und leiten will. —

Mit Anfang der fünfziger Jahre tauchten, zum Teil wohl als Niederschlag der Flüchtlingseinwanderung aus Europa, eine ganze Reihe von deutschen Zeitungen in den Vereinigten Staaten auf, die sich mit mehr oder minderem Recht als Vertreter der Arbeiterbestrebungen bezeichneten. Selbst Orte wie New Orleans hatten damals ihr eigenes deutsches Arbeiterorgan. Ende 1851 erschien dort eine Arbeiterzeitung, deren Redakteur ein gewisser Kattmann war. In Baltimore erschien im Juni 1850 „Die Reform" als Organ der Arbeiterassoziation Baltimores. In Cincinnati kam „Die Arbeiterzeitung" heraus. In Cleveland publizierte Leopold Stiger Anfang 1852 den „Kommunist". In New York erschien in zwei Serien (1851 und 1852) „Die Arbeiterzeitung" unter Redaktion eines früheren Pfaffen. Im Sommer 1853 erschien das erste sozialistische Blatt in Chicago, „Der Proletarier", unter der Redaktion von H. Rösch; zur selben Zeit die „Menschenrechte" in Cincinnati mit Wilhelm Rothacker als Redakteur. Von weiteren sozialistisch-radikalen Zeitungen jener Zeit sind noch hervorzuheben die „New England-Zeitung" in Boston, die „Newarker Zeitung" mit F. Annecke als Redakteur, die „Atlantis", die Esselen herausgab, und die in New York erscheinende „Reform", auf die wir noch zu sprechen kommen.

Anfang 1850 hatte Wilhelm Weitling für New York die Gründung eines Arbeiterzentralkörpers angeregt, der unter dem Namen „Zentralkommission der vereinigten Gewerbe in New York" im April 1850 zuerst zusammentrat.

Diese erste Zentralvereinigung deutscher Arbeitervereine New Yorks setzte sich in ihrer ersten Sitzung aus Delegaten der folgenden organisierten deutschen Arbeiter zusammen:

Bäcker 320, davon 160 amerikanische; Schuhmacher 250; Tischler 700; Schneider 100; Polsterer 120; Drechsler 63; Bildhauer 92; Mechaniker 40; Kappenmacher und Kürschner 40 Mitglieder.

Außerdem waren darin vertreten 80 Mitglieder der „Ökonomischen Tauschassoziation", eine Loge des „Amerikanischen Schutzvereins", der „Soziale Reformverein" mit 200 Mitgliedern, der Arbeiterverein in Williamsburg mit 100 und der Arbeiterverein in Newark ebenfalls mit 100 Mitgliedern.

Die Gesamtzahl der hier vertretenen deutschen Arbeiter betrug 2400. Der provisorische Zentralvorstand bildete sich aus Hermann, Präsident, Fliessen, Vizepräsident, Daum, Kämmerer und Göge als Sekretär und Beisitzer.

Im Mai oder Juni desselben Jahres bildete sich unter dem Einfluß der „Zentralisation" der Deutschen auch ein Englisch sprechender Zentralkörper in New York, der sich den Namen „Industrial Congreß" beilegte. Was die „Vereinigten Gewerbe" für die deutschen, war dieser Kongreß für die englischen Arbeiter. Seine Sitzungen waren von 80 bis 90 Delegaten besucht, deren einzelne Tausende organisierter Arbeiter vertraten. So hatte eine Bauarbeiterunion 8000, eine andere 5000 Mitglieder. Verschiedene deutsche Gewerkschaften waren hier ebenfalls vertreten. Außerdem hatte die Zentralkommission darin noch eine allgemeine Vertretung aller vereinigten deutschen Arbeiter durch fünf Delegaten.

Beide Zentralkörper, sowohl der deutsche wie der englische, hatten nicht lange Bestand, und nach wenigen Monaten hatten die Tausende von Arbeitern, die sie repräsentierten, sich wieder verlaufen. — Aber der deutsche Teil der Arbeiter New Yorks fand sich bald wieder zusammen.

Mit dem Strom von Flüchtlingen, die nach dem Scheitern der Revolution von 1848 an den amerikanischen Küsten landeten, kam auch ein Teil von Elementen herüber, die drüben als Mitglieder des Kommunistenbundes oder als direkte Bekannte und Freunde von Marx und Engels sich schon zur größeren Klarheit in bezug auf die Arbeiterbewegung durchgearbeitet hatten. Unter diesen ist besonders Josef Weydemeyer zu nennen, der im November 1851 in New York landete und sofort eine energische Propaganda unter den Arbeitern des Landes begann. Er traf Vorbereitungen zur Herausgabe einer politischen Wochenschrift, deren zwei Nummern am 6. und 13. Januar 1852 unter dem Titel „Die Revolution" erschienen, das Blatt fand aber nicht genügende Unterstützung, so daß es eingehen mußte. An Stelle dessen ließ Weydemeyer am 1. Mai 1852 eine Monatsschrift gleichen Titels erscheinen, die er in zwanglosen Heften herauszugeben beabsichtigte. Diese Monatsschrift, „Die Revolution", erschien aber nur zweimal. Die erste Nummer hatte eine besondere Bedeutung. Sie enthielt den „18 Brumaire des Louis Bonaparte" von Karl Marx. —

Weydemeyer setzte übrigens auch nach dem Scheitern seines Zeitungsunternehmens seine Propaganda fort. Er sammelte eine Anzahl tüchtiger und klardenkender Arbeiter und schuf mit ihnen — Ende 1852 — den Proletarierbund, der dann nicht nur hervorragend tätig war bei einer von Weydemeyer in die Hand genommenen politischen Organisation der deutschen Arbeiterschaft, sondern dessen Mitglieder auch große Dienste leisteten bei der ersten systematisch unternommenen Agitation zur Gründung gewerkschaftlicher Organisationen unter den deutschen Arbeitern der Vereinigten Staaten.

Die wirtschaftliche Lage im Frühjahr 1853 war für diesen Zweck ungemein günstig. Der Zustand des Handelsmarktes war ein blühender. Die große Nachfrage nach Waren erzeugte eine verhältnismäßig große Nachfrage nach Arbeitskräften, und der Mangel an Arbeitskräften brachte naturgemäß Arbeiterforderungen und Arbeiterkämpfe mit sich, die dann unter Leitung des von Weydemeyer und anderen ins Leben gerufenen Arbeiterbundes zur gewerkschaftlichen Organisation führten.

Die Streiks im Frühjahr 1853 waren ungemein zahlreich. In New York stellten Dutzende von Gewerben die Arbeit ein und schufen gewerkschaftliche Organisationen. Unter ihnen befanden sich die deutschen Hutmacher, die einen Wochenlohn von 5 bis 7 Dollar bei 12 bis 16 stündiger Arbeitszeit hatten. Diese standen aus für eine 12 prozentige Lohnerhöhung, verloren ihren Streik aber.

Die Zimmerleute standen zur selben Zeit aus für einen Tagelohn von 2 Dollar, ebenso die Schiffsmaler, die Maurer und die Küfer. Die Vergolder verlangten eine Lohnerhöhung von 12 bis 15 Cent die Stunde auf 20 Cent. Die deutschen Setzer setzten ihre Forderung von 28 anstatt der bisherigen 25 Cent für 1000 Buchstaben durch. Auch die deutschen und englischen Pianomacher organisierten sich zusammen und erlangten eine 15 prozentige Lohnerhöhung. Die Arbeiter dieser Branche hatten vorher einen Wochenlohn von 8 bis 14 Dollar. Die Konditoren forderten den Zehnstundentag und einen Lohn von 1,25 Dollar; ebenso vierzehntägige Lohnzahlung anstatt der bisherigen monatlichen. Die Goldarbeiter erhielten einen Wochenlohn von 10 bis 18 Dollar; die Graveure und Fasser einen solchen von 25 bis 30 Dollar.

Eine der besten Organisationen hatten damals die deutschen Schneider. Ende April 1853 setzten sie Komitees ein zur Ausarbeitung einer Preisliste, zur Organisierung aller Werkstätten und zur Organisierung ihres Gewerbes in eine Distriktsorganisation. Die Organisation gab sich eine Konstitution, in der Erhöhung der Löhne und Schutz der Mitglieder als Zweck der Vereinigung genannt wurden. Die Gewerkschaft hatte eine Werkstatt- und eine Distriktsorganisation, die durch einen Zentralverein verbunden waren, der sich aus je drei Delegaten der Distriktsvereine zusammensetzte.

Auch die deutschen Schuhmacher New Yorks organisierten sich um dieselbe Zeit. Ebenso die Kellner, deren Organisation im Mai nicht weniger als 600 bis 700 Mitglieder zählte, und die ihren Monatslohn von 15 auf 18 Dollar erhöhten. Auch die Lithographen gründeten um diese Zeit in New York eine Organisation, die 100 Mitglieder hatte, unter denen sich 33 Deutsche befanden. Die Unternehmer dieses Gewerbes hatten es damals ebenfalls schon zu einer Organisation gebracht. Der Minimallohn der Lithographen betrug 12 Dollar wöchentlich. Die Hartbrotbäcker organisierten sich Anfang Mai, und sie setzten eine Lohnerhöhung von 2 Schilling pro Tag, auf 14 Schilling (1,75 Dollar) durch.

Am 24. April desselben Jahres fand in einer Massenversammlung die erste Organisierung der deutschen Zigarrenarbeiter New Yorks statt. Man schuf einen „Deutsch=amerikanischen Zigarrenarbeiterverein", der einen Wochenbeitrag von 5 Cent von seinen Mitgliedern erhob. Auch die deutschen Schreiner hatten sich bereits eine Organisation geschaffen, die übrigens auch Gewerksgenossen anderer Nationen offen stand. Als Ziel hatte die Organisation sich die Durchführung des Zehnstundentags und die Erhöhung der Löhne gesetzt. Letztere waren niedrig.

Während Mitte der dreißiger Jahre ein Schreiner in New York schon einen wöchentlichen Durchschnittslohn von 9 Dollar hatte, war dieser Anfang der fünfziger Jahre auf 6 Dollar gefallen. Bei Streiks wurde eine wöchentliche Unterstützung von 3 Dollar gezahlt. Es befanden sich 150 Tischlerwerkstätten in der Stadt, die nahezu alle noch handwerksmäßig, ohne Anwendung von Maschinen, betrieben wurden. Im ganzen waren in der Industrie 4000 Arbeiter beschäftigt, von denen 300 Bildhauer, 400 Polsterer und 300 Stuhlmacher waren.

Auch in den übrigen Städten der Union organisierten sich um diese Zeit die deutschen Arbeiter allgemein in Gewerkschaften, besonders in Philadelphia, Baltimore und Cincinnati. In letztgenannter Stadt bestanden im April 1853 Organisationen der deutschen Schneider, die einen Streik gewannen, der Kellner und der Buchdrucker. Letztere hatten einen Fachverein, den sie „Gutenbergverein" nannten. Die Organisierung der deutschen Buchdrucker war schon damals so weit fortgeschritten, daß man an die Gründung eines Nationalverbandes dachte. Im Juli 1853 erklärte der New Yorker Verein dieses Gewerbes, daß „die angestrebte Verbrüderung aller Buchdrucker in der Union so weit vorgeschritten sei, daß sich die Hauptvereine in Baltimore, Cincinnati und Philadelphia vollständig konstituiert und mit uns zum Zwecke gemeinsamen Handelns in schriftlichen Verkehr gesetzt haben".

Auch in Baltimore hatten die deutschen Buchdrucker einen „Gutenbergverein" gegründet, dessen Präsident Julius Ende, dessen Sekretär Jos. Jandorf waren. Der Verein betonte die Notwendigkeit der Verkürzung der Arbeitszeit und der Erhöhung der Löhne. Er stellte im April 1853 die Forderung, daß die wöchentliche Arbeitszeit 6 Tage von je 10 Arbeitsstunden betragen solle, und daß dafür ein Wochenlohn von 6 Dollar anstatt der bisher gezahlten 5 Dollar gezahlt werde. Auch dieser Verein erließ einen Aufruf an die deutschen Buchdrucker=

gehilfen der Union, in dem eine nationale Verbindung der Gehilfen gefordert wurde. Der folgende Passus aus diesem Aufruf wirft einiges Licht auf die damalige Lage der Buchdrucker: „Unsere hiesigen Verhältnisse waren derart, daß wir für 5 Dollar und mit einigen Ausnahmen für 6 Dollar pro Woche, Sonntag mit inbegriffen, täglich zwischen 500 bis 700 m setzen und abwechselnd die Nacht noch arbeiten mußten."

Auch die Schuhmacher, die ja schon in den vierziger Jahren eine nationale Vereinigung geschaffen hatten, nahmen um diese Zeit wieder ihre Arbeit zu engerem Zusammenschluß ihres Gewerbes auf. Vom 24. bis zum 26. Mai 1853 tagte in New York ein Kongreß der Schuhmacher, der von Boston, Newark, Orange und New York beschickt war und auf dem man beschloß, eine „National Association of the United Cordwainers" zu schaffen. Aus Briefen, die dem Kongreß zugingen, geht hervor, daß sich in Philadelphia, New Orleans und New Haven damals deutsche Schuhmacherorganisationen befanden.

Auch die Zigarrenmacher hielten zu jener Zeit bereits eine Konvention ab, die am 16. Februar 1854 in Albany zusammentraf. Es kamen indes Fragen zur Verhandlung, die mehr das spezielle Gewerbe angingen als die besondere Lage der Arbeiter. Man protestierte gegen die Einfuhr fremder, hauptsächlich deutscher Zigarren und faßte Beschlüsse, die sich für Einführung eines Zigarrenzolls erklärten.

Man sieht, daß die amerikanische Gewerkschaftsbewegung im Frühling des Jahres 1853 eine recht lebhafte und recht ausgebreitete war. So rasch aber, wie sie gekommen, verschwand sie auch wieder. Schon im Sommer desselben Jahres ließ die Nachfrage nach Arbeitskräften nach, und damit ebbte auch die erste größere Flutwelle der amerikanischen Arbeiterbewegung, in der auch deutsche Arbeiter eine Rolle spielten, zurück.

Zweites Kapitel.
Politische Organisationsversuche.

1. Der „Amerikanische Arbeiterbund".

Der Kampf der deutschen Arbeiter New Yorks um wirtschaftliche Besserstellung im Frühjahr 1853 wurde ungemein angeregt und gefördert durch eine Zentralorganisation, die ihr Entstehen in der Hauptsache Josef Weydemeyer verdankte.

Diese Zentralvereinigung der deutschen Arbeiter New Yorks wurde am 21. März 1853 in einer Versammlung in „Mechanics Hall", die von 800 Personen besucht war, ins Leben gerufen und „Allgemeiner Arbeiterbund" genannt, ein Name, der später, um die neue Organisation von dem „Arbeiterbund" Weitlings zu unterscheiden, in „Amerikanischer Arbeiterbund" umgewandelt wurde.

Dieser Versammlung war eine Konferenz von Delegaten von Arbeitervereinen und Arbeitervertrauensmännern vorausgegangen, die von B. Bluhm auf Veranlassung von Weydemeyer zusammenberufen war. Der Vorsitzende dieser Konferenz, C. M. Seybler, der auch die Leitung der Versammlung vom 2. März übernahm, bezeichnete als Zweck der Zusammenkunft die Schaffung einer Bewegung, die „die Vereinigung sämtlicher Arbeiter der Vereinigten Staaten, ohne Unterschied der Nationalität, für die Reform der Arbeiterverhältnisse" erstreben solle.

Die vorgelegte Platform, die schon in der Vorversammlung beraten war, fand keinen bedeutenden Widerspruch. Sämtliche Bestimmungen derselben wurden mit dem Zusatz angenommen, daß die Arbeiter selbständig und unabhängig von den bestehenden politischen Parteien sich organisieren müßten. Sie enthielt in sechs Punkten die Forderungen, daß man mit allen gesetzlich zu Gebote stehenden Mitteln „der Konkurrenz des Kapitals der Arbeitskraft gegenüber, sowie der Konkurrenz der Arbeiter untereinander Einhalt tun und sie bekämpfen wolle"; daß man Mittel zum Schutze des Arbeiters gegenüber den Geschäftsunternehmern erstreben und sich gegen Betrug und Wucher wenden, daß man die „Produktionsverhältnisse aller Geschäfte und die der materiellen Stellung der Arbeiter" erörtern wolle; daß man die Herabsetzung der Zeit zur Erlangung des Bürgerrechts auf zwei Jahre erstrebe und Gesetze eingeführt sehen wolle, welche „dem Arbeiter die Garantie einer menschlichen Existenz sichern".

Diese Platform, deren Bestimmungen nur provisorisch angenommen wurden, unterschied sich vorteilhaft von der späteren durch Urabstimmung bestätigten Platform des „Amerikanischen Arbeiterbundes", bei der ein gut Teil kleinbürgerlichen Wassers in den proletarischen Wein geschüttet wurde.

Der Entwurf der Platform wurde von der Versammlung ohne große Debatte angenommen, nicht so aber der Organisationsplan, der zu lebhaften Auseinandersetzungen führte. Hier traten sich zwei Anschauungen schroff gegenüber. Die eine verlangte eine Organisation nach

Gewerben, die in einem Zentralkomitee zu vereinen seien, die andere eine solche nach Lokalität und in Gestalt von Arbeitervereinen, in welchem die Arbeiter ohne Rücksicht auf ihren besonderen Arbeitszweig nebeneinander ihre Interessen beraten könnten. Der alte Kampf zwischen gewerkschaftlicher und politischer Organisation der Arbeiter, der besonders auch in der sozialistischen Bewegung der Vereinigten Staaten eine so große Rolle gespielt hat, tauchte also gleich zu Anfang dieser Bewegung auf.

Die Richtung, die für die politische Organisation der Arbeiterklasse eintrat, hatte in der Versammlung die Oberhand, ohne daß man sich aber etwa gegen die gewerkschaftliche Bewegung erklärt hätte. Es wurde ein Komitee gewählt, dem man die Agitation und Leitung der neuen Organisation übertrug, und das in einer weiteren Versammlung Bericht zu erstatten hatte.

Diese Organisierung der deutschen Arbeiter New Yorks erweckte Widerspruch in ihren eigenen Reihen.

Wilhelm Weitling sah in diesem neuen Arbeiterbund natürlich eine Konkurrenzgesellschaft seiner eigenen Organisation. Wie gegen die Gewerkschaftsbewegung, so wandte er sich deshalb in seiner „Republik der Arbeiter" auch gegen diese politische Bewegung der deutschen Arbeiter New Yorks. Er schrieb: „In Summe tritt diese ganze Bewegung nur als innerhalb der bestehenden Zustände hervor, hat es nur mit einer bezugsweisen Verbesserung der vorhandenen Arbeiterverhältnisse zu tun und ist mit einem absoluten Reformbestreben, einer eigentlichen Emanzipation der Arbeiter durchaus nicht zu verwechseln. . . . Warum muß die politische Färbung der Sache einen Erfolg, der nach allen Erfahrungen an sich schon zweifelhaft ist, zum Überfluß noch zweifelhafter machen? Nach der Stellung der Arbeiter, wie sie einmal ist, können sie nur in Selbstschutz und in einer Tätigkeit, die sich rein auf dem Arbeits- oder Gesellschaftsfelde erhält, wirkliches Heil, praktischen Erfolg suchen; wie kurz gemessen da auch der nächste Zweck sein mag; er bleibt eben den Leuten vor Augen, und seine Erreichung führt, bei strenger Innehaltung der gesteckten Grenzen, zu Fernerem, und wäre dies endlich auch nur die Erkenntnis, daß allein die unbedingte Emanzipation zu helfen vermag. Man hat sich aber an den schlimmsten Feind der Bewegung, an das politische Element gelehnt, das durch und durch von anderen Interessen bestimmt wird, als denen der Arbeiter, und die diesen letzteren gegenüber zu mächtig, zu überwältigend ist, als daß es den Arbeitern nicht jeden Gesichtspunkt verrücken, jede Kraft lähmen, jede Bewegung verwirren sollte."

Trotz dieser ablehnenden Haltung Weitlings und seiner Anhänger erhielt der „Allgemeine Arbeiterbund" — wie er zunächst noch hieß — nicht unbedeutenden Einfluß auf die deutsche Arbeiterschaft und entwickelte eine rege Tätigkeit. Ein Zentralkörper wurde organisiert, der sich aus den Mitgliedern des provisorischen Komitees der Versammlung vom 21. März, aus den Delegaten der Vereine, die dem Arbeiterbund beitraten, und aus einigen Mitgliedern zusammensetzte, die von den anderen als Vertrauensleute hinzugezogen wurden. Dieser Zentralkörper ernannte aus seiner Mitte das Exekutivkomitee, dem Seybler, Bluhm, Kaiser, Locher und Bärnruth angehörten.

Die Aufgaben, die das Exekutivkomitee sich zunächst stellte, waren die folgenden: 1. Die politische Organisierung der Arbeiter New Yorks in Ward (Distrikts)vereine; 2. die bestehenden Arbeitervereine und besonders die Gewerkschaften — für die man damals die Bezeichnung „Gewerbevereine" und „Geschäftsvereine" hatte — dem Bunde anzuschließen; 3. die Gründung von Distrikts- und Zweigvereinen in den übrigen Teilen der Vereinigten Staaten und 4. die Anbahnung einer Vereinigung mit den Arbeitern anderer Sprachen für denselben Zweck.

Die Organisierung der deutschen Arbeiter New Yorks wurde sofort in Angriff genommen. Aus den 20 Wardbezirken der Stadt New York waren bis Anfang Juni schon in 11 Bezirken Vereine gebildet. In der Umgegend New Yorks bildeten sich Zweigvereine des Bundes in Staten Island — mit 60 Mitgliedern — in Brooklyn und in Wilhelmsburg.

Trotzdem, wie schon erwähnt, die Leitung des Arbeiterbundes sich eifrig mit der Organisierung von Gewerkschaften beschäftigte, taten die Gewerkschaften dem Bunde gegenüber nicht ihre Schuldigkeit. Im Zentralverein des „Allgemeinen Arbeiterbundes" waren außer den Wardvereinen und dem „Sozialen Reformverein" nur die Gewerkschaften der deutschen Dekorationsmaler, Schneider, Schuhmacher, Tischler und Zigarrenarbeiter vertreten. Auch der „Soziale Turnverein" schickte Delegaten, ohne sich indes dem Bunde formell anzuschließen.

Ein Bericht der Exekutive von Ende Mai klagt über die Lauheit der Mitglieder des Bundes und fährt dann fort:

„Wir wollen übrigens nicht übergehen, daß außer dieser Lauheit noch eine andere Ursache die bisherige Organisierung des Bundes in New York gehemmt, wenn nicht gefährdet hat, — die Geschäftsvereine nämlich, die teilweise vom Bunde, also nicht ihr ‚business‘ (Geschäft) unmittelbar betreffend, gar keine Notiz nehmen wollen, teilweise zwar ihren Anschluß an den Bund erklärt, diesen Anschluß in der Wirklichkeit aber nicht weiter in Vollzug gesetzt haben, als daß sie ihre Delegaten in den Zentralverein gesendet."

Besonders beklagte sich die Exekutive über den Verein der Buchdrucker, da derselbe „vor jedem weiteren Handel einen Kongreß sämtlicher Gewerkvereine wollte".

Von Personen, die im Zentralverein des Arbeiterbundes als Delegaten hervorragend tätig waren, sind außer der Exekutive noch zu nennen: Meyerhofer, Weiblinger, Weydemeyer, Kellner, Feldner, Neumann, Buchner, Ahrends und der Zigarrenarbeiter Meinhardt.

Mit der Organisierung der deutschen Arbeiter außerhalb New Yorks ging es noch langsamer als mit jenen dieser Stadt. Zwar wurde in New Jersey eine Staatsorganisation des Bundes ins Leben gerufen, die in Newark ihren Sitz hatte, doch zeigte sich dabei kein großer Erfolg. Aus Cincinnati frugen die dortigen Schneider um Rat, ob sie die Arbeit einstellen sollten. Im allgemeinen aber beschränkte sich der Verkehr nach außen hin auf bloß schriftliche Mitteilungen.

In einem Aufruf, den die Exekutive im Herbst 1853 an die Arbeiter der Vereinigten Staaten erließ, hieß es, daß außer in New York der Bund auch in New Jersey, Ohio und Pennsylvanien Erfolg hatte, und daß mit Massachusetts, Connecticut, Wisconsin, Louisiana und Texas Verbindungen angeknüpft seien. „Alle Arbeiter ohne Unterschied, welche Beschäftigung sie treiben, können dem Bunde angehören, alle Vereine, ohne Unterschied des Zweckes, ob politischer, geschäftlicher, wohltätiger oder nur geselliger Natur, können und sollen sich dem Bunde anschließen, wenn sie nur die Idee des Bundes anerkennen." In Wirklichkeit waren um diese Zeit in New York beinahe alle Wardvereine eingegangen.

Über die Anschauungen der leitenden Kreise der Organisation in bezug auf die Gewerkschaften und Politik gibt eine Diskussion Aufschluß, die im Zentralverein gepflogen wurde. Es war geäußert worden, daß der Bund „praktisch" vorgehen und „Assoziationen" (Produktiv-

und Konsumgesellschaften) bilden solle. G. Kellner führte aus, daß die Gründung solcher Assoziationen nur zur Verstärkung der Kleinkapitalisten führe. Er warnte vor derartigen „praktischen" Versuchen und verwies die Arbeiter auf das politische Feld. Ein Arbeiter, Feldner, drückte sich mit großer Klarheit dahin aus, daß es nur zwei Mittel zur Besserung der Lage der Arbeiter gebe, das eine: die Revolution, das heißt sich mit Gewalt in Besitz der Produktion zu setzen; das andere die Reform: der Stimmzettel müsse entscheiden. „Die Arbeiter müssen die herrschende Gewalt werden." Ein anderer Arbeiter, Ahrends, führte aus: „Um die politische Macht zu erlangen, muß die Arbeitermasse bis zu einem gewissen Grade industriell organisiert sein." Kellner empfiehlt dann als Übergangsforderung die — Kolonisation, die Gründung von Kolonien, ein Beweis, wie weit dieser Journalist hinter seinen proletarischen Kameraden an Klarheit und Einsicht zurückstand.

Auch der Generalstreik fand seine Anhänger im Arbeiterbund. Am 1. Mai 1853 nahm der Zentralverein den Beschluß an, „daß, wenn ein Gewerk in den Vereinigten Staaten organisiert sei, und dieses seinen Arbeitgebern gegenüber nur durch einen allgemeinen Ausstand seine Rechte erlangen kann, ein solcher Ausstand, wenn er an einem Tage durch die Vereinigten Staaten stattfindet, als Brudersache zu erklären sei".

Über eine endgültige Konstitution und Platform konnte man sich lange nicht einigen. Mehrere Male wurde die ursprüngliche Platform geändert, immer wieder neue Entwürfe eingebracht. Im Juli 1853 nahm man den Namen „Amerikanischer Arbeiterbund" an, und die neugewählte Exekutive setzte sich aus Meyerhofer, Mainhold, Nahrgang, Schulenburg und Lehris zusammen. Endlich im September kam man zur endgültigen Annahme eines Programms und einer Konstitution. Das Programm enthielt die folgenden Forderungen:

Der Amerikanische Arbeiterbund verlangt:

1. Die sofortige Naturalisation jedes Einwanderers, der seine Absicht, Bürger der Vereinigten Staaten werden zu wollen, in gesetzlicher Form erklärt hat, und wird jede Maßregel unterstützen, welche ihn diesem Ziele näherbringt.

2. Er verlangt, daß sämtliche, den Arbeiter berührende Gesetze durch den Föderalkongreß, statt durch die einzelnen Legislaturen erlassen werden, denn das Interesse der Arbeiter ist überall dasselbe, in

New York wie in Missouri und Kalifornien, in Massachusetts wie in Karolina.

3. Aufhebung sämtlicher Gerichtstaxen, um jedermann die Möglichkeit zu gewähren, seine Rechte erlangen zu können; da aber der größte Nachteil für den Besitzlosen darin liegt, daß sich sein geldstolzer Gegner die besten Advokaten des Landes erkaufen kann, so muß der Arbeiterbund auf Stellung der Advokaten für beide Parteien durch den Staat bestehen, und zwar in genügender Anzahl, um beiden die möglichste Wahlfreiheit zu gestatten.

4. Beseitigung sämtlicher die Arbeiter benachteiligenden Gesetze und Schutz gegen die Anwendung veralteter und längst beseitigter durch Erlassung strenger Disziplinargesetze gegen die ausführenden Beamten.

5. Beseitigung aller Gesetze, welche den Arbeiter in dem Genuß seiner Freiheit beeinträchtigen, wie zum Beispiel Sonntagsgesetze, Temperenzgesetze und dergleichen.

6. Priorität der Arbeiter bei ausbrechenden Konkursen und im Falle einer Zahlungsverweigerung das Recht der Beschlagnahme auf die von ihnen geleistete Arbeit für den Betrag ihrer Forderung.

7. Beschränkung der Arbeitszeit auf höchstens zehn Stunden.

8. Ausschluß aller Kinder bis zum zurückgelegten fünfzehnten Jahre von jeder gewerblichen Tätigkeit und Einführung eines Schulzwanges mit verbessertem Unterricht für dieselben. Sorge des Staates für den Unterhalt derselben, wo die Mittel der Familie nicht ausreichen.

9. Errichtung von höheren Bildungsanstalten mit unentgeltlichem Unterricht für alle.

10. Aneignung und Verwaltung aller für das allgemeine Beste bestehenden und zu errichtenden Anstalten durch den Staat.

11. Unveräußerlichkeit der Staatsländereien; Bildung von Assoziationen durch den Staat zur Bebauung derselben im Interesse des Staates.

Diese letzte Forderung stellt sich in Gegensatz zu der bekannten Forderung der damaligen Bodenreformer, die ihre 160 Acres Land für jeden Ansiedler verlangten. Der Teilung des Bodens, die in dieser Forderung liegt, stellte der Arbeiterbund die Forderung der gemeinsamen Bodenbebauung durch Assoziationen, welche der Staat errichtet oder beaufsichtigt, entgegen.

Der Platform ging eine Art Prinzipienerklärung voraus, die folgenden Wortlaut hatte:

         Motto: Vereinigt stehen wir,
            Vereinzelt fallen wir.

„Der Unabhängigkeitserklärung der Vereinigten Staaten schickte man eine Aufstellung dessen voraus, was man damals als allgemeine, einem jeden einleuchtende Wahrheiten anerkannte. Auf die Worte und Proklamationen der ‚Väter der Republik‘ berufen sich alle Parteien; folgen wir dieses Mal ihrem Beispiel und führen wir für uns an, was unserem Interesse entspricht:

„Wir halten folgende Wahrheiten für klar und keines Beweises bedürfend, nämlich: daß alle Menschen gleich geboren, daß sie von ihrem Schöpfer mit gewissen unveräußerlichen Rechten begabt sind, daß zu diesem Leben, Freiheit und das Streben nach Glückseligkeit gehöre, daß, um diese Rechte zu sichern, unter den Menschen Regierungen eingesetzt seien, deren gerechte Gewalten von der Zustimmung der Regierten herkommen, daß allemal, wenn eine Regierungsform zerstörend in diese Endzwecke eingreift, das Volk das Recht hat, jene zu ändern oder abzuschaffen, eine neue Regierung einzusetzen und diese auf solche Grundsätze zu basieren und ihre Gewalten in der Form zu ordnen, wie es ihm zu seinem Glücke am erforderlichsten erscheint. Die Klugheit zwar verbietet, schon lange bestehende Regierungen um leichter oder vorübergehender Ursachen willen zu ändern, und demgemäß hat alle Erfahrung gezeigt, daß die Menschen geneigter sind, die Leiden zu ertragen, solange sie erträglich sind, als sich durch Vernichtung der Formen, an welche sie sich einmal gewöhnt, selbst Recht zu verschaffen. Wenn aber eine lange Reihe von Mißbräuchen und unrechtmäßigen Eingriffen, welche unabänderlich immerdar den nämlichen Gegenstand verfolgen, die Absicht beweist, das Volk dem absoluten Despotismus zu unterwerfen, so hat dieses das Recht, so ist es seine Pflicht, eine solche Regierung umzustoßen und neue Schutzwehren für seine künftige Sicherheit anzubahnen.

„Wir wiederholen es, die Wahrheiten sind klar und einleuchtend, das bedingt jedoch nicht, daß sie auch im Leben anerkannt und verwirklicht sind. Im „freien Amerika" ist es nur nach einer Seite, nach außen hin geschehen, soweit es die Unabhängigkeit der Vereinigten Staaten, nicht aber soweit es die Unabhängigkeit seiner einzelnen Staatsbürger betrifft. Amerika ist frei vom fürstlichen Joche, hat keine auf Geburts=

vorrechte begründete Stände; das verhindert aber nicht, daß der Besitz=
lose, derjenige, der nichts als seine Arbeitskraft einzusetzen hat, hier wie
jenseits des Ozeans unterdrückt und ausgebeutet wird. Der Unterschied
ist nur, daß es dort von monarchischen, hier von republikanischen Bour=
geois geschieht.

„Die gesellschaftlichen Verhältnisse sind nicht mehr dieselben wie
bei der Gründung der Republik, die Einführung und Entwicklung der
großen Industrie hat eine neue Revolution hervorgebracht, die alten
Klassen aufgelöst und insbesondere die unsere, die Klasse der besitzlosen
Arbeiter erst geschaffen. Auf andere Verhältnisse passen andere Insti=
tutionen. Solange die Industrie nur dem Kapital dient, muß sich unsere
Stellung notwendig mit jedem Tage verschlechtern. Nicht genug, daß
neu erfundene und verbesserte Maschinen den Dienst unserer Hände auf
immer weniger und einfachere Arbeiten beschränkten — ein Vorgang,
der in einer gut eingerichteten Gesellschaft zu unserem Vorteil statt zu
unserem Nachteil ausfallen sollte —, sie führen uns auch aus den an=
deren Klassen der Gesellschaft stets neue Rekruten zu und zwingen die
Schwachen, die Weiber und die Kinder, die Stelle der Starken ein=
zunehmen. Je überfüllter der Arbeitsmarkt, desto schlechter der Arbeits=
lohn, denn die Not zwingt uns, uns untereinander Konkurrenz zu machen.
Unsere Lage verschlechtert sich in demselben Grade, wie die Produktions=
fähigkeit der Gesellschaft sich verbessert; je größer der Anteil werden
müßte, der von der allgemeinen Produktion auf uns fiele, wenn die
Vorteile einer verbesserten Produktion der ganzen Gesellschaft statt einer
kleinen Minorität zugute kämen, desto kleiner wird er in Wirklichkeit.
Sollen wir uns ewig ausbeuten und in den Staub treten lassen von
einem Häuflein Kapitalisten, wir, die wir die große Majorität in allen
zivilisierten Nationen bilden? Wollen wir es immer mit ruhigem Gleich=
mut ansehen, wie unsere Kinder einem Leben ohne Genuß, voll Not
und Drangsal entgegengehen, einem Lose noch schlimmer als das unsere,
während es in unserer Hand liegt, den Gang der Dinge zu ändern?

„‚Habt ihr je von einer Überfüllung des Arbeitermarktes bei Ad=
vokaten und Doktoren gehört, obschon die Kollegien nie aufhören, ihre
jährlichen Zuführen zu liefern?' fragte kürzlich ein englischer Redner.
‚Warum ist es dort anders wie bei euch? Weil diese Leute von Pro=
fession das Verhältnis von Nachfrage und Angebot zu regeln wissen.
Sie tun weniger und fordern mehr. Und wenn ihr aufhören werdet,

euch zu Instrumenten von anderer Leute Habsucht zu machen, wird auch auf eurem Markte von keinem Überschuß an Arbeitern mehr die Rede sein. Geht spät zur Arbeit und hört früh damit auf, das ist die große Regel, die ihr zu befolgen habt.'

„Die entgegengesetzte Regel schreibt der Kapitalist vor, und in seinen Händen befindet sich die Gesetzgebung, befinden sich die Mittel, den Arbeiter zu zwingen und zu knechten. Für uns tritt also hier der Fall ein, daß eine Regierungsform zerstörend in die endliche Bestimmung des Menschen eingreift, und sie zu ändern oder abzuschaffen, eine neue Regierung einzusetzen und diese auf Grundsätze zu basieren und deren Gewalten so zu ordnen, wie es uns zu unserem Glücke am erforderlichsten scheint, ist unser unveräußerliches Recht. Machen wir es geltend, bemächtigen wir uns der politischen Gewalt, und der erste Schritt der Besserung ist geschehen, aus dem alle anderen mit Notwendigkeit folgen werden.

„Der Amerikanische Arbeiterbund bildet die selbständige Organisation der radikalen Arbeiterpartei." —

Dieser Prinzipienerklärung war die Konstitution des Bundes angehängt, die seine Organisation regeln sollte und seine Ziele auseinandersetzte.

Der erste Paragraph lautete: „Der Amerikanische Arbeiterbund erstrebt die Organisation der Arbeiterklasse zu einer festgeschlossenen und selbständigen politischen Partei zur Durchführung und Geltendmachung der Rechte der Arbeiter."

Gegenseitige moralische und materielle Unterstützung der Mitglieder wurde zur Pflicht gemacht. Die Ideen des Bundes sollten durch Vereine und Volksversammlungen und durch die Presse verbreitet werden. Jeder Arbeiter des Landes, „ohne Unterschied der Beschäftigung, der Sprache, Farbe oder Geschlechtes" konnte Mitglied werden. Die Organisationsart war aufs genaueste vorgeschrieben; sie sollte sich möglichst an die politische Einteilung von Staat, Kreis und Stadt anschließen. Ein Exekutivkomitee sollte die Organisation leiten, Distriktkomitees diesem unterstellt sein und der ganzen Organisation ein jährlicher Kongreß vorstehen.

Als diese Konstitution angenommen wurde, hatte der erste Enthusiasmus der Arbeiter für ihre Organisation, wie erwähnt, schon bedeutend nachgelassen. Die Prosperität des Frühlings war verschwunden und mit ihr auch der Eifer, sich zu organisieren und zu kämpfen.

Während die deutschen Arbeiter auf ihren Lorbeeren ausruhten, schäumte plötzlich — mitten im Sommer 1853 — eine lebhafte Bewegung der Englisch sprechenden Arbeiter New Yorks auf.

Diese Bewegung hatte ihre besondere Ursache. Die Unternehmer, die im Frühling gezwungen gewesen waren, die Forderungen ihrer Arbeiter wegen des lebhaften Geschäftsganges zu bewilligen, suchten schon in den stillen Monaten des Sommers den Arbeitern das Errungene wieder zu nehmen. So versuchten die Unternehmer in der Malerbranche, den Tagelohn ihrer Arbeiter von 2 auf 1,75 Dollar herabzusetzen. Diese Herabsetzung des Lohnes wurde im geheimen beschlossen und den Arbeitern nur mitgeteilt: „Die Anstreicher sollen nur noch 1,75 Dollar haben." Die Arbeiter, empört über die verletzende Form, in welcher ihnen der Beschluß der Unternehmer mitgeteilt wurde, remonstrierten. Es kam zu Demonstrationen und Massenversammlungen, und in einer dieser Versammlungen kamen an einem Abend nicht weniger als 851 Dollar zur Unterstützung der Ausständigen zusammen. Die Arbeiter gewannen den Streik.

Nicht weniger als 40 organisierte Gewerbe waren in dieser letztgenannten Versammlung, die in Metropolitan Hall stattfand, vertreten. Es tauchte der Vorschlag auf, der Unverschämtheit der Unternehmer mit unabhängiger politischer Aktion zu begegnen. Das fand Zustimmung, und man kam zu dem Beschluß, einen Gewerkschaftskongreß einzuberufen, der die Frage erörtern solle. Dieser Kongreß trat am 3. September in „Convention Hall" zusammen, ohne daß es zu geordneten Verhandlungen kam. Am 13. September trat eine neue Konvention in Military Hall zusammen, und hier wurde der Beschluß gefaßt, einen „Arbeiterbund" (Amalgamated Society) zu gründen, der dann die Platform des „Amerikanischen Arbeiterbundes" der Deutsch sprechenden Arbeiter New Yorks annahm. Vertreten waren die Zimmerleute, Silberschmiede, Sattler, Schiffszimmerleute, Anstreicher, Buchdrucker und Takler. Anfänglich brachte die „Amalgamated Society" etwas Leben in die Bewegung der Englisch sprechenden Arbeiter, doch nicht auf lange; bald verschwand sein Einfluß und mit ihm die Organisation.

Auch in Washington trat der dortige Zweig des Arbeiterbundes mit amerikanischen Arbeiterelementen in Verbindung. Im April 1853 hatte sich eine „Nationale Arbeiterassoziation" (Workingmen's Nationalassociation) in der Bundeshauptstadt gebildet, deren Vorsitzender, Sam Briggs, an den Sekretär des Arbeiterbundes in Washington einen Brief richtete, in dem es unter anderem hieß: „Unser Streben würde nicht allein dahin gehen, den notwendigen Lohn für unsere Arbeit zu erhalten, wir müßten vielmehr nach der Erhebung der arbeitenden Klassen trachten, und zwar dadurch, daß wir sie in die ihnen zukommende Stellung in der Gesellschaft setzen — durch Wahl von Leuten aus ihren Reihen in alle gesetzgebenden Körperschaften der Nation. Wir dürfen uns nicht selbst als anmaßend betrachten, wenn wir das Vorrecht fordern, aus den Arbeitern heraus die oberste Behörde der Vereinigten Staaten zu liefern. Laßt unsere Gegner diesen Vorschlag verhöhnen, wenn es ihnen beliebt; wir aber halten dies für unser Recht und wir haben Männer, vollkommen gewachsen für diese Bürden."

Es hat von damals an fünf Jahrzehnte gedauert, ehe wieder aus dem Munde amerikanischer Arbeiter so vernünftige Ansichten laut wurden, wie sie im Jahre 1853 der wackere Sam Briggs geäußert hat.

Josef Weydemeyer begrüßte die Äußerung Briggs mit den Worten: „Es wird nicht lange dauern, so wird die Überzeugung allgemein werden, daß eine bürgerliche Vertretung überhaupt nichts taugt für die Interessen der Arbeiter, weder auf diesem noch auf jenem Felde, so wenig in der Presse, wie in der Gesetzgebung oder in der Exekutive der Staaten."

Die „Nationale Arbeiterassoziation" in Washington gab auch ein Blatt heraus, das den Titel trug: „Workingmen's National Advocate" und dessen Motto lautete: „Unser Ziel ist die Verbesserung der Lage der Arbeiter unserer Nation."

Die Nationale Arbeiterassoziation in Washington erließ ein Rundschreiben an die Arbeiter der Vereinigten Staaten, in welchem diese aufgefordert wurden, ihre eigenen Interessen im Auge zu behalten. „Während viele Unternehmer," so hieß es da, „Reichtümer aufhäufen, wird es von ihnen als etwas für den Arbeiter Unerlaubtes betrachtet, eine Lohnvermehrung zu fordern; und sollte ein allgemeines Verlangen stattfinden, gefolgt von einem Ausstand für Arbeitslohn oder Stunden, so wird der laute Ruf gegen geheime Verbindung erhoben."

„Und als Schritt zur Verbesserung unserer Lage," so schließt dieses Rundschreiben, „und zur Aufrechthaltung unserer Rechte als amerikanische

Bürger geben wir das als unsere Ansicht, daß die Arbeiter nicht allein berechtigt sind, all die gewöhnlichen Lebensangelegenheiten zu führen und auszuüben, welche mit unseren Arbeitsinteressen zusammenhängen, sondern gleichfalls berechtigt, sich untereinander in unseren Gesetzgebungshallen und im Kongreß der Vereinigten Staaten zu vertreten, und zwar zum großen Vorteil dieser Regierungen im Punkte der Geldersparnis.

„Die Ideen, daß wir Rechtsmänner (Juristen) zu unseren Vertretern in allen beratenden Versammlungen haben müßten, die so lange übermächtig gewesen, ist ein Umstand, der nur eurer Untersuchung bedarf, um ihn sofort falsch zu finden. Es ist allgemein sprichwörtlich, was von diesen Vertretern in einer Sitzung geschehen ist, wird ungeschehen durch die, welche darauf folgen; und sie tun darauf ihr Werk, das ebenso durch die Nächsten, die kommen, umgewandelt wird. Sicher, Arbeiter können mindestens das ebensogut.

„Aber das nächste und wichtigste Heilmittel, auf welches wir eure Aufmerksamkeit richten wollten, ist die Presse. Wir halten es für das wichtigste, weil es das große Mittel ist, durch welches jedes Interesse aufrecht zu erhalten ist, durch welches der Arbeiter gehört werden muß, wenn er über seine Beschwerden sich ausläßt, wenn er die Abschaffung von Unrecht verlangt, durch welches der Arbeiter frei und ungehindert verhandeln kann vor den Parteiansichten der Eigentümer unserer Volks- oder Parteiblätter, und durch welches jedermann von jedem Tun und Handeln unterrichtet wird, das mit unserem gemeinsamen Interesse durchs ganze Land zusammenhängt.

„Solch eine Presse wünschen wir, die sich ausschließlich dem Interesse der Arbeiter widmet, unter ihrer eigenen Führung und Aufsicht, und wir sind versichert, daß es keines Beweises für irgend einen Arbeiter bedarf, um die Notwendigkeit und Nützlichkeit solch einer Beihilfe für unsere Sache darzulegen. Darum zur Ausführung oder Anbahnung dieser Pläne, haben wir eine Assoziation in dieser Stadt gegründet. Ihr Zweck ist, in Verbindung zu treten mit den Assoziationen im ganzen Land, die der unsrigen ähnlich sind und in Korrespondenz über all die Arbeitsinteressen berührenden Dinge und speziell, um ein oder mehrere Blätter zu errichten, und im Notfall zur Abhaltung von Kongressen."

Dann wird noch betont, daß „wir uns unter dem allgemeinen Namen ‚Arbeiter' vereinigt haben. Das ist uns die einzig richtige Politik, wie der alte Spruch sagt: Eintracht gibt Macht."

Dieses Rundschreiben war ebenfalls von Samuel Briggs als Vorsitzender der „Nationalen Arbeiterassoziation Nr. 1" unterzeichnet.

2. Die Reform.

Noch ehe der „Allgemeine Arbeiterbund" von 1853 seine Organisationsarbeit unter den deutschen Arbeitern New Yorks aufgenommen hatte, war durch eine Anzahl kommunistischer und sozialistisch angehauchter Achtundvierziger der Beschluß gefaßt worden, eine Zeitung ins Leben zu rufen, deren Aufgabe die Vertretung der Arbeiterklasse und ihrer Kämpfe sein sollte.

Am 5. März erschien die erste Nummer eines Wochenblattes in New York, das sich „Die Reform" betitelte. Als Herausgeber zeichnete ein gewisser Karl Friedrich, als Redakteur G. Kellner, ein Flüchtling, der in Kassel in Gemeinschaft mit G. Heise während der Revolutionsjahre ein kleinbürgerlich-sozialistisches Tageblatt, „Die Hornisse", herausgegeben hatte.

„Die Reform" hat von allen kommunistischen, sozialistischen und Arbeiterzeitungen, die von deutschen Flüchtlingen des Jahres 1848 auf amerikanischem Boden gegründet worden sind, die größte Bedeutung gehabt. In keinem dieser zahlreichen Blätter wurde, wenn wir von den paar Nummern der Weydemeyerschen „Revolution" absehen, die moderne Arbeiterbewegung in so klarer Weise erörtert, wie in den Spalten der „Reform", und in theoretischer Hinsicht hat es nahezu ein Vierteljahrhundert gedauert, ehe in den Vereinigten Staaten wieder eine Arbeiterzeitung herausgegeben wurde, die sich mit der „Reform" auch nur annähernd hätte vergleichen lassen.

Es war nicht dem Redakteur G. Kellner zuzuschreiben, daß die „Reform" eine solche Stellung einnahm. Kellner war weder als Zeitungsschreiber noch als Kenner der Arbeiterbewegung besonders tüchtig. Er wußte von ökonomischen Dingen nichts und war mit den wissenschaftlichen Entdeckungen, die Karl Marx schon damals bekannt gegeben hatte, durchaus nicht vertraut. Seine Leitartikel waren deshalb auch unklar und meistens stark kleinbürgerlich angehaucht. Seine kleinbürgerlichen Anschauungen ermöglichten es ihm auch, daß er später im bürgerlichen Lager ein Unterkommen fand und lange Jahre als Redakteur des „Philadelphia Demokrat" fungieren konnte, als welcher er vor einigen Jahren gestorben ist.

Kellners Einfluß auf die „Reform", der wohl seiner finanziellen Beteiligung an dem Unternehmen zuzuschreiben ist, war anfänglich nicht groß genug, um dem Blatte seinen Charakter geben zu können. Dieser Charakter der „Reform" war, wenigstens zu Anfang, ein durchaus proletarisch-revolutionärer, und es waren Josef Weydemeyer und sonstige Freunde und Schüler von Karl Marx, die der Zeitung diesen Charakter gaben.

Josef Weydemeyer war zweiter Redakteur des Blattes, und es ist augenscheinlich, daß die Auswahl und Heranziehung von Mitarbeitern in der Hauptsache ihm obgelegen haben muß. Der ganze Stab dieser Mitarbeiter, und er war ein äußerst zahlreicher, setzte sich aus Anhängern von Marx zusammen, und die zahlreichen Korrespondenzen, die aus London (Engels und Pieper) und Paris, aus Deutschland, der Schweiz und aus allen Kreisen der Flüchtlingschaft in der „Reform" veröffentlicht wurden, sind noch heute eine treffliche Informationsquelle über die damaligen politischen und wirtschaftlichen Vorgänge.

Neben Josef Weydemeyer ist als regelmäßiger Mitarbeiter der „Reform" besonders Adolf Cluß in Washington, der im Regierungsmarineamt angestellt war, zu nennen. Cluß war, wie Weydemeyer, ein Mitglied des Kommunistenbundes gewesen und hatte im Jahre 1847 an der „Brüsseler Deutschen Zeitung" mitgearbeitet. Er kam zu Anfang des Jahres 1848 nach Amerika.

Diese beiden, Cluß und Weydemeyer, waren es neben den obengenannten Korrespondenten, deren Arbeiten der „Reform" ihren proletarisch-revolutionären Charakter gaben. Weydemeyer behandelte in der Hauptsache ökonomische Fragen, wie Handels- und Finanzkrisen, Schutzzoll und Freihandel. Er trat auch damals schon für den gesetzlichen Achtstundentag ein. Eine Serie „Nationalökonomischer Skizzen", in denen er die Grundbegriffe der Nationalökonomie nach den Lehren von Karl Marx behandelte, ist noch heute lesenswert.

Weydemeyer war ein klarer Kopf und genauer Kenner der Marxschen Anschauungen. Er hatte verschiedene Schriften von Marx vom Französischen ins Deutsche übersetzt, so zum Beispiel die Brüsseler Freihandelsreden. Auch die Übersetzung der „Misère de la Philosophie" hatte er in Angriff genommen, deren Vollendung aber durch den Ausbruch der Revolution verhindert wurde. Er eignete sich also besonders gut zur Popularisierung der Marxschen Ideen, und seine Arbeiten in der „Reform" sind auch heute noch von Wert.

Cluß' Arbeiten bewegten sich mehr auf dem historischen Gebiet und auf dem Gebiete der amerikanischen Politik. Eine Reihe von Schilderungen aus der „Sozialen Geschichte Amerikas" zeigen seine genaue Kenntnis der ökonomischen Entwicklung dieses Landes und der Irrgänge der amerikanischen kapitalistischen Politik, was leider nicht verhindert hat, daß Cluß sich später selbst in diesen Irrgängen verlor.

Adolf Cluß stand in regem Verkehr mit Karl Marx. Als im März 1852 die ganze Auflage der in der Schweiz gedruckten Marxschen „Enthüllungen über den Kölner Kommunistenprozeß" an der schweizerisch-badischen Grenze der Polizei in die Hände fiel, vermittelte Cluß den Neudruck der Schrift, die in der Druckerei der „New England-Zeitung" in Boston hergestellt wurde. —

Die „Reform" rief den Arbeitern zu: „Arbeiter aller Nationalitäten, verbrüdert euch! Nur dann wird die Arbeit werden, was sie sein soll, die Befreierin des menschlichen Geschlechtes, nicht ihr Unterdrücker." Eine Verwässerung des bekannten Marx-Engelsschen Wortes, für die wohl Kellner verantwortlich zu halten ist.

Marx selbst sprach sich in einem Schreiben über das Blatt folgendermaßen aus: „Das ist wenigstens ein anständiges Blatt, was in Amerika selten ist, und ein Arbeiterblatt."

Wie klar in der „Reform" die Arbeiterfrage und was damit zusammenhängt schon behandelt wurde, dafür einige Proben: Zu einem Eingesandt, das sie veröffentlichte, machte die Redaktion des Blattes — wahrscheinlich Weydemeyer — die folgende Anmerkung: „Um nicht in die alten Vorstellungen von politischer Tätigkeit stets von neuem zurückzufallen, muß man streng festhalten, daß die Politik der Arbeiterpartei rein sozialer Natur ist, daß selbst ihre Wahlen zu Kongressen usw. nur aus sozialen Motiven geschehen. Wir haben es mit einer neuen Politik zu tun — mit der sozialen. Man darf bei uns nicht mehr trennen zwischen sozial und politisch, sondern zwischen allgemeinem sozialen Interesse und zwischen Einzelinteresse. Allgemeine Vereine vertreten das allgemeine, Geschäftsvereine das Einzelinteresse, beide aber sind gewerblicher Natur. Denn auf dem Gewerbe, auf der Arbeit, auf dem materiellen Interesse ruht unsere ganze Bewegung im allgemeinen wie im besonderen. Und selbst im vollkommenen Arbeiterstaat werden die allgemeinen Vereine stets und ständig die allgemeinen industriellen Fragen entscheiden. Denn die Großindustrie wirft die getrennten Gewerbe immer mehr durcheinander. Die Gesamtarbeit trennt immer weniger nach Gewerbe; sie wirft gerade alle Gewerbe zusammen."

Und Adolf Cluß schrieb in der Nummer vom 23. April in einem Leitartikel „Die amerikanische Politik und die Partei der Arbeiter": „Wir hörten früher und hören zum Teil jetzt noch bei den zurückgebliebenen Fraktionen der Arbeiterklasse Beteurungen, daß ihre gemeinsame Bewegung dem Felde der Politik ferne sei. Diese Stufe des Bewußtseins der Arbeiter wächst natürlich heraus aus einem Gesellschaftszustand, dessen Druck noch sehr ungleich auf den Schultern der Massen lastet und den sie deshalb noch durch einzelne höchst verschiedenartig gefaßte Zugeständnisse von minderer Bedeutung zu bewältigen hoffen. ... Die Entwicklung ist so weit vorgeschritten, daß die Ansicht allgemeine Geltung erhält, die Kontrolle über die politischen Gewalten sei unerläßlich, um den sozialen Kampf mit Erfolg gekrönt zu sehen. ... Die Arbeiter sind hier, in den nordöstlichen und mittleren Staaten, schon imstande, Repräsentanten ihrer Klasseninteressen durchzusetzen. Deren Aufgabe ist es, die Opposition der westlichen Philanthropen, welche sich in der weinerlichen, wimmernden, wehklagenden, sentimentalen ‚freien Demokratie' zusammengetan hat, zu sprengen und deren brauchbare Elemente in ihre eigene proletarische Opposition hineinzudrängen."

Cluß, der hier ganz die Frage der Negersklaverei aus dem Auge läßt, vor deren Lösung nach dem bekannten Wort von Karl Marx an eine gesunde Arbeiterbewegung in Amerika nicht zu denken war, läßt sich auch über die Aufgaben der amerikanischen Kapitalisten in folgender klarer Weise aus:

Im Mai 1853 schreibt er: „In Amerika mehr als irgendwo sonst nehmen alle neuen sozialen Gestaltungen unmittelbar riesenhafte Verhältnisse an. Der heutige Wettkampf der amerikanischen gegen die englische Bourgeoisie, als dessen Preis die Herrschaft über den Weltmarkt lohnend winkt, zwingt den amerikanischen Bourgeois, alles aufzubieten, um seine Produktion in mindestens gleich günstige Lage zu werfen, wie sie von englischen Kapitalisten eingenommen ist.

„Die erste Bedingung hierfür ist die soziale Knechtung der Arbeiter, die Verdrängung von Geschicklichkeit und Entwertung von Körperkraft des erwachsenen Arbeiters durch die Maschine, deren Betriebsweise ihm in gar vielen Erwerbszweigen die wohlfeilere Arbeit von Frauen und Kindern als Konkurrenten aufzwingt."

Die klare Einsicht in den industriellen Entwicklungsgang, der sich hier zeigt, setzt Cluß auch in den Stand, die innere Notwendigkeit des Sieges der Arbeiterklasse darzulegen.

Er schreibt im Oktober 1853: „Bis heute hat die große Industrie nur den Reichtum von Industriefürsten und Handelsnabobs geschaffen. Allüberall ist dem (scheinbar) unabhängigen kleinen Geschäftsbetrieb sein Lebenstermin knapp zugemessen; das große Kapital wird sich sehr bald überall eingedrängt haben. Zwischen den Arbeiterklassen und ihrem Glück steht dann nichts mehr, als die politisch-soziale Herrschaft des Kapitals." —

Es ist wahr, die Wortführer des Marxismus vor fünfzig Jahren haben die Lebenskraft des Kapitalismus unterschätzt, aber mit welcher Klarheit sahen sie trotzdem doch den Entwicklungsgang der Dinge voraus.

Es muß hervorgehoben werden, daß nicht jede Nummer der „Reform" so klar gehalten war, wie die obigen Proben vermuten lassen. Verlangte doch zum Beispiel G. Kellner noch, daß man „den Arbeitern nur einen Staat überlassen solle, damit sie zeigen könnten, wie eine neue Gesellschaft einzurichten sei".

Diese und ähnliche utopistische Ansichten waren zu Anfang des Bestandes der „Reform" selten, mehrten sich aber in späterer Zeit. Vom 4. Mai 1853 an erschien die „Reform" zweimal wöchentlich; dann vom 15. Oktober an täglich. Am 10. März 1854 wurde das Blatt von einer Aktiengesellschaft übernommen, an der unter anderen der Arzt Abraham Jacoby beteiligt war, einer der Angeklagten im Kölner Kommunistenprozeß, der auch wissenschaftliche Beiträge für die „Reform" schrieb. Das Blatt wurde vergrößert, konnte sich aber trotzdem nicht halten. Am 26. April 1854 erschien seine letzte Nummer.

Solange die „Reform" wöchentlich erschien, stand sie auf der Höhe ihrer Aufgabe; sie war ein revolutionäres Arbeiterblatt, das sich stolz all ihren Nachfolgern zur Seite stellen kann. Aber schon im August 1853 verliert das Blatt etwas seinen Arbeitercharakter, was wohl mit der Tatsache zusammenhing, daß der „Arbeiterbund", dessen Organ es war, um diese Zeit seine Tätigkeit nahezu ganz einstellte und die deutsche Arbeiterbewegung überhaupt bedenklich abflaute. Als die „Reform" ihren zweiten Jahrgang antrat (am 2. Januar 1854), da entschuldigte Kellner seine veränderte Haltung schon mit den Worten: „Solange die ‚Reform' Wochenblatt war, mußte sie natürlich rein doktrinärer Natur sein." — Im zweiten Jahrgang verliert das Blatt dann nahezu ganz seinen ursprünglichen Charakter.

Das rettete das Unternehmen aber nicht. Das deutsche Bürgertum New Yorks wollte auch mit der veränderten Tendenz nichts von einem Blatte wissen, das vor Jahresfrist noch so trotzig das proletarisch-revolutionäre Banner geschwungen hatte.

Ende April 1854 stellte, wie gesagt, das erste deutsche tägliche Arbeiterblatt New Yorks sein Erscheinen ein.

3. Niedergang der Bewegung.

Beim Eingehen der „Reform" in New York waren nahezu alle die zahlreichen Blätter schon verschwunden, die von radikalen Flüchtlingen der achtundvierziger Revolution auf amerikanischem Boden mit der Absicht gegründet waren, auf die deutsche Arbeiterschaft in diesem Lande Einfluß auszuüben. Die „New England-Zeitung" in Boston mit K. Heinzen und Schläger als Redakteuren, war schon im September 1853 eingegangen, und es bestanden von Blättern kommunistisch-sozialistischer Tendenz der verschiedensten Richtungen nur noch die sozialdemokratisch-kleinbürgerliche „San Antonio-Zeitung" in San Antonio in Texas unter der Leitung von Dr. Douai, die literarisch-kritische „Atlantis", die monatlich in Milwaukee unter der Redaktion von Esselen erschien, Weitlings „Republik der Arbeiter" und „Der Kommunist", der in deutscher Sprache von Cabetschen Ikariern in Nauvoo, Illinois, herausgegeben wurde.

Das Ausscheiden der Fraktion Willich-Schapper in London aus dem Kommunistenbunde führte auch unter der Flüchtlingschaft der Vereinigten Staaten zu heftigen persönlichen Auseinandersetzungen. Als Willich im Frühjahr 1853 nach Amerika kam, war das für seine Freunde das Signal zu heftigen und gehässigen Angriffen auf Karl Marx, wobei auch besonders Wilhelm Weitling seinem alten Groll die Zügel schießen ließ. Eine große Anzahl deutscher Zeitungen in den Vereinigten Staaten, die von kleinbürgerlichen Achtundvierzigern redigiert wurden, veröffentlichten die häßlichsten Verleumdungen gegen Marx, den sie der „Ausbeutung" der Arbeiter beschuldigten. Für Kellners Stellung zu diesen Verleumdungen ist es nun bezeichnend, daß er in der „Reform" kein Wort der Entgegnung fand. Ja, als die Freunde Marx' im November 1853 eine Erklärung gegen den

Verleumdungsfeldzug erlassen wollten, mußten sie sich deshalb an die „New Yorker Kriminalzeitung" wenden. Diese Erklärung war von J. Weydemeyer, Adolf Cluß und Dr. Abraham Jacoby unterzeichnet und schloß mit den Worten: „Wenn die deutsche Arbeiterpartei duldet, daß Leute wie Marx, welche, von Haus aus Bourgeois, von der Bourgeoisie (zur Zeit der alten ‚Rheinischen Zeitung') als Schriftsteller mit Jubel begrüßt, Leute, welche ihr nicht nur Arbeit, Stellung, sondern auch ihr Vermögen und die Geruhigkeit ihrer Familien geopfert haben, auf bübische Weise angeschuldigt werden, dann, ja dann fälle jeder einzelne sein Urteil über sie."

Obgleich nun sämtliche Unterzeichner dieser Erklärung in engsten Beziehungen zur „Reform" standen, ja ihre Redakteure und Mitarbeiter waren, so nahm die „Reform" doch keinerlei Notiz von dieser Kundgebung zugunsten Marx. Das Blatt war schon auf der schiefen Ebene angelangt und glitt langsam, aber sicher unter der Führung Kellners dem kleinbürgerlichen Sumpfe zu.

Der „Arbeiterbund" bestand um diese Zeit dem Namen nach noch fort, hatte aber tatsächlich nur eine Scheinexistenz und entwickelte öffentlich kaum noch eine Tätigkeit. Nach dem Eingehen der „Reform" wurden im Mai 1854 Schritte getan zur Herausgabe eines neuen Blattes, aber es kam dabei über die Aufforderung von Sammlungen für den Zweck nicht hinaus. Die im Sommer dieses Jahres herrschende Arbeitslosigkeit verhinderte die Agitation für die Gründung der Zeitung. Im Juli desselben Jahres kam es zu einer heftigen Auseinandersetzung des „Arbeiterbundes" mit der deutschen „Freien Gemeinde" New Yorks, die unter Leitung des bekannten radikalen Bremer Pastors Dulon stand, den Adolf Cluß als den „Lamennais der Lüneburger Heide" bezeichnete. Der „Arbeiterbund" vertrat in dieser Auseinandersetzung den Klassenstandpunkt der Arbeiter, die „Freie Gemeinde" die „Glückseligkeit der ganzen Menschheit".

Zu Ende des Jahres 1854 setzte eine etwas lebhaftere Bewegung der Arbeiter ein, die der „Zentralverein des Arbeiterbundes" dadurch förderte, daß er in Ermangelung einer Zeitung Flugschriften über die Arbeiterfrage herausgab, die Josef Weydemeyer verfaßte. In einem dieser Flugblätter, das vom 21. September 1854 datiert ist, wird die Idee eines allgemeinen Arbeiterkongresses propagiert und die Arbeiter werden aufgefordert, Delegierte für diesen Kongreß zu ernennen. „In bezug auf Festsetzung von Zeit und Ort und der Art der Vertretung" sah man „den Vorschlägen der Vereine entgegen, welche sich für die Teilnahme am Kongreß erklären". Der Kongreß kam nicht zustande.

Im übrigen gab die Flugschrift eine klare Darstellung der Marxschen Krisentheorie. Sie wandte sich ferner gegen die Verwässerung der Aktien durch die Unternehmer und zeichnete die bestehenden Parteien mit besonderer Berücksichtigung des Freihandels und Schutzzolls, sowie der Landfrage, die man aber nicht im kleinbürgerlichen Sinne der damaligen Landreformer gelöst sehen will. Die Landreform ist dem Verfasser des Flugblattes eine Arbeiterfrage. Ihre Lösung ist: „Einführung des großen Ackerbaus auf jenen unter dem Titel Staatsländereien bekannten ausgedehnten Landstrichen, nicht im Interesse des großen Kapitals, sondern im Interesse der Arbeiter, welche die große Masse der Nation bilden; also: Unveräußerlichkeit und Unteilbarkeit des Staatsgrundbesitzes, Bebauung desselben durch Arbeiterassoziationen unter Oberaufsicht und mit Unterstützung des Staates. Verbindung industrieller Anlagen mit dem Ackerbau und Beaufsichtigung derselben in gleicher Weise, damit Ersparung an Menschenarbeit durch Einführung von Maschinen nicht auf Kosten der Arbeiter stattfindet, damit gesundes Leben und gesundes Wohnen nicht mehr als unvereinbar erscheint mit dem großen Geschäftsbetrieb."

Der Aufruf schließt: „Macht die Arbeiterlandreform zu eurem Panier, und ihr habt einen großen Schritt vorwärts getan. Vereinigt euch, nicht als Deutsche, Irländer, Amerikaner, nicht als Whigs oder Demokraten, nicht als Temperenzler oder Antitemperenzler, vereinigt und organisiert euch als Arbeiter, und ihr seid der Staat, ihr diktiert der Gesellschaft ihre Gesetze, statt sie in Demut zu empfangen, und seid Herren statt der Knechte."

Dieses Flugblatt ist um deswillen von Interesse, weil es die letzte öffentliche Kundgebung dieser Periode der deutsch=amerikanischen Arbeiterbewegung war. Anderthalb Jahrzehnte vergingen, ehe auf amerikanischem Boden wieder in so klarer Weise der Arbeiterklasse gezeigt wurde, wofür sie kämpft und welchen Weg sie einzuschlagen hat, um zum Ziele zu gelangen, wie in dieser Flugschrift.

Nach dem leisen Aufschwung, den die New Yorker Arbeiterbewegung Ende 1854 genommen hatte, stellte sich bald wieder die Stagnation ein, die eine Folge der herrschenden Krise war. Der „Zentral=

verein des Arbeiterbundes" hielt noch zusammen, ohne indes viel hinter sich zu haben. Nur noch Reste der ehemaligen Vereine, die zum Bunde gehört hatten, sandten ihre Delegaten. Von gewerkschaftlichen Organisationen deutscher Arbeiter zu Anfang 1855 gehörten dem Zentralverein dem Namen nach noch an: die Schuhmacher, Bleipolierer, Tischler, Schneider, Zigarrenmacher, Buchdrucker, Varnisher, Maschinisten und chirurgische Instrumentenmacher. Der „Arbeiterbund" hatte eine Krankenkasse und einen Gesangverein, und man sah darauf, daß nur Mitglieder des Bundes Mitglied der Kasse und des Gesangvereins werden konnten. Es waren die Krankenunterstützung und die Freude am Gesang, die den „Arbeiterbund" noch zusammenhielten. Die frühere Kampforganisation war verschwunden.

Im Mai 1855 wird ein Blatt erwähnt, das in New York erschien und sich „Der Arbeiterfreund" nannte. Der Herausgeber dieses Blattes, ein gewisser Heerbrandt, suchte auf die deutsche Arbeiterschaft Einfluß zu gewinnen und stellte sein Organ dem „Arbeiterbund" zur Verfügung, ohne daß dieser indes auf die Offerte einging.

Die Krise hatte im Winter und Frühjahr des Jahres 1855 eine Arbeitslosigkeit im Gefolge, die jedes erfolgreiche Aufleben der Arbeiterbewegung unmöglich machte. Wilhelm Weitling schrieb im Januar dieses Jahres über die Lage der Arbeiter: „Das Elend klopft mit gewaltigen Fäusten an die Tore der Öffentlichkeit, welche indes bisher für dasselbe nur Bettelsuppen in Aussicht stellen konnte. Bettelsuppen! Bettelsuppen!! So weit ist es schon in Amerika gekommen.

„Wer hätte noch im Jahre 1846 an die Möglichkeit solcher Aussichten gedacht? Wer hätte im Jahre 1850 noch daran gedacht, als das Faß Mehl 3 bis 3,50 Dollar kostete, wofür jetzt der enorme, noch nie dagewesene Preis von 12 Dollar bezahlt werden muß. Und neben diesem billigen Mehlpreis hatten wir im Jahre 1850 so vollauf Beschäftigung in allen Geschäftszweigen, daß die Arbeiter in fast allen Professionen eine Lohnerhöhung bis zu 25 Prozent durchsetzten."

Und im Juli desselben Jahres äußerte sich Weitling über die Lage der Schneider in New York: „Ich habe mir 7 Dollar pro Woche ausbezahlt (für seine Arbeit in der Organisation). Das ist leider ein guter Schneiderlohn für New York und ein knapper Arbeitslohn für Amerika, wenn ich Rückblicke auf meine besten Schneiderverdienste in Europa mache, meine Glückszeit in Wien gar nicht zu rechnen, wo ich im Jahre 1834 eine Zeitlang wöchentlich an 60 Gulden Münze in Verfertigung von Modeartikeln für Damenputz verdiente. Wenn ich bedenke, wie wir 1830 bis 1832 in Leipzig bei Höpfner und Walseck unter täglichem Jubel und Gesang und bei honetter höflicher Behandlung wöchentlich 6 bis 10 Taler verdienen konnten, und in Genf 40 Franken, gleich 8 Dollar pro Woche, im Jahre 1841 bei meinem letzten Meister, wobei mir noch die Zeit blieb, meine Monatsschrift und deren Expedition zu besorgen.... Welch ein Leben damals in Genf für weniges Geld! Und hier in der Republik! Wahrhaftig, es wundert mich, daß sich nicht mehr Schneider hier das Leben nehmen, nachdem sie irgend einen vorher totgeschlagen. Ich kenne doch das Leben des Arbeiters. Ich habe es ohne Mittel mit alleiniger Hilfe meiner Handarbeit viele Jahre durchgemacht, habe auch schlechten Lohn zuweilen gehabt. Aber solch ein trauriges Leben habe ich nirgends in Deutschland zu führen brauchen, als hier Tausende von Schneidern geduldig führen müssen."

Aber nicht nur die herrschende Not stand um jene Zeit einer gesunden Arbeiterbewegung im Wege, es kamen noch andere Momente hinzu, die für den Augenblick die Wiederbelebung einer solchen unmöglich machten.

Schon begann die Sklavereifrage alle anderen Fragen an Wichtigkeit zu verdrängen und das öffentliche Interesse zu absorbieren. In New York kam es unter der nativistischen Knownothingbewegung zu heftigen Angriffen auf die Eingewanderten. Der Erlaß eines strengen Temperenzgesetzes für den Staat New York half ebenfalls dazu, das Deutschtum aller Schichten zusammenzutreiben. Das alles wirkte noch zersetzend auf die Reste des aus Eingewanderten bestehenden Arbeiterbundes, in dem nun die eigentlichen Arbeiterforderungen zurücktraten, deren Stelle durch den Widerstand gegen Temperenz- und Knownothingtum ersetzt wurde. Im April 1855 verhandelte man sogar über eine geheime und militärische Organisation, um die Angriffe der Nativisten abzuschlagen. Der „Arbeiterbund" hatte als Arbeiterorganisation keine Berechtigung mehr; er ging zugrunde.

4. Josef Weydemeyer.

Einen schweren Verlust erlitt die deutsche Arbeiterbewegung New Yorks um dieselbe Zeit durch die Abreise des Mannes, der seit fünf Jahren ihr zuverlässiger Berater und Leiter gewesen war, und der

dieser ersten Periode deutscher Arbeiterbewegung auf amerikanischem
Boden ihren klaren Charakter gegeben hatte.

Josef Weydemeyer verließ zu der Zeit New York und wandte sich
nach dem Westen, wo er ein dankbareres Feld für seine Tätigkeit er=
hoffte. Die Enttäuschungen, die er mit seiner Arbeiteragitation im
Osten erlitten hatte, mögen zu seinem Entschluß wohl mitgewirkt haben.
Hinzu kam, daß Weydemeyer durch seine Studien der amerikanischen
inneren Politik und der wirtschaftlichen Lage zu der Überzeugung ge=
kommen war, daß zunächst von einer selbständigen Arbeiterbewegung
nichts zu hoffen sei, weil die drohend aufsteigende Krisis über die
Negersklaverei alles öffentliche Interesse absorbierte.

Josef Weydemeyer wurde 1818 als Sohn eines Regierungsbeamten
in Münster, Westfalen, geboren. Er erhielt eine vortreffliche Erziehung
und bezog die Kriegsschule in Berlin. Er diente eine Reihe von
Jahren als Offizier in der preußischen Armee, nahm dann aber seinen
Abschied, „weil ihm bei seinen Ansichten seine Stellung als preußischer
Offizier nicht mehr behagte". Er war mit der sozialistischen Literatur,
die Mitte der vierziger Jahre in Deutschland auftauchte, bekannt ge=
worden und dadurch zu sozialistisch=revolutionären Anschauungen gekommen.
Er vertauschte nun das Schwert mit der Feder und war an einer
Anzahl von sozialistischen und halbsozialistischen Zeitungen tätig, die be=
sonders in der Rheingegend damals erschienen. Mit den Gebrüdern
Lüning, die sich durch Herausgabe kleinbürgerlich=sozialistischer Schriften
hervortaten („Dies Buch gehört dem Volke", „Westfälisches Dampf=
boot" usw.), war Weydemeyer verwandt, da er eine Schwester derselben
geheiratet hatte.

Ende 1846 oder Anfang 1847 ging Weydemeyer nach Brüssel,
wo er in nähere Beziehungen zu Marx und Engels trat, Beziehungen,
die er bis zu seinem Tode aufrecht erhielt.

Beim Ausbruch der Revolution im Jahre 1848 bekleidete Weyde=
meyer eine Stellung als Ingenieur an der Köln=Mindener Eisenbahn.
Man verbot ihm seitens seiner Vorgesetzten die Beteiligung an poli=
tischen Versammlungen, was ihn zur sofortigen Niederlegung seiner
Stellung veranlaßte. Jetzt trat er mit voller Kraft in die revolutionäre
Bewegung ein. Er übernahm im Sommer 1848 die Redaktion der
in Darmstadt erscheinenden „Neuen Deutschen Zeitung", die im fol=
genden Jahre nach Frankfurt a. M. verlegt wurde.

Im Dezember 1850 wurde er mit seinen Mitredakteuren wegen Regierungsbeleidigung aus Frankfurt ausgewiesen, worauf er Süddeutschland und die Schweiz bereiste, um dann — im Herbst 1851 — nach Amerika auszuwandern. Er landete in New York am 7. November dieses Jahres.

Hier stürzte sich Weydemeyer sofort in die Agitation. Im Januar 1852 gab er seine Wochenschrift „Die Revolution" heraus, dann unter demselben Titel die schon erwähnte Monatsrevue, die aber nur zwei Hefte erlebte.

In demselben Jahre gründete Weydemeyer den ebenfalls schon genannten „Proletarierbund" und beteiligte sich hervorragend bei der Organisierung des „Arbeiterbundes". Nebenbei korrespondierte Weydemeyer für verschiedene Zeitungen im Westen, sowie für die in Boston erscheinende „New England-Zeitung". Dann kam das Erscheinen der „Reform" in New York, an der Weydemeyer als Redakteur tätig war. Während seiner ganzen literarischen Tätigkeit wie in seinem öffentlichen Auftreten überhaupt vertrat Weydemeyer stets in klarster Weise die Anschauungen von Karl Marx, was ihm seitens utopistischer und kleinbürgerlicher Elemente des öfteren heftige Angriffe einbrachte.

Nach dem Eingehen des Arbeiterbundes beschäftigte sich Weydemeyer mit dem Studium der ökonomischen Zustände in diesem Lande, wobei er sich aufs schärfste gegen die Sklaverei wandte, die er in Wort und Schrift bekämpfte. Zu Anfang des Jahres 1856 ging er nach Milwaukee, wo er als Vermesser, Journalist und Notar tätig war. Im Jahre 1857 finden wir ihn wieder in New York, wo er unter anderem in der „Mercantile Library" öffentliche Vorträge über die ökonomischen Zustände des Südens hielt. Dann — 1859 und 1860 — war er in Chicago tätig, wo er eine Zeitlang ein Arbeiterblatt herausgab und sich nebenbei als Mitarbeiter der „Illinois Staatszeitung" beschäftigte. 1860 kam er wieder nach New York, wo er beim Auslegen und Vermessen des damals in Herstellung begriffenen Zentralparkes mitwirkte. In den ersten Monaten des folgenden Jahres ging er nach St. Louis, wo er unter Fremont den Bau der Befestigungen, die um die Stadt herum angelegt wurden, leitete. Er trat bei Ausbruch des Sezessionskrieges als Kapitän in das 2. Missouri-Artillerieregiment ein, avancierte bald zum Major und später zum Oberstleutnant. Im Felde erkrankte er schwer an einem Nervenfieber. 1864 organisierte er das 41. Missouri-Infanterieregiment, dessen Oberst er war, bis er 1865 ausgemustert wurde. Er blieb nun in St. Louis und arbeitete an verschiedenen Zeitungen, gab unter anderem auch eine eigene Zeitung, „Die Neue Zeit", heraus. Im Jahre 1865 wählte man ihn zum Auditor von St. Louis, ein Amt, das er am 1. Januar 1866 antrat. Am 20. August desselben Jahres starb er an der Cholera.

Mit Josef Weydemeyer schied einer der besten Vorkämpfer des amerikanischen und des internationalen Proletariats aus dem Leben.

Drittes Kapitel.
Der Kommunistenklub.

Die Abreise Weydemeyers aus New York zu Anfang des Jahres 1856 nahm den Anhängern Karl Marx' in New York ihren fähigsten Vertreter. Die dortigen deutschen Arbeiter wurden damit den kleinbürgerlich radikalen Phrasenhelden überliefert, die, wie wir sehen werden, im letzten Drittel der fünfziger Jahre nicht nur in den Kreisen der Achtundvierziger-Flüchtlingschaft den Ton angaben, sondern die sich auch der Bewegung der deutschen Arbeiter, soweit eine solche noch vorhanden war, bemächtigten.

Neben diesen fanden sich indes auch noch Reste von Flüchtlingen, die aus ihrem Kampfe um eine bürgerliche Existenz sich die Überzeugungen und die Klarheit ihrer Jugend gerettet hatten und die, wenn sie auch für den Augenblick an einen größeren Einfluß auf die Masse der deutschen Arbeiterschaft der Union verzichten mußten, sich doch zusammenfanden, um in ihrem engen Kreise ihre kommunistischen Anschauungen zu kräftigen und zu erweitern.

Das kommunistische Element, das vor und während der deutschen Revolution durch Karl Marx, die „Neue Rheinische Zeitung" und den Kommunistenbund beeinflußt war, war in New York und Umgebung Mitte der fünfziger Jahre nicht mehr besonders stark. Die Leute, die in der ersten Hälfte der fünfziger Jahre hinter der „Reform" und dem „Arbeiterbund" standen, waren zum großen Teil aus der Öffentlichkeit verschwunden. Teilweise hatten sie, wie Josef Weydemeyer, dem Osten den Rücken gekehrt, um im Westen ihr Glück zu versuchen. Teils hatten sie sich enttäuscht von jeder öffentlichen Tätigkeit zurückgezogen, teils hatten sie auch, wie Abraham Jacoby, ihren Frieden mit der bürgerlichen Welt gemacht und büßten nun im Tanze um das goldene Kalb die Jugendeseleien der früheren Jahre.

Aber, wie gesagt, einige, die sich ihr kommunistisches Herz gewahrt hatten, wohnten noch zerstreut in und um New York, und einer aus ihnen, Albert Komp, unternahm es, diese kommunistischen Überreste zu sammeln und zu vereinigen.

Komp war ein Rheinländer, der die Frohnatur seiner engeren Landsleute bis ins späte Alter und bis auf den heutigen Tag sich erhalten hat. Er war seit seiner Jugendzeit mit Josef Dietzgen, dem Arbeiterphilosophen aus Siegburg, eng befreundet und stand in intimem Verkehr mit Wilhelm Weitling. In den verschiedensten Organisationen der New Yorker deutschen Arbeiterschaft in den fünfziger und sechziger Jahren war Komp tätig, und er war es auch, der im Herbste 1857 die Initiative zur Organisierung der Reste der Kommunisten New Yorks ergriff.

Die so geschaffene Organisation war der „Kommunistenklub", der damals und noch mehr in späteren Jahren für die Bewegung der deutschen Arbeiter New Yorks nichts ohne Bedeutung gewesen ist.

Der neue Verein hielt am 25. Oktober 1857 seine erste Sitzung in New York ab, nachdem in einigen privaten Zusammenkünften in der Wohnung Komps in Hoboken die Gründung des Vereins beschlossen und die Grundsätze der Vereinigung festgestellt worden waren.

Der Zweck des Vereins war die Propaganda für seine Grundsätze, wie sie im ersten Paragraphen seiner Statuten in folgender Weise festgesetzt waren: „Die Mitglieder des Kommunistenklubs verwerfen jeden religiösen Glauben, in welcher Art und Weise er sich auch gestalten möge, sowie jede nicht auf unmittelbare Sinneswahrnehmung beruhende Anschauung. Sie anerkennen vollkommene Gleichberechtigung aller Menschen — gleichviel welcher Farbe und welchen Geschlechts — und streben deshalb zuvörderst danach, das sogenannte bürgerliche Eigentum, sei es ererbtes oder erworbenes, aufzuheben, um an dessen Stelle eine vernunftgemäße, jedem zugängliche, seinen Bedürfnissen möglichst entsprechende Beteiligung an den nationalen und geistigen Genüssen der Erde zu setzen. Sie verpflichten sich durch ihre Namensunterschrift, auch in dem gegenwärtigen Zustand der Gesellschaft diese Ansichten möglichst auszuführen und sich gegenseitig moralisch und materiell zu unterstützen."

Als Beamten des Klubs wurden gewählt: Fr. Kamm als Vorsitzender, A. Komp als Vizevorsitzender und Fr. Jacoby als Sekretär.

Gleich nach seiner Gründung suchte der Kommunistenklub Verbindungen nach außen hin anzuknüpfen. Er trat mit Karl Marx in London in Verbindung, ferner mit Josef Weydemeyer, der sich damals in Milwaukee befand, dann mit J. Ph. Becker in Genf, sowie mit dem Journalisten Otto Reventlow in Cincinnati, ebenfalls einem kommunistischen Flüchtling. Auch mit verschiedenen kommunistischen Kolonien, so zum Beispiel mit der Cabetschen Kolonie Nauvoo in Illinois, wurden Verbindungen unterhalten, und zwar durch den Musiker Albrecht in Philadelphia.

Im ganzen trat der Klub nicht viel an die Öffentlichkeit. Verdienste erwarb er sich mit anderen revolutionären Organisationen zusammen um die Organisierung einer großen Feier der Junischlacht von 1848, die am 23. Juni 1858 unter zahlreicher Beteiligung von Deutschen, Franzosen, Italienern, Engländern und Amerikanern in New York stattfand. Der Klub stellte zwei Redner zu dieser Feier, nämlich F. A. Sorge und Fr. Kamm.

In der Sklavereifrage, die damals brennend zu werden begann, unterstützte der Verein die entschiedenste abolitionistische Richtung. Als ein damals in New York erscheinendes Arbeiterblatt „Der Arbeiter" und die Platform der damaligen Zentralisation der deutschen Arbeiter New Yorks, des „Arbeiterbundes" — die wir noch näher kennen lernen werden —, in dieser Frage nicht scharf genug Stellung nahmen, erhob der Kommunistenklub Protest und wandte sich in scharfer Weise gegen die Personen, die Zeitung und Arbeiterverbindung auf falsche Wege führten. Auch sonst verfuhr der Klub äußerst strikt in der Aufrechterhaltung seiner Prinzipien, wie ein Mitglied erfahren mußte, von dem man annahm, daß er in der Sklavereifrage seinen eigenen Vorteil über die Prinzipien des Vereins gestellt habe, und ein anderes Mitglied, Cohnheim, der in einer politischen Konvention gegen die Forderung des gesetzlichen Achtstundentages gestimmt hatte.

Der Kommunistenklub suspendierte während des Bürgerkrieges seine Versammlungen, zum Teil deshalb, weil ein großer Teil seiner Mitglieder zu den Fahnen geeilt war.

Mitte der sechziger Jahre nahm der Klub seine agitatorische Tätigkeit wieder auf, und verschiedene seiner Mitglieder erwarben sich dann Verdienste als Pioniere der Internationalen Arbeiterassoziation auf amerikanischem Boden.

Viertes Kapitel.
Vor dem Ausbruch des Bürgerkrieges.
1. Die Krise von 1857.

Die Arbeitslosigkeit und die Teurung des Jahres 1855 hatten Ende dieses Jahres und im Laufe der folgenden Monate etwas nachgelassen, ohne daß es indes zu einem wirklichen wirtschaftlichen Aufschwung gekommen wäre. Aber immerhin war der größte Teil der Arbeiter beschäftigt. Dieser relativ günstige Zustand der Dinge wurde im Herbst 1857 durch eine heftige Krise unterbrochen, und Arbeitslosigkeit und Not wurden allgemein. Eine dumpfe Unruhe bemächtigte sich der Metropole, die schon durch die Stagnation der vorhergehenden Jahre genugsam geschädigt war. Zusammenrottungen der Arbeiter New Yorks auf den öffentlichen Plätzen waren tagtägliche Erscheinungen. Täglich fanden sich auf dem Tompkinssquare die Arbeitslosen zusammen. Es fanden Massenversammlungen statt, ohne daß irgend welche Vorbereitungen getroffen waren; Redner tauchten auf, von denen niemand vorher etwas gesehen hatte, deren Namen niemand kannte, und die auch ebenso rasch wieder verschwanden, als sie aufgetaucht waren. Allerlei Vorschläge zur Abhilfe der Not wurden laut, verständige und unverständige. Man hielt Umzüge und reichte Petitionen ein. Als man die Forderungen der Arbeitlosen nicht berücksichtigte, marschierte man, zehntausend Mann stark, nach der City Hall und forderte entschieden Linderung der herrschenden Not. Angst und Schrecken bemächtigten sich der besitzenden Klassen, besonders auch der Börsenmatadore in Wallstreet. Die Bundesbehörden boten Bundesmilitär zum Schutze des Zollamts und des Unterschatzamts auf. Die Staatsregierung hielt die Arbeiter zunächst durch Versprechungen hin. Unterdes wurden die Führer der Arbeitslosen bestochen, damit sie sich von der Bewegung zurückzogen. Als dann die Arbeiter weiter demonstrierten, hatten sie keine Wortführer, und sie wurden, unorganisiert, wie sie waren, gewaltsam auseinandergetrieben.

Der Gesetzgebung des Staates New York lag damals ein Projekt vor, einen großen Park für die Metropole zu schaffen. Es wurden Gelder bewilligt, um die Arbeitslosen bei diesen Parkarbeiten beschäftigen zu können. Ein- oder zweitausend Arbeiter wurden denn auch — mitten im Winter — bei diesen Arbeiten beschäftigt; was wollte das indes gegenüber den Zehntausenden der Müßigen und Hungernden bedeuten?

Das Fehlen jeder Organisation unter den Arbeitern der Stadt machte sich unter diesen Umständen besonders bemerkbar, und mehr noch unter den Deutschen als unter den Angehörigen anderer Nationen. Die öffentliche Hilfe, die von den städtischen und staatlichen Autoritäten in Form von Arbeitszuwendung oder direkter Unterstützung geleistet wurde, kam naturgemäß mehr den Englisch sprechenden Arbeitern, besonders den Irländern zugute, als den Deutschen. Es war unter solchen Umständen nur natürlich, daß die deutschen Arbeiter zur Organisation förmlich gedrängt wurden, um auf diese Weise sich gegenseitig über die furchtbaren Folgen der Krisis hinwegzuhelfen. Die deutschen Gewerkschaften waren durch die Krisenjahre größtenteils vernichtet, und was übrig geblieben war, hatte keinerlei Bedeutung. So kam man zur Gründung allgemeiner Arbeitervereine, die ganz unwillkürlich sich an die politische Einteilung der Stadt nach Warddistrikten hielten. Diese Wardvereine der deutschen Arbeiter hatten zunächst keinerlei politische Zwecke. Sie wurden ins Leben gerufen, um ein Mittel zu schaffen, der Not in ihrem Kreise durch gegenseitigen Beistand nach Möglichkeit abzuhelfen. Diese Vereine waren es, die dann den Grundstock bildeten für eine neue allgemeine Organisation der deutschen Arbeiterschaft New Yorks und der Vereinigten Staaten.

2. Der reorganisierte Arbeiterbund.

Gleich nach Ausbruch der Novemberkrise von 1857 hatte sich in New York ein „Allgemeiner Arbeiterexekutivausschuß" gebildet, der auf den 2. Dezember eine Arbeitermassenversammlung zusammenberief.

Der Vorsitzende der Versammlung war ein gewisser James T. Maguire, ihr Sekretär Sebastian Seiler, ein alter Kommunist, der sich in den vierziger Jahren in der kommunistischen Bewegung Europas seine Sporen verdient hatte und der unter anderem auch an jener Konferenz hervorragender Kommunisten in Brüssel im Jahre 1846 teilnahm, die zu jener scharfen Verurteilung Krieges und seines New Yorker Wirkens geführt hatte.

Der erwähnten Massenversammlung wurde der Entwurf einer Platform und eines Organisationsstatuts unterbreitet, die ohne Widerspruch angenommen wurden.

Die Platform hatte den folgenden Wortlaut:

„In Erwägung, daß die Unabhängigkeitserklärung der Vereinigten Staaten vom 4. Juli 1776 den Grundsatz als unbestreitbare Wahrheit ausspricht: Alle Menschen sind gleich geschaffen; Leben, Freiheit und Streben nach Wohlstand sind unveräußerliche Rechte, zu deren Sicherheit Regierungen eingerichtet sind, welche ihre Macht aus der Zustimmung der Regierten ableiten, und daß allemal, wenn eine Regierungsform in diese Rechtszwecke Zerstörung bringt, dem Volke das Recht zusteht, diese Form zu ändern oder abzuschaffen und eine neue einzurichten ... wie es dem Volke zu seiner Wohlfahrt und Sicherheit am zweckmäßigsten erscheint;

„in Erwägung, daß die wirtschaftlichen, technischen, kommerziellen und industriellen Fortschritte seit obiger Erklärung ganz andere gesellschaftliche Verhältnisse erzeugt haben, infolge deren wir auf der einen Seite eine Minderheit erblicken, die alles besitzt, während die ungeheure Mehrheit des Volkes nichts besitzt und nie gegründete Aussicht hat, ökonomisch selbständig zu werden, weshalb wir einem fürchterlichen Zusammenstoß zwischen arm und reich entgegengehen;

„in Erwägung, daß bei der gegenwärtigen gesellschaftlichen Ordnung der Arbeiter stets von den Schwankungen des künstlichen Gesetzes von Nachfrage und Zufuhr abhängt und, statt in den Genuß der Frucht seiner Arbeit gesetzt zu werden, infolge einer ganz natürlichen Konkurrenz der Arbeiter untereinander, er sich auf ein Minimum herabgesetzt sieht, das ihn zum Opfer des Kapitals macht, was einem langsamen gesetzlichen Morde ganz gleich kommt;

„in Erwägung, daß die Platformen aller bisherigen politischen Parteien sich als ungenügend herausstellten, eben weil sie keine unmittelbare Verbesserung der Lage der Arbeiter und des Armen im allgemeinen herbeiführten, wodurch er beim Ausbruch irgend einer Geld= und Handelskrisis oder eines sonstigen öffentlichen Unglücks auf die Straße geworfen wird, oder den Almosen= und Wohltätigkeitsanstalten anheimfällt, was ein Schimpf für die Menschheit ist;

„in Erwägung, daß weder hohe Schutzzölle noch unbedingte Handelsfreiheit, nach allen bisherigen Erfahrungen, für den Arbeiter von dauerndem Vorteil sind, weil der schließliche Gewinn immer in die Taschen der Arbeitgeber fließt, die im Grunde nichts als aufgehäufte Arbeit, Kapital genannt, repräsentieren;

„in Erwägung, daß die Arbeiter trotz des allgemeinen Stimmrechtes noch von einer Handvoll gewandter Politiker abhängen und ihre eigentlichen Interessen niemals erreichen werden, solange sie sich nicht der politischen Gewalt bemächtigen, was einfach dadurch zu bewerkstelligen ist, daß sie ihre eigenen Gesetze entwerfen, ihre eigenen Kandidaten aufstellen, ihre eigenen Kredit- und Handelsinstitute gründen, in einem Wort, ihr eigenes Haus bauen usw.;

„beschlossen: durch ganz Amerika einen allgemeinen Arbeiterbund zu gründen, mit Zweigvereinen in jedem Distrikt, in jeder Stadt, in jedem Dorf, ohne Rücksicht auf Alter, Geschlecht, Nationalität oder religiöse Überzeugung;

„beschlossen, eine Arbeiterzeitung in englischer und deutscher Sprache zu gründen, welche die Glieder des Bundes zu einer festgeschlossenen Partei zusammenscharen und alle Tagesereignisse und Fragen nach unseren Ideen und Grundsätzen bespreche;

„beschlossen, den Exekutivausschuß hiermit von neuem zu bestätigen und zu ergänzen, ihn mit Organisierung von Lokalausschüssen, Ausarbeitung von Programms für die Aufnahme der Bundesglieder und eventueller Zusammenberufung eines allgemeinen Arbeiterkongresses, kurz, mit allem zu beauftragen, was das Interesse des Bundes irgend erheischen mag;

„beschlossen, daß jedem Kandidaten für irgend ein Amt in Gegenwart der Ward- oder Exekutivausschüsse folgende Fragen vorgelegt werden:

„1. Sind Sie bereit, auf Leben und Tod, die Ketten zu brechen, welche die Arbeit an das Kapital ketten, überhaupt alles aufzubieten, um die Arbeiterinteressen, die Rechtsame der Armen im allgemeinen, gleichviel in welcher Form sie auftreten, zu erleichtern?

„2. Sind Sie bereit, auf Leben oder Tod, für die vollständige Rechtsgleichheit der Arbeiter einzustehen und gegen jede Benachteiligung der Einwanderer durch nativistische Bestrebungen usw. zu kämpfen?

„3. Sind Sie bereit, die sofortige Anlage volkstümlicher Schulen, polytechnischer Institute, Ackerbaukolonien nach sozialistischen Grundsätzen, Arbeiterwohnungen gegen bloße Verzinsung des Kostenpreises, Kredit- und Leihanstalten, je nach dem Bedürfnis der Lokalität und Entwicklung der Arbeiterverhältnisse usw. aus allen Kräften durchzusetzen?

„4. Sind Sie bereit, den alten juristischen Schlendrian mit der Wurzel auszurotten und eine völlige sportelfreie Volksjustiz an die

Stelle zu setzen, damit Recht und Gerechtigkeit in der Welt eingeführt werde?

„Beschlossen, jeden Kandidaten, der sein Gelübde bricht, indem er obigen Grundsätzen zuwiderhandelt, der Volksjustiz zu überantworten."

Der Wortlaut dieser Platform zeigt, wie sehr die Bewegung der New Yorker deutschen Arbeiter — denn diese kam, wie wir vorausschicken wollen, bei dem neuen Arbeiterbund überhaupt nur in Betracht, trotzdem man den Versuch machte, Verbindungen mit den Englisch sprechenden Arbeitern anzuknüpfen — in theoretischer Beziehung in dem letzten halben Jahrzehnt zurückgegangen war. Die klare Einsicht in die Aufgaben der Arbeiterklasse, in den Klassenkampf und in die historischen Zusammenhänge der Arbeiterbewegung, die den „Arbeiterbund" von 1853 und 1854 ausgezeichnet hatte, war vollständig verschwunden. An ihre Stelle war Unklarheit, Unwissenheit und radikal klingende kleinbürgerliche Phrase getreten und der lächerliche Verschwörerbombast am Schlusse der Platform veranlaßte selbst aus den Reihen der Arbeiter heraus zahlreiche Proteste.

Die in der Versammlung vom 2. Dezember angenommene Organisation bestimmte für die größeren Städte die Schaffung von Delegatenkörpern, die man Delegatenkonventionen nannte. Die laufenden Geschäfte wurden durch einen Exekutivausschuß gebildet. Die Exekutive wurde aus folgenden Personen zusammengesetzt: G. Reininger, Präsident; Simon Pfister, Sekretär; Viktor Pelz, Reuß und Meyer.

Am 16. Januar 1858 trat die erste Konvention des Arbeiterbundes zusammen. Es waren 32 Delegaten anwesend, und man beschloß, sich nach außen hin an verschiedene Personen zu wenden, um durch diese Zweigvereine des Bundes ins Leben rufen zu lassen.

Die Anregung hatte nur wenig Erfolg. Teils lehnte man, wie in Newark, es direkt ab, mit einer Organisation in Verbindung zu treten, die eine solch bombastische Platform aufgestellt hatte; zum Teil gab man überhaupt keine Antwort. Nur aus Chicago und St. Louis, wo sich damals schon deutsche Arbeitervereine mit verhältnismäßig starker Mitgliederzahl gebildet hatten, kamen Antworten, die sich für den Anschluß an den neuen Arbeiterbund aussprachen.

Im Delegiertenkörper des Bundes in New York waren außer den Wardvereinen, von denen etwa ein Dutzend existierten, noch ein „Sozialistischer Bildungsverein" vertreten, der sich im Frühjahr 1858 durch Veranstaltung einer Märzfeier bemerkbar machte, die durch ein „Arbeiterbankett" begangen wurde. Unter den Rednern auf diesem Bankett befanden sich auch einige amerikanische „Sozialisten", eigentlich Fourieristen, die damals in New York eine Wochenschrift herausgaben und Verbindung mit der deutschen Arbeiterschaft der Stadt suchten. Auch ein „Verein zur Förderung der Arbeiterinteressen" sandte Delegaten zum Zentralverein des Arbeiterbundes, doch waren die wenigen deutschen Gewerkschaften New Yorks dort nicht vertreten.

Sowohl die unklare Haltung der neuen Organisation als auch der Umstand, daß eine Minorität derselben unter Führung eines gewissen W. Banque eine äußerst verdächtige Haltung in der Sklavereifrage einnahm, die bezeichnenderweise in der Platform des Arbeiterbundes gar nicht erwähnt wurde, führten schon im Februar zu Streitigkeiten im Bunde. In verschiedenen Warddistrikten bildeten sich rivalisierende Organisationen, und in der Konvention kam es schließlich zu einer Spaltung der eben erst gebildeten Vereinigung.

Man schloß den Vorsitzenden und Sekretär der Exekutive aus und erwählte eine neue Geschäftsleitung, die sich aus Bauer, Katzenberger, Rosenthal, Schneider, Schirling und Welsch zusammensetzte. Auch der „Sozialistische Bildungsverein" wurde vom Bund ausgeschlossen. Die Mehrheit der Wardorganisationen erklärte sich indes für die alte Exekutive und gegen W. Banque, und einige Monate hindurch bestanden zwei rivalisierende Organisationen der deutschen Arbeiter, wobei natürlich die Kräfte in gegenseitigem Kampfe aufgerieben wurden.

Von Personen, die damals in den Kreisen der deutschen Arbeiter New Yorks besonders öffentlich tätig waren, sind zu nennen: Dr. Schramm, Dr. Löwe (Calbe), Gustav Struve, Welsch, Reininger, Haberland, S. Pfister und andere. In Newark waren F. Annecke und G. Schäfer besonders tätig, beide indes erst später, als Banque, mit dem sie nichts zu tun haben wollten, aus der Bewegung verschwunden war.

3. „Der Arbeiter" und die „Soziale Republik".

In der Versammlung, in der man die Gründung des Arbeiterbundes beschlossen hatte, war auch die Notwendigkeit eines eigenen Parteiorgans betont worden und die Exekutive wurde beauftragt, die Gründung einer Zeitung in die Hand zu nehmen. Das geschah, und es scheint, daß der schon erwähnte W. Banque die nötigen Geldmittel beschaffte.

Man sprach in New Yorker Arbeiterkreisen damals darüber, daß Banque diese Gelder von südlichen Sklavenbaronen erhalten habe, ein Verdacht, der seine Rechtfertigung fand durch die Haltung des neuen Blattes in bezug auf die Frage der Negersklaverei. „Der Arbeiter", so nannte sich das Banquesche Organ des Arbeiterbundes, war das einzige Arbeiterorgan deutscher Zunge in New York, das in ganz offener Weise für die Negersklaverei eintrat.

Die erste Nummer des „Arbeiter" erschien am 27. März 1858 und sein Redakteur war natürlich Banque. Als Herausgeber und Eigentümer waren auf dem Blatte der „Arbeiterbund in New York" angegeben, während in Wirklichkeit Banque der Eigentümer war. Mit der Zeitung war gleichzeitig ein unentgeltlicher Arbeitsnachweis für die Mitglieder des Bundes verbunden.

Gab es unter den damaligen Wortführern der deutschen Arbeiterschaft New Yorks auch kaum einen, der fähig gewesen wäre, ein Arbeiterorgan im Interesse der Arbeiterklasse leiten zu können, so war Banque noch ungeeigneter dazu als all die anderen. Er war nicht nur unehrlich mit Bezug auf die Frage der Sklaverei, er liebäugelte nicht nur mit der Organisation der demokratischen Partei, der berüchtigten „Tammany Hall", sondern es fehlte ihm auch an all und jeder Kenntnis der Arbeiterbewegung, von deren Geschichte und Theorie er nicht die blasse Ahnung hatte. Was ihm an Kenntnis gebrach, suchte er durch Redensarten und hohle Renommistereien zu ersetzen. Obgleich er von ökonomischen Dingen nichts verstand, erklärte er doch in einer Auseinandersetzung mit dem Kommunistenklub, daß er „der Schule des Bürgers Karl Marx entwachsen sei und aus eigener Erfahrung kennen gelernt habe, was es mit dem Kommunismus auf sich habe". Seine Behandlung der Arbeiterfragen und wissenschaftlicher Dinge überhaupt zeigten, daß er sich nie damit beschäftigt hatte, und machten ihn zum Gespött der Arbeiter, auch der Mitglieder des Bundes.

Bei der Spaltung im „Arbeiterbund" verblieb das Zeitungsunternehmen in Händen Banques und der Minorität, aber es erhielt dadurch den Todesstoß. Am 8. Mai schon erschien die letzte Nummer, die siebente, des „Arbeiter", und sein Redakteur verwandelte das Blatt mit demokratischem Gelde in ein tägliches Organ, die „New Yorker Morgenzeitung", die in vollen Tönen dann das Lob der Sklavenhalter sang.

Schon ehe „Der Arbeiter" sein Erscheinen eingestellt hatte, war seitens der Majorität des Arbeiterbundes, die sich gegen die Banquesche Richtung stellte, ein neues Organ herausgegeben worden. Am 24. April 1858 erschien die erste Nummer der „Sozialen Republik, Organ der freien Arbeiter". Als Eigentümer und Herausgeber zeichnete auch hier der „Arbeiterbund" in New York. Die Redaktion wurde dem bekannten Achtundvierziger Gustav Struve übertragen, der sich mit Wilhelm Weitling ins Einvernehmen gesetzt hatte und von diesem die Druckereieinrichtungen übernahm, die dieser wegen des Eingehens der „Republik der Arbeiter" nicht mehr verwenden konnte.

Über die Aufgabe des neuen Blattes spricht sich sein Redakteur in der ersten Nummer unter anderem folgendermaßen aus: „Die ‚Soziale Republik' wird sich nicht damit begnügen, allgemeine Abhandlungen über soziale Reformen zu geben. Sie wird stets den Zeitbewegungen diesseits und jenseits des Ozeans folgen. Sie wird auch den poetischen Bedürfnissen ihrer Leser einige Rechnung tragen. Im Gewande der Dichtung bringt die Wahrheit oft am tiefsten in die Herzen der Menschen, erhält eine gute Anregung und nicht selten die größte Kraft."

In derselben nichtssagenden Weise, wie diese Auslassung, war das ganze Blatt gehalten. Von klarer Einsicht in die Arbeiterbewegung, ja auch nur von genügender Beachtung der Vorgänge in dieser Bewegung, war nicht die Rede. Von allen Zeitungen, die die deutschen Arbeiter New Yorks sich zur Vertretung ihrer Ideen geschaffen haben, und die längere Zeit als Organ ihrer Bewegung galten, hat keine so wenig ihren Zweck erfüllt, als die „Soziale Republik".

Gustav Struve redigierte das Blatt bis im Januar 1859. Dann trat Wilhelm Kopp an seine Stelle, der womöglich noch unklarer war als Struve, und der deshalb das Blatt auch nicht auf einen höheren Standpunkt heben konnte. Im Mai 1859 trat Kopp infolge von Differenzen mit dem Vorstand von der Redaktion zurück und der Bundesvorstand nahm die Redaktion selbst in die Hand. Unter den Mitarbeitern der „Sozialen Republik" tauchte nun auch Adolf Douai, damals in Boston wohnhaft, auf, und neben ihm ist noch Theodor Bracklow, ebenfalls ein Achtundvierziger, als Mitarbeiter zu nennen.

Über die Unklarheit der Redaktion der „Sozialen Republik" wie der leitenden Geister des Arbeiterbundes überhaupt gibt ein Artikel des Blattes Auskunft, der sich mit den Aufgaben der Zeitung und der

Organisation beschäftigt. Da wurden als Ziel der Arbeiterbewegung die folgenden vier Forderungen aufgestellt:

1. Die Ketten zu brechen, welche die Arbeit an das Kapital knechten, die Arbeiterinteressen, die Rechtsame der Armen im allgemeinen, gleichviel in welcher Form sie auftreten, zu verfechten.

2. Für die vollständige Rechtsgleichheit der Arbeiter und gegen jede Benachteiligung der Einwanderer durch nativistische Bestrebungen zu kämpfen.

3. Für die sofortige Anlage volkstümlicher Schulen, polytechnischer Institute, Ackerbaukolonien nach sozialistischen Grundsätzen, von Arbeiterwohnungen gegen bloße Verzinsung des Kostenpreises, von Kredit= und Leihanstalten je nach dem Bedürfnis der Lokalität und Entwicklung der Arbeiterverhältnisse in die Schranken zu treten.

4. Den alten juridischen Schlendrian mit der Wurzel auszurotten und eine völlig sportelfreie Volksjustiz an die Stelle zu setzen, damit Recht und Gerechtigkeit in die Welt eingeführt werde.

Soweit die Forderungen, die die Redaktion der "Sozialen Republik" aufstellte, die, genau betrachtet, sich in nichtssagende Redensarten auflösen. Keine Idee von der Aufgabe der Gewerkschaftsbewegung. Nicht das geringste Streben nach Wiedererweckung der nahezu gänzlich zugrunde gegangenen wirtschaftlichen Kampforganisationen der deutschen Arbeiter! Keine Ahnung überhaupt vom Klassenkampf! Nicht eine wirkliche Arbeiterforderung! War es da ein Wunder, daß die Masse der deutschen Arbeiter New Yorks weder dem Bunde noch der "Sozialen Republik" besonderes Interesse entgegenbrachten? Am 26. Mai 1860 erschien die letzte Nummer des Blattes, nachdem im Laufe der letzten Monate die Redaktion desselben unter Leitung von P. Röbel eine sehr entschiedene Haltung gegen die Negersklaverei eingenommen hatte.

4. Ein Kongreß des "Arbeiterbundes".

Die Exekutive des "Arbeiterbundes" war von der Massenversammlung, auf der der Bund ins Leben gerufen war, beauftragt worden, für eine baldige Einberufung eines allgemeinen Arbeiterkongresses zu sorgen. Es war wohl der Schwäche und geringen Ausdehnung der Organisation zuzuschreiben, daß dieser Auftrag erst im Januar 1859 erledigt wurde. Am 17. des genannten Monats trat der erste Kongreß des Allgemeinen Arbeiterbundes in New York zusammen.

Außer New York hatten nur die folgenden Orte den Kongreß durch Delegaten beschickt: Chicago, Cleveland, Philadelphia, Boston, Louisville, Karlstadt und Williamsburg.

Die Zahl der Delegaten betrug vierzehn, wovon die Hälfte aus New York kam. Die Verhandlungen verliefen sehr unfruchtbar und brachten in der Hauptsache nichts, als eine Verschlechterung der Platform, die man noch unklarer, reaktionärer und weitschweifiger machte, als sie ohnehin gewesen war.

Man erklärte als „Hauptzweck" des „Arbeiterbundes": „Die Rechte aller Stände und Nationalitäten innerhalb der Vereinigten Staaten, welche den Fortschritt wollen, zur Geltung zu bringen."

Man erklärte sich als Gegner des Nativismus, und ein Antrag auf „Beschränkung des Wahlrechtes auf die Fähigkeit, lesen und schreiben zu können, indem wir diesen Bildungsgrad als ein Mittel betrachten, der bisherigen Roheit in der Politik Schranken zu setzen", wurde nur mit geringer Majorität abgelehnt.

Man trat „für die politische und soziale Gleichberechtigung der Frauen ein", indem man sie zu „Sitz und Stimme in unseren Versammlungen" berechtigte. Man nahm gegen die Sklaverei Stellung, doch in möglichst milder Form. Ein Antrag, zu erklären, daß „der Arbeiterbund ein entschiedener Gegner des bisher unter dem Namen ‚Kommunismus' bekannten Systems sein und bleiben wolle", wurde erst nach heftigen Verhandlungen verworfen. So unklar im allgemeinen die Bewegung der deutschen Arbeiter New Yorks zu jener Zeit war, so hatte doch die Agitation der vereinzelten Anhänger von Marx, Weydemeyer und seine Freunde, der Kommunistenklub, sowie frühere Mitglieder des Londoner „Kommunistischen Arbeiterbildungsvereins" so viele Früchte getragen, daß die beabsichtigte Kriegserklärung gegen den Kommunismus auf dem Kongreß ins Wasser fiel.

So verwaschen und unbestimmt, wie die einzelnen Beschlüsse dieses Kongresses, war auch die Platform, die aus den Beratungen hervorging. Die Einleitung derselben bezeichnet die Platformen aller bisherigen politischen Parteien als ungenügend. Sie erklärt: „daß ein Mißverhältnis zwischen Armut und Reichtum existiert, welches sowohl in politischer wie in sozialer Beziehung die überwiegende Mehrzahl des Volkes in ihren natürlichen Rechten beeinträchtigt;" und erklärte weiter, daß in Erwägung dieser Tatsache „das ganze heutige Regierungssystem den gesellschaftlichen Anordnungen nicht mehr entsprechend" sei, und daß deshalb eine Staatsform erstrebt werden müsse, „in welcher die Rechte eines jeden Menschen nach dem Vernunftrecht begründet und ebenfalls auch die Pflichten eines jeden festgestellt werden". Diese Staatsform ist den Teilnehmern des Kongresses die „Soziale Republik".

Im übrigen erklärt man sich für Gleichberechtigung aller Menschen, gegen jede Sklaverei, gegen Nativismus und Temperenz, für Gewerbefreiheit, für volkstümliche Schulen, gegen die Steuerfreiheit von Kircheneigentum, für Farmerkolonien mit Staatshilfe. Kein Wort aber wurde laut für besondere Arbeiterforderungen, kein Wort für Arbeitszeitverkürzung, Arbeiterschutzgesetzgebung und ähnliche Dinge. Das Höchste, wozu man sich in dieser Beziehung aufschwang, war die Forderung eines Arbeiterschiedsgerichts unter Autorität der Staatsgesetze, das sich aus Unternehmern und Arbeitern unter Vorsitz eines Richters zusammensetzen, und das den Arbeitern zur Erlangung ihrer Rechte „namentlich gegen betrügerische Arbeitgeber" dienen sollte.

Daß sich die Arbeiterschaft für ein derart verwaschenes Programm nicht erwärmen konnte, liegt auf der Hand. Der neugewählte Bundesvorstand, zu dem Viktor Pelz, D. Steinmetz, G. Heerbrandt, Herzheimer und S. Kapff gewählt wurden, Leute, die ihrer Mehrzahl nach das verschwommenste Element des Bundes vertraten, war auch nicht dazu angetan, den Arbeitern den Nutzen des „Arbeiterbundes" zu beweisen. Die Organisation ging immer mehr zurück, und ihr Einfluß, soweit ein solcher überhaupt vorhanden war, schwand vollständig.

Außer den schon angeführten Vereinen gehörten zur Zeit des Kongresses dem „Arbeiterbund" noch Organisationen in folgenden Orten an: In New York der Republikanische Klub der 20. Ward, der Sozial-Arbeiterbildungsverein, der Tischlerverein, der Verein zusammenwirkender Industrien. Ferner der Arbeiterbildungsverein in Brooklyn und Williamsburg, der Arbeiterverein in Karlstadt, der Allgemeine Arbeiterbund in Philadelphia, wo sich auch noch drei oder vier Wardvereine gegründet hatten. Dann noch der Arbeiterbund in Louisville, der Soziale Arbeiterverein in Cincinnati und Cleveland, der Verein der Sozialreformer in Cleveland, der Brooklyn-Township Sozialreformverein, der Arbeiterverein in Port Perry Alleghany Co., Pa., der Arbeiterbund in Trenton, die Arbeitervereine in Chicago, Egg Harbor City, St. Louis, Baltimore, Newark, Buffalo und Rahway, ferner der Schulverein in La Claire, Iowa.

Der New Yorker Kongreß faßte auch den Beschluß, daß seine nächstjährige Sitzung im September 1860 tagen solle.

Es kam nicht dazu. Die Teilnehmer hatten keine Ahnung von dem heraufziehenden Gewitter, das den „Arbeiterbund" wie nahezu jede Arbeiterorganisation überhaupt hinwegfegen sollte. Noch kurz vorher hatte die „Soziale Republik" ausgerufen: „Die Frage der Abschaffung der Sklaverei ist zurzeit eine durchaus fernliegende." Zwei Jahre darauf schon begann der blutige Kampf zwischen Norden und Süden, der zunächst alle anderen öffentlichen Fragen beiseite schob und der mit der Aufhebung der Negersklaverei in den Vereinigten Staaten endigte.

5. Die deutsch=amerikanische Arbeiterbewegung vor Ausbruch des Bürgerkrieges.

Der Kongreß des „Allgemeinen Arbeiterbundes" in New York erfüllte die Hoffnungen, die man auf ihn gesetzt hatte, nicht. Er stärkte weder die Organisation, noch gab er den Mitgliedern Anregung zur vermehrten Agitation. Das Gegenteil war der Fall.

Man könnte meinen, daß die vermehrte Erregung über die Sklavereifrage die Ursache für den schlechten Stand des „Arbeiterbundes" gewesen sei. Das war aber nur zum Teil richtig, denn tatsächlich erholte sich die deutsche Arbeiterschaft im Jahre 1859 von den Folgen der furchtbaren Krise, die vor zwei Jahren Arbeitslosigkeit und Elend in weite Kreise getragen hatte, und in einer ganzen Zahl von Gewerben bildeten die deutschen Arbeiter neue gewerkschaftliche Organisationen.

Für die Gewerkschaftsbewegung und ihre Bedeutung aber hatten die Wortführer des „Arbeiterbundes" keinerlei Verständnis.

Es ist deshalb durchaus erklärlich, wenn die deutschen Arbeiter New Yorks und der übrigen Städte, in denen der Bund Fuß gefaßt hatte, nun auch dem Arbeiterbund immer weniger Interesse entgegenbrachten.

Die Einflußlosigkeit und der geringe Erfolg nach außen führten naturgemäß zu allerlei Streitigkeiten im Innern der Organisation. Im Sommer 1859 traten infolge solcher Streitigkeiten mehrere Mitglieder der Exekutive des Bundes zurück und auch der Redakteur des Organs, Wilhelm Kopp, legte sein Amt nieder. Trotz der lebhaften gewerkschaftlichen Bewegung, die um diese Zeit einsetzte, verlor die „Soziale

Republik" immer mehr den Charakter eines Arbeiterorgans, und so kam, was bei der Nutzlosigkeit der Organisation kommen mußte.

In seinem Rechenschaftsbericht vom 31. Januar 1860 erklärte die Exekutive des Arbeiterbundes: „Euer Vorstand hat sein möglichstes getan, um die ihm übertragenen Pflichten zu erfüllen; doch die Mittel, welche ihm zu Gebote standen, waren zu gering, als daß er allem hätte entsprechen können, wie er es gewünscht hätte. In letzter Zeit waren überhaupt die lokalen Verhältnisse derart, daß wir einsahen und beschlossen, unser Amt als Bundesbehörde niederzulegen."

Der Sitz der Exekutive wurde hierauf nach Chicago verlegt, ohne daß die Organisation dort zu neuem Leben erweckt werden konnte.

Von anderen deutschen Arbeiterorganisationen, die Ende der fünfziger Jahre in New York bestanden, ist zunächst noch die „Deutsche Organisation des internationalen Bundes" hervorzuheben. Diese Gesellschaft erstrebte ihrem Statut nach die „Vereinigung aller Anhänger der Revolution, welche sich für den Umsturz der bestehenden staatlichen und gesellschaftlichen Verhältnisse, sowie für die Freiheit und Gleichberechtigung sämtlicher Bewohner der Erde erklären, sie propagiert die Revolution im Interesse des unumschränkten Fortschritts".

Der „Internationale Bund" bestand aus einem Zentralkomitee und aus Wardvereinen, hatte indes keine größere Bedeutung. Er stand in Verbindung mit einem Londoner „Internationalen Zentralkomitee". In New York trat die Organisation dadurch hervor, daß sie an der Veranstaltung der Feier zum Andenken an die Pariser Junischlacht mitwirkte, die damals von der Arbeiterschaft gefeiert wurde, wie später die Kämpfe der Pariser Kommune.

Von weiteren Organisationen der deutschen Arbeiter New Yorks in jener Zeit ist zu nennen „Die zusammenwirkende Industriegesellschaft", eine Art Konsumverein, der sich als Teil des Arbeiterbundes erklärte. Auch eine „Gegenseitige Feuerversicherungsgesellschaft" bestand und ebenso einige „Freie deutsche Schulen", die mit dem Arbeiterbund und dessen Zweigvereinen zusammenhingen. In Philadelphia wurde am 10. Januar 1860 auf einer Konvention von deutschen Arbeiterunterstützungsvereinen ein „Arbeiterunterstützungsbund" gegründet, mit dem Zwecke, eine nationale Verbindung der Arbeiterkrankenkassen zu erstreben. Eine Anzahl New Yorker Unterstützungsvereine traten diesem Bunde bei. Natürlich fehlten auch die Arbeitergesang- und -Turnvereine nicht.

In der Gewerkschaftsbewegung jener Tage traten in New York besonders die Tischler, Pianomacher und Zigarrenarbeiter hervor, die Massenversammlungen abhielten und über ihre Lage berieten.

Die Tischler waren bis dahin in der Tischlerassoziation organisiert gewesen, ein Stück Verbindung von Gewerkschaft und von Produktivassoziation, die auf die Dauer den Bedürfnissen des Gewerbes nicht gerecht werden konnte. So wurde denn im Februar 1859 in einer Versammlung ein Komitee eingesetzt mit dem Auftrag, eine Vorlage zu einer dauernden Organisation auszuarbeiten. Diese Organisation wurde auch geschaffen. Sie nannte sich die „Vereinigten Tischler New Yorks", und sie ist dieselbe Organisation, die später unter dem Namen „Möbelarbeiterunion Nr. 7" eine so bedeutende Rolle in der Arbeiterbewegung New Yorks gespielt hat und die jetzt noch unter dem Namen „Carpenterunion Nr. 309" fortbesteht.

Neben der eigentlichen Gewerkschaft der Schreiner bestand auch damals schon unter den Mitgliedern dieses Gewerbes eine Krankenkasse, eine Feuerversicherungskasse sowie ein Arbeitsnachweis.

Gleichzeitig mit der Organisierung der Schreiner traten die Arbeiter mit einer Lohnerhöhung an die Unternehmer heran. Von einem Teil derselben wurde die Forderung bewilligt, von anderen abgelehnt. Es kam zum Streik, der dann eine Vereinigung der Möbelfabrikanten zur Folge hatte, die sich weigerten, die Union anzuerkennen, und die in bezug auf ihre Arbeiter folgende Regeln aufstellten:

1. Zehn Stunden Arbeit des Tages; 2. Arbeitsuchende haben ihre Arbeitsbücher vorzulegen; 3. Besuch ist nur bei Familienangelegenheiten gestattet; 4. Rauchen und Trinken ist bei der Arbeit verboten.

Der Lohn der Schreiner betrug 10 bis 12 Dollar die Woche.

Neben den Schreinern waren damals die Pianomacher besonders tätig. Sie stellten Forderungen an die Unternehmer, die zu Ausständen führten. Die Firma Steinway hatte im März 1859 jeden ihrer Arbeiter, der sich an Versammlungen beteiligte, mit Entlassung bedroht, was prompt mit einem Streik bei dieser Firma beantwortet wurde. Die Unternehmer wurden gezwungen, eine Lohnerhöhung eintreten zu lassen. Schritte zu einer dauernden Organisation wurden getroffen und der Verein der „Vereinigten Pianomacher von New York" gegründet, der sogar Schritte einleitete zur Gründung eines Nationalverbandes.

Im Juni 1858 wurde eine Organisation der Zigarrenarbeiter ins Leben gerufen, die sich „Allgemeine Geschäftsassoziation der vereinigten Zigarrenmacher der Stadt New York und Umgegend" nannte und als deren Zweck die gegenseitige Unterstützung bei Arbeitslosigkeit angegeben wurde, die aber auch zur Durchführung von Kämpfen mit den Unternehmern diente. Die Zahl der Mitglieder betrug zu Anfang 325, meistens Deutsche.

Im Januar 1859 organisierten sich die deutschen Frauenschuhmacher und setzten eine Lohnerhöhung durch.

Im Dezember 1859 traten die deutschen Buchdrucker zu einer neuen gewerkschaftlichen Organisation zusammen. Sie zählten 135 Mitglieder und verlangten eine Lohnerhöhung in Höhe der den englischen Setzern gezahlten Löhne, was durchgesetzt wurde. Auch die Bäcker organisierten sich. Ebenso die Drechsler und die Schneider in Williamsburg.

Im April 1859 machte man einen Versuch, einen Zentralkörper der deutschen Gewerkschaften zu bilden. Es beteiligten sich daran die Tischler, Zuschneider, Drechsler, Kappenmacher, Pianomacher und auch die Sozialreformer. Die neue Organisation hatte wenig Erfolg. Der Versuch wurde ein Jahr später wiederholt, ohne daß das Resultat ein wesentlich besseres gewesen wäre.

Auch in den übrigen Städten der Union zeigte sich Ende 1859 ein Wiederaufleben in der deutschen Gewerkschaftsbewegung. In Philadelphia, Baltimore, Louisville, Cincinnati und anderen Plätzen des Ostens bildeten sich überall Gewerkschaften deutscher Arbeiter. In letzterer Stadt waren besonders die Schreiner und Schneider gut organisiert, die um diese Zeit auch einige Streiks siegreich durchsetzten. In den westlichen Städten Chicago, Milwaukee, St. Louis usw. brachten auch die deutschen Arbeiter der Gewerkschaftsbewegung damals nur geringes Interesse entgegen. Ein durchaus erklärliches Verhalten, wenn man den kleinbürgerlichen Charakter dieser Städte zur damaligen Zeit in Betracht zieht.

Das war die Situation der deutsch-amerikanischen Arbeiterbewegung, als der Bürgerkrieg begann und eine neue Grundlage für die Kämpfe der Arbeiterklasse schuf, eine Grundlage, die erst geschaffen werden mußte, um überhaupt eine gesunde Arbeiterbewegung auf amerikanischem Boden möglich zu machen.

Fünfter Teil.
Negersklaverei und Arbeiterbewegung.

Erstes Kapitel.
Ökonomische Gegensätze und politischer Kampf.

1. Historischer Rückblick.

Die innere und äußere Politik der Vereinigten Staaten wurde in der ersten Hälfte des vorigen Jahrhunderts in der Hauptsache bestimmt durch den Kampf, der sich zwischen zwei Abteilungen der herrschenden Klasse abspielte, zwischen den Sklavenhaltern des Südens nämlich und den Fabrikanten des Nordens.

Im Süden war die herrschende Produktionsform die Sklaverei, die unfreie Arbeit. Die südlichen Plantagenbesitzer erzeugten ihre Waren — Tabak, Baumwolle, Reis, Zucker — durch Neger, die ihr persönliches Eigentum waren, die sie deshalb selbst ernähren und kleiden mußten, denen sie aber keinen Geldlohn zu zahlen hatten. Im Norden begann — besonders seit dem zweiten Kriege mit England 1812 bis 1815 — die Industrie sich zu entwickeln, die „freie" Arbeiter, Lohnarbeiter beschäftigte, Arbeiter, die nicht sich selbst und ihre ganze Zeit, sondern nur ihre Arbeitskraft während gewisser Stunden, wenn auch recht langen Stunden, für bares Geld, für Lohn dem Unternehmer verkauften. Die aus diesem Gegensatz entspringenden Kämpfe, die in der Hauptsache Kämpfe waren um die politische Herrschaft im Staate, bilden den Inhalt der politischen Entwicklung, die zur Aufhebung der Sklaverei führte.

Veränderte ökonomische Bedingungen erzeugen eine Veränderung in den Ansichten und Ideen der Menschen. Solange die besitzende Klasse Neu=Englands an der Negersklaverei ein Interesse hatte, zeigte sie keinerlei Gegnerschaft gegen dieses Institut. Solange die Schiffe der Neu=Engländer, mit Rum beladen, der in Neu=England fabriziert war, nach Afrika gingen und dort ihren Rum für Negersklaven eintauschten, die man dann nach den Südstaaten brachte, um dann ihr Schiff mit

Molasses, dem Saft des Zuckerrohrs, zu füllen, um diesen in Rum zu verwandeln — solange, wie gesagt, der Kreislauf — Rum, Neger, Molasses, Rum — andauerte und profitabel war, so lange war von einer Bewegung für die Aufhebung der Sklaverei in den Neu=Englandstaaten nicht die Rede.

Das änderte sich, als die moderne Industrie sich zu entwickeln begann. Schon seit 1790 hatten in den Neu=Englandstaaten einige Baumwollenfabriken bestanden, aber erst der Krieg mit England von 1812 bis 1815 brachte sie in Blüte. Die Vereinigten Staaten wurden durch Unterbrechung des Handels mit England von ihrer bisherigen Bezugsquelle abgeschnitten und waren nun auf sich selbst angewiesen. Der vergrößerte Bedarf brachte die Baumwollen= und Wollenfabrikation empor. Wenn auch der Friede der englischen Ware wieder das Übergewicht gab, so entwickelte sich doch die Industrie Neu=Englands weiter, und Gegensätze mancher Art zwischen den Interessen dieser Industrie und den Interessen der Sklavenhalter, den Pflanzern des Südens waren die Folge. Die Idee der Sklavereiabschaffung tauchte in Neu=England auf.

Auch im Süden zeigte sich mit der Änderung in den wirtschaftlichen Interessen eine Änderung in den Anschauungen der Menschen. In den nördlichen Sklavenstaaten, wie in Virginia, tauchten anfangs des neunzehnten Jahrhunderts Ideen und Bewegungen auf, die auf eine Aufhebung und Milderung der Sklaverei hinausliefen. Der Raubbau und die damit zusammenhängende Erschöpfung des Bodens, die der Sklavenarbeit eigen sind, führten zu einem Zustand der Tabakländereien, die deren Bebauung nicht mehr lohnte. Man empfand den Besitz der Sklaven als Last und wurde infolgedessen philanthropisch und sogar abolitionistisch gestimmt. Das zeigte sich unter anderem darin, daß man auch aus dem Süden, und zwar gerade aus Virginien, die von Neu=England aus angeregten Abolitionistenversammlungen, die alljährlich in Philadelphia stattfanden, beschickte und förderte. Das hörte aber auf, als die Sklaverei sich dann plötzlich wieder bezahlte. Die Philanthropie ging zum Teufel, als das Geld im Kasten klang.

Die Vereinigten Staaten hatten nämlich von Frankreich das große Gebiet des damaligen Louisiana erworben. Die Zucker= und Reisfelder des neuen Gebiets boten einen kaum zu befriedigenden Markt für Sklaven. Die Pflanzer der nördlichen Sklavenstaaten, für die sich der Tabakbau nicht mehr lohnte und die des Klimas halber keine Baum=

wolle bauen konnten, warfen sich jetzt auf die Produktion von Neger=
sklaven, auf die Fabrikation von Negern. Sie züchteten Neger, wie
man anderswo Vieh züchtete, und verkauften sie an die Pflanzer in den
Baumwollen= und Zuckerstaaten. Mit dem gesteigerten Interesse an der
Negersklaverei verschwand in Virginien auch die Philanthropie, die sich
vorher gezeigt hatte, und von Abschaffung der Sklaverei war nicht mehr
die Rede. Wohl aber redete man von der Abschaffung des Sklaven=
handels. Die Schiffe der Neu=Engländer, die ihre Sklaven von der
Küste Afrikas nach Amerika brachten, waren eine Konkurrenz für die
Pflanzer Virginiens, die auf amerikanischem Boden die Neger züchteten.
Im Jahre 1808 schon wurde das Verbot des Sklavenhandels gesetzlich
ausgesprochen. Die Reeder des Nordens setzten trotzdem diesen Handel
lebhaft fort, und besonders die Schiffsbesitzer New Yorks beteiligten sich
an dem gewinnbringenden Geschäft. Noch bis zu Anfang der sechziger
Jahre wurde von ihnen der Import afrikanischer Neger zu Handels=
zwecken weitergetrieben.

Diese und andere Interessengegensätze zwischen den herrschenden
Schichten der amerikanischen Gesellschaft, zwischen den Fabrikanten des
Nordens und den Pflanzern des Südens erzeugten die Bewegung zur Ab=
schaffung der Sklaverei, wie sie zunächst in der Bildung von Abolitionisten=
vereinen sich zeigte. Diese Vereine entstanden Anfang der dreißiger Jahre
des vorigen Jahrhunderts in den großen Städten des Nordens, nament=
lich in Boston, nachdem die frühere Bewegung desselben Namens und
mit demselben Zwecke vollständig eingegangen war. Hatten die früheren
Abolitionisten mit der Bibel in der Hand gegen die Sklaverei gekämpft,
so entnahm die neue Bewegung ihre Waffen der Nationalökonomie und
der Statistik und zeigte die Notwendigkeit der Aufhebung der Sklaven=
arbeit aus wirtschaftlichen Gründen.

Die Abolitionisten waren unermüdlich tätig, die sofortige Aufhebung
der Sklaverei zu fördern. Obgleich sie anfänglich sehr schwach waren,
leisteten sie doch mit dem Wachsen der Interessengegensätze im Norden
und Süden in Bearbeitung der Massen Außerordentliches.

2. Wirtschaftlicher Gegensatz.

Der ökonomische Gegensatz zwischen Nord und Süd war politisch
schon seit langem in der Zollgesetzgebung zum Ausdruck gekommen. Die
Kapitalisten des Nordens, die ihren „freien" Arbeitern Lohn zu zahlen

hatten, waren an einer Gesetzgebung interessiert, die die Löhne niederdrückte und die Preise der Waren hoch brachte. Umgekehrt war es dem Süden darum zu tun, die Bedarfsgegenstände, die er für seine zahlreichen Sklaven brauchte, billig kaufen zu können, und er förderte deshalb eine Gesetzgebung, die einen möglichst niedrigen Preis der Waren herbeiführte. Im Norden herrschten deshalb schutzzöllnerische Tendenzen. Die junge Industrie dort war nur durch einen hohen Tarif gegenüber der Konkurrenz des Auslandes zu schützen. Das Schutzzollsystem, das Fabrikanten fabriziert, indem es hohe Preise für die fabrizierten Waren schafft, mußte aber dem Süden gerade deshalb ein Greuel sein. Dort finden wir denn auch die eifrigsten Anhänger des Freihandels.

Die Sklaverei schloß jede industrielle Entwicklung, wie jeden wissenschaftlichen und industriellen Betrieb des Ackerbaus aus und war lediglich auf die Kultur von Stapelartikeln, in der Hauptsache also Baumwolle, angewiesen, die die Anwendung der menschlichen Arbeitskraft in ihrer rohesten Form und mittels der rohesten Werkzeuge gestattet. Der Baumwollenpflanzer hatte nur das eine Interesse, seine Baumwolle zu hohem Preise zu verkaufen und seine Bedürfnisse, besonders auch jene, die er zur Erhaltung seiner Sklaven brauchte, möglichst billig einzukaufen.

Die Sklavenarbeit wurde erst profitabel, wenn der Pflanzer seine ganze ungeteilte Aufmerksamkeit der Baumwolle zuwenden konnte. Je weniger Getreide und Lebensmittel er baute, desto mehr Baumwolle konnte er erzielen, desto größer sein Profit. Je billiger er seine Provisionen einkaufte, desto billiger konnte er seine Baumwolle produzieren, desto größer sein Überschuß. Hätte er dagegen sein Getreide selbst gebaut, so wäre er kaum imstande gewesen, genügend Baumwolle für den Export zu ziehen. Der nördliche und westliche Farmer arbeitete also für den Süden, indem er den Überschuß seines Getreides nach dort sandte. Dieser aber wollte gute Preise für seine Produkte haben, während der Pflanzer nur wenig zahlen wollte, wodurch er wiederum in Gegensatz zum Süden kam. Das ist einer der Gründe, warum der Farmer des Nordens und des Westens sklavereifeindlich war.

Die Tatsache, daß im Norden schutzzöllnerische, im Süden freihändlerische Tendenzen überwogen, schloß nicht aus, daß gewisse Interessengruppen sich diesen Strömungen entgegensetzten. So waren im Norden die Handelsinteressenten der großen Städte, besonders in New York, dann die Schiffsreeder unbedingte Freihändler und deshalb wiederum An=

hänger der Sklaverei, während die Zuckerpflanzer des Südens für Hoch=
zoll schwärmten.

Der Kampf der beiden Richtungen in der Zollgesetzgebung datiert
bis zum Jahre 1828 zurück. Damals gelang es den industriellen Schutz=
zöllnern zum ersten Male, eine Zollgesetzgebung durchzusetzen, die ganz
von Rücksichten auf die Hebung der Industrie diktiert war. Bis dahin
hatte man in der Hauptsache nur Finanzzölle erhoben, die mit Rücksicht
auf ihren Nutzen zur Bestreitung der Staatsausgaben auferlegt waren.
Dieser erste Versuch zur Einführung des Protektionssystems erzeugte im
Süden einen Sturm von Unwillen und einen heftigen Kampf gegen den
Tarif. Von 1833 an wurde einer der Schutzzölle nach dem anderen
wieder aufgehoben, bis im Jahre 1857 nach verschiedenen Wandlungen
in der Zollgesetzgebung es den Demokraten im Kongreß gelang, einen
Tarif mit so niedrigen Zollsätzen durchzubringen, wie sie die Union seit
dem Jahre 1812 nicht gekannt hatte.

Der Süden war mit England durch ein gemeinsames Interessenband
verknüpft. Die in Großbritannien emporblühende Textilindustrie bedurfte
der Rohbaumwolle des Südens, der ein Monopol für die Erzeugung
dieser Pflanze hatte. Als Rückfracht brachten die Baumwollenschiffe von
England dessen Industrieprodukte zurück, die immer wohlfeiler wurden,
und die ungehindert durch hohe Zölle ins Land hineinkamen. Die Kon=
kurrenz Englands wurde für die Industrie des Nordens immer drückender.
Der Gegensatz zwischen dem Kapital, das „freie" Arbeiter im Norden,
und dem Kapital, das Sklavenarbeit im Süden beschäftigte, wurde immer
schärfer und ein ernster Zusammenstoß immer unausbleiblicher.

Es ist noch ein Moment hervorzuheben, das den Gegensatz besonders
zwischen den Farmern des Nordens und Westens und den Pflanzern
des Südens verschärfte.

Die Sklavenarbeit und Plantagenwirtschaft verwüstete den Boden
und saugte ihn schnell aus. Es mußten den Sklavenhaltern darum
stets neue Strecken Landes zur Ausbeutung und Verwüstung übergeben
werden. Darum das Bestreben des Südens, neue Gebiete zu annektieren
und die Sklaverei dort gesetzlich zulässig zu machen. Auf der Aus=
dehnung der Baumwollenkultur beruhte das ökonomische Leben und
darum auch die politische Vorherrschaft des Südens in der Union.
Verlor er seine Expansionskraft, so verlor er seine Existenzmöglichkeit.
Darum der rücksichtslose Kampf der Sklavenhalter überall da, wo es

sich um Ausdehnung des Sklavereigebietes handelte. Darum die jahrelangen Intrigen, die in den dreißiger Jahren zur Annektierung von Texas führten. Darum der mexikanische Krieg und die Vermehrung des Gebietes der Vereinigten Staaten durch Kalifornien, Utah und New Mexiko. Darum auch verschiedene Expeditionen nach Kuba, um diese Insel für den Süden zu erwerben. Darum selbst die Einfälle in Zentralamerika, die ganz offen damit motiviert wurden, daß man die dort geschaffene Abschaffung der Sklaverei wieder aufheben wolle. Darum besonders auch das Bestreben, in allen Staaten der Union, die sich für Baumwollenbetrieb oder für Sklavenzucht eigneten, die Sklaverei zu einer gesetzlichen Institution zu machen.

Dieses Streben nach Beschlagnahme des noch vorhandenen jungfräulichen Bodens für die Sklavenarbeit aber stand im Widerspruch mit den Interessen der Farmer des Nordens und Westens. Der Farmer hatte ebenfalls ein großes Interesse an neuem Landgebiet. Oft genug verließ auch er seine alte Heimstätte und suchte neuen, jungfräulichen Boden. Wo aber Sklavenarbeit herrschte, war kein Raum für die Arbeit des freien Farmers, und der Konkurrenzkampf zwischen ihm und den Pflanzern war ein weiteres Moment zur Stellungnahme gegen die Sklaverei. Im Kampfe um die Union war es in der Hauptsache denn auch gerade das Farmerelement, das am stärksten ins Feld zog, um den aufrührerischen Süden zu bekämpfen.

3. Politischer Kampf.

In der Gesetzgebung in Washington setzten die Südstaatenleute alle ihre Kraft ein, um ihre Herrschaft zu festigen. Im August 1850 wurde das Sklavenfanggesetz angenommen, das jedem Sklavenbesitzer gestattete, flüchtige Sklaven im ganzen Gebiet der Union, also auch in den Freistaaten, in denen die Sklaverei nicht bestand, verfolgen zu lassen. Die Souveränität der nördlichen Staaten wurde durch dieses Gesetz geradezu aufgehoben. Vorher war der sogenannte Missourikompromiß angenommen worden, welcher die erste Ausdehnung der Sklaverei über neues Territorium gestattete. Dann kam die Nebraskabill, welche dem Kongreß die Kompetenz nahm, irgendwo die Sklaverei zu verbieten, diese Entscheidung den Einzelstaaten übertrug und faktisch den gesamten Westen der Einführung der Sklaverei öffnete. Dann kamen die blutigen Kämpfe der Freistaatsleute und der Sklavereianhänger in Kansas. Die innere Politik des Landes wurde ausschließlich von diesen Fragen beherrscht und die Neubildung der politischen Parteien von ihnen bestimmt.

Es gab bis zu Anfang der sechziger Jahre keine eigentliche Antisklavereipartei; nur Gruppen und kleine Organisationen von Personen, die sich gegen die Sklaverei erklärten und für deren Aufhebung agitierten.

Die republikanische Partei, die sich im Jahre 1854 aus den fortschrittlichen Elementen der demokratischen und der alten Whigpartei und aus Freesoiler (Freilandpartei) bildete, opponierte zwar der Sklaverei, aber ihre Opposition richtete sich weit mehr gegen die Ausdehnung als gegen den Bestand derselben. Es hieß anfänglich bei ihr nicht: Aufhebung der Sklaverei, sondern: keine weiteren Sklavenstaaten. Noch im Jahre 1856 klagte ein radikales sklavenfeindliches Blatt über die Republikaner: „Überall Transaktionen, Vergleiche, Zugeständnisse, die einem ehrlichen Kämpfer es kaum möglich machen, an dem Kampfe teilzunehmen!"

Wie wenig die republikanische Partei ursprünglich an die Forderung einer vollständigen Aufhebung der Sklaverei dachte, zeigen die Forderungen ihrer Platform, die auf der ersten allgemeinen Konvention in Philadelphia im Jahre 1856 angenommen wurde. Die Punkte, die sich in dieser Platform auf die Sklaverei bezogen, waren erstens: Opposition gegen Einführung der Sklaverei in den Territorien, so daß weder der Kongreß, noch die Territorialgesetzgebung, noch eine Gesellschaft, noch ein Individuum unter der bestehenden Konstitution das Recht hatte, die Sklaverei daselbst zu legalisieren; und weiter: konstitutionelle Befugnis und Verpflichtung des Kongresses, Sklaverei und Polygamie in den Territorien zu verbieten. Von einer eigentlichen Aufhebung der Sklaverei in den Sklavenstaaten war, wie man sieht, durchaus nicht die Rede.

Noch im Jahre 1860, als der gewaltsame Konflikt schon unausbleiblich schien, nachdem die Verhandlungen im Kongreß die politischen Gegensätze verschärft hatten, nachdem John Browns versuchte Erhebung und sein Tod am Galgen die Gemüter in beiden Lagern erhitzt hatte, selbst dann noch forderten die Republikaner nicht die Aufhebung der Sklaverei. Auf ihrer in diesem Jahre in Chicago abgehaltenen Konvention, auf der man Lincoln als Präsidentschaftskandidaten aufstellte, wurde eine Platform angenommen, in der betreffs der Sklaverei das Folgende gefordert wurde:

„Die neue Lehre, daß die Konstitution ihrer eigenen Bestimmung zufolge die Sklaverei in allen Territorien gestatte, ist eine gefährliche, politische Ketzerei, in geradem Widerspruch mit den ausdrücklichen Vorschriften jenes Schriftstückes selbst, mit den Erklärungen der Zeitgenossen der Revolution und mit früheren Entscheidungen der Gerichte und Gesetzgeber. Sie ist revolutionär in ihrem Endziel und untergräbt den Frieden und die Eintracht des Landes.

„Alles Gebiet der Vereinigten Staaten ist eigentlich ein freies. Da unsere republikanischen Vorfahren, als sie in allen unseren nationalen Territorien die Sklaverei abgeschafft, verordneten, daß niemand ohne gesetzlich vorgeschriebene Prozedur des Lebens, der Freiheit oder des Eigentums beraubt werden darf, so ist es unsere Pflicht, durch legislative Maßregeln, so oft immer solche notwendig werden, diese Bestimmung der Verfassung gegen jeden Angriff aufrecht zu erhalten. Wir sprechen daher dem Kongreß, einer Territorialregierung oder irgend welchen Individuen die Befugnis ab, die Sklaverei in einem Territorium der Vereinigten Staaten zu sanktionieren."

Außer diesem auf die Sklaverei gemünzten Passus enthielt die republikanische Platform von 1860 mit Bezug hierauf nur noch einen Protest gegen den wieder eingeführten Sklavenhandel.

Also unmittelbar vor Ausbruch des gewaltsamen Kampfes zwischen Nord und Süd hatten die Republikaner noch nicht die Abschaffung der Sklaverei gefordert. Sie begnügten sich damit, gegen die Ausdehnung dieses Instituts auf die Bundesterritorien zu protestieren. Gegen den Bestand der Sklaverei an sich hatte man immer noch nichts einzuwenden.

Lincoln wurde im Herbst 1860 zum Präsidenten der Vereinigten Staaten erwählt. Der Süden erhob die Fahne der Rebellion. Als der General Fremont, der in der Wahlkampagne von 1856 Präsidentschaftskandidat der republikanischen Partei gewesen war, im August 1861 in Missouri unter anderen energischen Maßregeln gegen die dortigen Sklavenbarone eine Proklamation erließ, in welcher jene, die den Feinden der Union Vorschub leisteten, mit Konfiskation ihres Vermögens und mit bleibender Freigebung ihrer Sklaven bedroht wurden, hob die republikanische Regierung in Washington diese Maßregel auf. So wenig dachte man in diesen Kreisen selbst dann noch an eine wirkliche Aufhebung der Sklaverei, obgleich schon der gesamte Süden in Aufruhr stand. Ja, die Sklavereifreundschaft im Norden ging teilweise so weit, daß nordische Militärkommandanten flüchtige Sklaven ihren sezessionistischen Herren zurücksandten oder herausgaben. Freilich erregte diese Tatsache eine solche Empörung der öffentlichen Meinung, daß der Kongreß ein Gesetz erließ, in dem eine solche Zurückgabe der Sklavenflüchtlinge an ihre südlichen, in Rebellion gegen die Union begriffenen Herren verboten wurde.

Als es dem Norden nach anderthalbjährigem Kampfe immer noch nicht gelungen war, der Rebellion Herr zu werden, wurde Mitte des Jahres 1862 im Kongreß der Vorschlag laut, die Sklaverei aufzuheben, und zwar nur als wirksames und notwendiges Zwangsmittel zur Unterdrückung der Rebellion. Lincoln machte dann noch den Vorschlag, man solle jedem Staate, der die Sklaverei in seinen Grenzen aufheben wolle, von Bundes wegen Geldmittel zur Verfügung stellen, aus denen man die Sklavenhalter entschädigen solle, und dieser Vorschlag fand nur keine Annahme, weil die Sklavenhalter in ihrem Übermut denselben ablehnten. Der Kongreß hob die Sklaverei dann im Distrikt Columbia auf, und die oberste Bundesbehörde zeigte an, daß sie am 1. Januar 1863 die Sklaverei in allen Staaten als aufgehoben erklären werde, in denen die Bevölkerung sich im Aufstand befinde, wenn diese Aufständischen nicht die Waffen niederlegen würden. Die Aufständischen kehrten sich nicht an diese Drohung, und so proklamierte Lincoln am gegebenen Datum die Aufhebung der Sklaverei als eine reine Kriegsmaßregel. Erst nach der Wiederwahl Lincolns zum Präsidenten, am 1. Februar 1865, erklärte der Kongreß mit Zweidrittelmajorität die Sklaverei für aufgehoben. Bis dahin war sie tatsächlich ein gesetzliches Institut in den Vereinigten Staaten. Die wirklichen Sklavengegner außer den Abolitionisten, besonders auch die deutschen Radikalen, die damals einen bedeutenden Einfluß hatten, waren mit der unentschiedenen Haltung Lincolns zur Sklavenfrage derart unzufrieden, daß sie ihm bei seiner Wiederwahl die Gefolgschaft verweigerten und im Oktober 1863 eine Konvention nach Cleveland beriefen, auf der man sich gegen Lincoln als Präsidentschaftskandidaten aussprach.

Zweites Kapitel.
Arbeiter und Sklavenfrage.

1. Die Arbeiter Neu-Englands und die Sklaverei.

Durch die Agitation der Abolitionisten, die zum Teil identisch waren mit den Sozialreformern der fourieristischen und owenistischen Schule und den Männern und Frauen von Brook Farm, wurden die Englisch sprechenden Arbeiter Neu-Englands schon frühzeitig über die Sklavenfrage aufgeklärt und nahmen dementsprechend Stellung. Immerhin identifizierten sie sich mit der Antisklavereibewegung nicht so absolut, daß sie darüber die Interessen ihrer eigenen Klasse und deren Wahrung außer Augen gelassen hätten. Ihre Wortführer hoben oft genug hervor, daß es neben der „Chattel Slavery", der Sklaverei der Neger, auch noch eine Sklaverei der Lohnarbeiter, noch „weiße Sklaven" gebe, und daß deren Bekämpfung nicht über den Kampf gegen die Negersklaverei vergessen werden dürfe. Diese Auffassung war der Masse der bürgerlichen Reformer durchaus nicht recht. Sie wandten sich dagegen, daß die Wortführer der Arbeiter den Ausdruck „weiße Sklaven" für die Fabrikarbeiter und für die übrigen schlecht bezahlten Arbeiter des Nordens anwandten, und bestritten, daß der Lohnarbeiter Sklave sei. Einzelne von ihnen sahen indes klarer und vergaßen über die Frage der Gegenwart nicht jene der Zukunft.

In einer Rede vor der „Anti Slavery Society" in Boston versuchte zum Beispiel Wendell Phillips die Gegner der Sklaverei sich des Gebrauchs der Produkte der Sklavenarbeit zu enthalten, mit anderen Worten, einen Boykott gegen die südlichen Waren zu erklären. Bei dieser Gelegenheit äußerte er wörtlich:

„Nach meiner Ansicht wird die große Arbeiterfrage, wenn sie gestellt wird, alle anderen Fragen an Wichtigkeit überragen, und die Arbeiter Neu-Englands, die Bauern Irlands und die Arbeiter Südamerikas werden nicht über die Sympathien für die Sklaven des Südens vergessen werden."

Eine Arbeiterzeitung der damaligen Zeit lenkte die öffentliche Aufmerksamkeit auf diese Worte und bemerkte dazu: „Herr Phillips ist auf dem richtigen Wege zu den Prinzipien der Sozialreform. Mögen er und seinesgleichen einsehen lernen, daß Sklaverei, Krieg, Armut und

Unterdrückung unzertrennlich sind von dem herrschenden System der Zivilisation, dem System des Interessengegensatzes, und daß die einzige wirkungsvolle Abhilfe zu suchen ist in der Einführung eines höheren Systems der Vereinigung der Interessen und der Zusammenfassung der Industrie...." Das war Mitte der vierziger Jahre.

Trotzdem also die Arbeiter Neu-Englands ihre eigene Sache nicht außer acht ließen, hinderte sie das doch nicht, auch gegen die Sklaverei Stellung zu nehmen, und zwar in einer Weise, die weit über die Haltung der Masse der damaligen Gegner der Sklaverei hinausging, die, wie wir gesehen haben, großenteils sich nur gegen die Ausdehnung der Sklaverei, nicht aber für deren gänzliche Abschaffung erklärten.

Am 16. Januar 1846 tagte in Lynn in Massachusetts eine Konvention von Arbeitern Neu-Englands. Der bevorstehende Krieg mit Mexiko um Texas, tatsächlich ein Kampf um Ausdehnung der Sklaverei und im Interesse der Sklavenhalter, erregte die öffentliche Meinung. Auf diesen Kampf bezieht sich die folgende Resolution, die auf der erwähnten Konvention angenommen wurde, und die bezeichnend ist für die entschiedene Stimmung, die die Arbeiterschaft des Nordens mit Bezug auf die Sklavenfrage beseelte.

Diese Resolution hatte folgenden Wortlaut:

„In Erwägung, daß zurzeit drei Millionen unserer Brüder und Schwestern auf den Plantagen des Südens in ihren Ketten stöhnen;

„in Erwägung, daß wir nicht nur auf unsere eigenen Rechte bestehen, sondern auch für alle anderen die Rechte und Privilegien sichern wollen, für welche wir kämpfen,

„sei es beschlossen, daß, weil wir unsere Vorfahren ehren und respektieren für die edle Weise, in welcher sie sich der britischen Unterdrückung entgegensetzten, wir, ihre Nachkommen, uns niemals der augenscheinlichen Inkonsequenz schuldig machen werden, die Waffen aufzunehmen und jene niederzuschießen und niederzustechen, die dieselben Mittel zum selben Zwecke gebrauchen.

„Sei es ferner beschlossen, daß, während wir uns verpflichten, alle Mittel in unserer Macht, die unseren Prinzipien entsprechen, zu gebrauchen, um Kriege, Aufstände und Pöbelherrschaft niederzuhalten und alle Menschen vor den Folgen derselben zu schützen, wir doch nicht die Waffen aufnehmen werden, um den südlichen Sklavenhaltern zu helfen, den fünften Teil unserer Landsleute um ihre Arbeit zu berauben;

„sei es weiter beschlossen, daß wir unseren Brüdern empfehlen, sowohl individuell wie gemeinschaftlich in Donnertönen zu erklären, daß nicht länger gesagt werden soll, daß die Arbeiter des Nordens, während sie für ihre Rechte kämpfen, eine stehende Armee sind, die mit den Spitzen der Bajonette drei Millionen ihrer Brüder und Schwestern in Ketten halten."

2. Die Stellung der deutschen Arbeiter.

Wir haben gesehen, daß die Englisch sprechenden Arbeiter Neu-Englands schon frühzeitig eine sehr entschiedene Haltung gegenüber der Sklaverei einnahmen. Dagegen berührt es eigentümlich, daß die deutschen Arbeiter New Yorks in jener Zeit, wenigstens soweit sie organisiert waren und ihre Meinung durch ihre Preßorgane repräsentiert wurde, in dieser Frage einen durchaus rückschrittlichen Standpunkt einnahmen, daß sie nicht nur sich gleichgültig zeigten, sondern daß sie sogar zum Teil direkt Stellung für die Sklavenhalter nahmen.

In einem Artikel „Unsere Stellung zu den Fragen der Zeit" erklärte zum Beispiel Hermann Kriege im „Volkstribun" vom 21. November 1846 betreffs der Sklavenfrage: „Daß wir in der Sklavenfrage eine Eigentumsfrage sehen, die nicht für sich allein entschieden werden kann. Daß wir uns für die Bewegung der Abolitionisten entscheiden würden, wenn es in unserer Absicht läge, unsere Republik in einen Zustand der Anarchie zu stürzen, die Konkurrenz der „freien Arbeiter" ins Ungeheure zu vermehren und die Arbeit selbst auf das Äußerste herunterzubringen. Daß wir unter den Bedingungen der heutigen Gesellschaft durch die Abolition die Lage unserer „schwarzen Brüder" nicht bessern, wohl aber die Lage unserer „weißen Brüder" unendlich verschlimmern könnten. Daß wir an eine ruhige Entwicklung der Gesellschaft in den Vereinigten Staaten glauben und darum hier wenigstens nicht in einem Zustand der äußersten Erniedrigung unsere einzige Hoffnung erblicken. Daß wir deshalb trotz aller Beschwörungen sentimentaler Philister und trotz aller Poesien freiheitsbegeisterter Damen uns verpflichtet halten, der Abolition aus allen Kräften entgegenzuarbeiten."

Auch Wilhelm Weitling hatte für die Abolitionisten nichts übrig, und in seiner Agitation behandelte er die Sklavereifrage, die doch gerade in den Jahren seiner öffentlichen Tätigkeit begann, alle anderen Fragen zu verdrängen, sehr nebenbei. Freilich vergaß er sich nie so weit, um in der albernen und provokatorischen Weise Krieges seiner Antipathie gegen die Abolitionisten Ausdruck zu geben, ja auch nur direkt für die Sklaven=halter Partei zu ergreifen. Aber nirgends finden wir in Weitlings „Republik der Arbeiter" oder in seinen sonstigen öffentlichen Äußerungen eine ent=schiedene Stellungnahme gegen die Sklaverei; nirgendwo den Hinweis darauf, daß die Arbeiterklasse des Nordens etwa im eigenen Interesse sich mit allen Mitteln gegen die rückständige Sklavenproduktion des Südens zu wenden hätte.

Der sogenannte erste deutsche Arbeiterkongreß, der im Oktober 1850 unter Weitlings Leitung in Philadelphia zusammentrat, faßte unter anderem auch eine Anzahl Beschlüsse politischer Art, aber kein Wort wurde erwähnt gegen die Sklaverei, nicht eine Forderung wurde gestellt, die Bezug gehabt hätte auf die Frage, die schon damals alle Gemüter in Bewegung setzte und zu der, wie wir gesehen haben, das eingeborene Arbeiterelement in den Industriebezirken des Nordens schon so entschieden Stellung genommen hatte. Auch später ging Weitling aus seiner passiven Haltung der Sklaverei gegenüber nicht heraus. Kaum, daß er in späteren Jahren — Mitte der fünfziger — hier und da einmal eine kleine Notiz in seinem Blatte veröffentlichte, in der in sentimentaler Weise die Leiden der Schwarzen des Südens geschildert, die Grausamkeit eines Sklaven=halters gebrandmarkt wäre. Zu einer prinzipiellen Bekämpfung des Instituts der Sklaverei aber kam Weitling nie.

Als Entschuldigung für diesen Standpunkt mag übrigens hervor=gehoben werden, daß auch in der Masse der Republikaner der damaligen Zeit, wie wir gesehen haben, der Ruf nach vollständiger Aufhebung der Sklaverei nur vereinzelt laut wurde, und daß man sich im all=gemeinen damit begnügte, die Forderung zu erheben, daß die Sklaverei nicht auf ein weiteres Gebiet übertragen werde, und daß man den Auswüchsen der Sklaverei, wie zum Beispiel den Sklavenfanggesetzen, entgegentrat.

Bei Kriege wie bei Weitling kam übrigens noch der Umstand hinzu, daß beide sich zur demokratischen Partei bekannten, der erstere aus Demagogie, der letztere wohl aus Überzeugung, eine Überzeugung, die darin wurzelte, daß die Gegner der Demokraten, die damaligen Whigs, stark mit arbeiterfeindlichen Elementen versetzt waren und besonders auch, daß das fremdenfeindliche Element, die Knownothings, die sich Anfang und Mitte der fünfziger Jahre besonders hervortaten, starken Einfluß in dieser Partei hatten. Diesem Umstande ist es wohl zuzuschreiben, daß zahlreiche Elemente des eingewanderten Deutschtums sich den Gegnern der Whigs, den Demokraten zuwandten. Die Demokraten aber traten auch für Aufrechterhaltung und Ausdehnung der Negersklaverei ein, und ihr deutscher Anhang — auch unter den deutschen Arbeitern — machte sich bei seiner Unkenntnis der amerikanischen Verhältnisse und bei seiner Unklarheit in ökonomischen Dingen die demokratischen Schlagworte für die Sklaverei zu eigen.

Hinzu kam noch, daß Kriege sowohl wie Weitling von der ökonomischen Bedeutung der Sklavenfrage nichts wußten. Sie standen ihr deshalb auch ziemlich verständnislos gegenüber, und soweit sie sie überhaupt beurteilten, geschah es vom Standpunkt der Partei aus, zu der sie sich hinneigten, und vom Standpunkt des Gefühls aus, das sie sonst beherrschen mochte. Auch sahen sie in der Agitation gegen die Sklaverei eine Gefahr für ihre eigene Agitation, die die Befreiung der weißen Arbeiter, der Lohnarbeiter, zum Ziele hatte. Die Beteiligung der deutschen Arbeiter an der Antisklavereibewegung lenkte ihrer Meinung nach die Aufmerksamkeit dieser Arbeiter von ihrem eigenen Kampfe ab, ließ sie über etwas, was sie als Nebensache ansahen, die Hauptsache vergessen, ihre eigene Befreiung nämlich.

Weitlings Zuneigung zur demokratischen Partei trat übrigens so stark hervor, daß er sein Amt im Einwanderungsbureau in Castle Garden verlassen mußte, als unter dem Einfluß der verstärkten Antisklavereibewegung Ende der fünfziger Jahre die Republikaner in ihren Einflußsphären allen Demokraten ihre amtlichen Stellungen unmöglich machten.

Der Gegensatz von sozialer Frage und Sklavereifrage, wie Kriege und Weitling ihn sahen, und der sie in ihrer Haltung zu letzterer beeinflußte, spielte übrigens auch als Argument der südlichen Sklavenhalter eine Rolle.

Diese Sklavenhalter sahen den unvermeidlichen Kampf voraus zwischen den „freien" Arbeitern und der Klasse der Kapitalisten, wie sie sich durch die Niederlegung aller Schranken gegen die auf der freien Konkurrenz sich stützenden Industrie entwickeln mußte. Sie warnten deshalb die sklavenfeindlichen Kapitalisten des Nordens vor dieser Entwicklung und vor den Folgen, die diese für sie haben mußte, und stellten die Sache so dar, als ob die Aufrechterhaltung der Sklaverei das eigentliche Mittel zur Lösung der sozialen Frage, der Frage der „freien" Arbeit sei.

Senator Hammond von Südkarolina hielt 1858 im Senat zu Washington eine Rede, in der er unter anderem ausführte:

„Der Senator von New York, Seward, sagte gestern, daß die ganze Welt die Sklaverei abgeschafft habe. Jawohl, den Namen, aber nicht die Sache, denn die können alle Mächte der Erde nicht abschaffen. Nur Gott könnte es tun, wenn er sein heiliges Gebot zurücknehme: ‚Ihr sollt die Armen immer unter euch haben.' Denn der Mann, der vom Ertrag seiner täglichen Arbeit einen kärglichen Lebensunterhalt gewinnt, der seine Arbeit jederzeit an den Bestbietenden verkaufen muß, kurz, alle eure Handarbeiter und Handwerker, wie ihr sie nennt, sind nichts anderes als Sklaven.

„Der Unterschied zwischen euch und uns besteht nur darin, daß unsere Sklaven auf Lebenszeit gemietet und gut entschädigt werden, daß unter unseren Arbeitern weder Hunger, Bettel und Arbeitslosigkeit, noch auch Arbeitsüberhäufung vorkommt, während die eurigen auf den Tag gemietet, schlecht versorgt und knapp bezahlt werden, wofür man zu jeder Stunde in den Straßen euerer großen Städte die traurigsten Belege finden kann. Sieht man doch in einer einzigen Straße der Stadt New York an einem Tage mehr Bettler, als während eines Menschenalters im ganzen Süden.

„Unsere Sklaven sind schwarz und gehören einer untergeordneten Rasse an. Der Zustand, in welchem sie sich bei uns befinden, ist eine Erhöhung ihres natürlichen Zustandes. Dadurch, daß sie unsere Sklaven geworden, sind sie aus der Lage, in welcher Gott sie ursprünglich erschuf, erhoben worden. Auf dem ganzen Erdenrund befinden sich die Neger nirgends in einer so günstigen Lage, als unsere Sklaven im Süden, und niemand weiß es besser als sie selbst. Sie sind glücklich, zufrieden, streblos und ihrer geistigen Erniedrigung wegen durchaus unfähig, uns durch ihre Strebungen zu beunruhigen. — Eure Sklaven sind weiß und gehören zu eurer eigenen Rasse. An natürlicher Geistesbegabung stehen sie euch gleich und ihre Erniedrigung erzeugt bei ihnen Groll und Erbitterung. Unsere Sklaven haben keine Stimme, wir verleihen ihnen keine politischen Rechte; aber die eurigen stimmen mit, und da sie die Majorität bilden, so ruht in ihnen die gesamte Staatsgewalt. Wenn sie das furchtbare Geheimnis kennen würden, daß die Wahlurne stärker als eine bewaffnete Armee ist, und wenn sie sich verständigten, was würde aus euch werden? Euer ganzes Gesellschaftssystem und eure Staatsform würde umgestaltet, euer Eigentum geteilt werden, nicht, wie es ungeschickterweise in den Hungerversammlungen im Parke zu New York versucht ward, mit Waffengewalt, sondern durch geräusch= lose Wirkung des Stimmzettels."

Es ist natürlich ein durchaus demagogischer Standpunkt, den hier der Redner der Sklavenhalter einnimmt, was indes nicht verhindert, daß die gebrauchten Argumente viel Wahrheit enthalten. Im selben Lichte, wie dieser südliche Senator, sahen nun auch Kriege und Weitling die Gesellschaft des kapitalistischen Nordens an. Sie wußten nicht, daß es ohne Lösung der Sklavenfrage keine Lösung der sozialen Frage, keine Befreiung der „freien" Arbeit, ja nicht einmal eine eigentliche Arbeiterbewegung in Amerika geben konnte. Das erklärt die Haltung, die sie der Sklavereifrage gegenüber einnahmen.

Auch der im März 1853 ins Leben gerufene Arbeiterbund, der unter dem Einfluß von Weydemeyer stand, beschäftigte sich anfänglich ebenfalls wenig oder gar nicht mit der Frage der Sklaverei, und seine Platform enthielt keine Forderung, die sich darauf bezog. Als indes die Frage brennender wurde, nahm auch der Arbeiterbund Stellung, und wie in der Arbeiterfrage war er auch in dieser seiner Stellungnahme zur Frage der Negersklaverei von seinen Wortführern wohl beraten.

In einer Massenversammlung, die, vom Arbeiterbund einberufen, am 1. März 1854 in New York stattfand, wurde nach einem Referat von Kellner und J. Weydemeyer die folgende Resolution angenommen:

„In Anbetracht, daß durch die Nebraskabill auf Kosten der Masse des Volkes das große Kapital und der Landschacher eine neue Begün= stigung erhalten,

„daß ferner damit einer zukünftigen Heimstättebill ein ungeheures Territorium entzogen oder unzugänglich gemacht wird;

„in Anbetracht, daß dadurch die Sklaverei weiter ausgedehnt wird, wir aber gegen jede weiße wie schwarze Sklaverei den entschiedensten Protest eingelegt haben, einlegen und einlegen werden;

„in Anbetracht schließlich, daß wir selbständig unser Wohl in Be= tracht nehmen und beraten wollen, frei von jeder Aufoktroyierung auf= gedrungener Gesetzgeber und Drahtzieher und ihrer geworbenen Massen:

„protestieren wir feierlichst gegen diese Bill und erklären jeden für einen Verräter am Volk und seiner Wohlfahrt, der sich zu ihrer Unter= stützung hergibt."

Diese scharfe Stellungnahme gegen die Nebraskabill erklärt sich aus dem Umstande, daß diese Bill tatsächlich den ganzen Westen der Sklaverei öffnete. Die „New Yorker Staatszeitung", die demokratisch war und für die Sklaverei eintrat, hatte bei Gelegenheit der Einbringung dieser Nebraskabill aufgefordert, sich von jeder Agitation gegen die Ausdehnung der Sklaverei fernzuhalten und dadurch den lebhaften Widerspruch des gesamten freisinnigen Deutschtum in New York hervorgerufen. Einige Tage darauf brachte dieses Deutschtum unter Leitung des Berliner Achtundvierziger Lindenmüller der „Staatszeitung" nun eine Katzenmusik, und jener Passus in der Resolution der Massenversammlung des Arbeiterbundes, der von Verrätern am Volke und seiner Wohlfahrt spricht, ist wohl ebenfalls auf das genannte Blatt gemünzt.

Mit der steigenden und verschärften Agitation der Abolitionisten und mit den erhöhten politischen Gegensätzen zwischen Nord und Süd beschäftigten sich die deutschen Arbeiter, die im Arbeiterbund zentralisiert waren, mehr mit der Frage der Sklaverei, und ein großer Teil von ihnen und gerade das klare Element stand Mitte der fünfziger Jahre entschieden auf seiten der Gegner der Negersklaverei. Einzelne Organisationen, wie zum Beispiel der Kommunistenklub, trugen viel zur Klärung in dieser Frage bei und nahmen aufs schroffste Stellung gegen die Sklavenhalter, so sehr, daß Mitglieder, die sich nur im geringsten der Sympathien für den Süden verdächtig machten, deshalb zur Verantwortung gezogen wurden. Auch die sozialen Turnvereine traten zum Teil aufs entschiedenste der Sklaverei entgegen, und alle ihre Platformen und Beschlüsse enthielten die Forderung ihrer Abschaffung.

Immerhin spielte in den Organisationen der deutschen Arbeiter auch in der zweiten Hälfte der fünfziger Jahre die Sklavereifrage keine solche Rolle, daß sie alle anderen Fragen beiseite gedrängt hätte. Als sich im Dezember 1857 der Arbeiterbund reorganisierte und er seine Forderungen in einer Platform zusammenfaßte, wurde auch nicht ein Wort über die Sklaverei gesagt; man ignorierte die Frage, die im übrigen schon damals alle Gemüter in Amerika in Erregung zu setzen begann. Auch als im April 1858 die „Soziale Republik" als Organ des Arbeiterbundes erschien, sprach sich diese noch sehr lauwarm über die Sklaverei aus. Die Leitung des Blattes glaubte, daß das Institut der Negersklaverei vorläufig noch einen sehr festen Stand in Amerika habe. In der ersten Nummer der Zeitung, am 24. April 1858, ward noch erklärt: „Es handelt sich im gegenwärtigen Augenblick gar nicht um die Abschaffung der Sklaverei, sondern nur um Verhütung einer weiteren Ausbreitung derselben", und weiter: „Die Frage der Abschaffung der Sklaverei ist zurzeit noch eine durchaus fernliegende."

Zeigte diese Haltung der Redaktion der „Sozialen Republik" nun einen sehr geringen politischen Scharfblick, so zeigte sie doch keine direkte Gegnerschaft gegen die Abschaffung der Sklaverei, die man nur für fester gewurzelt hielt, als sie es wirklich war. Anders aber mit einer anderen Abteilung der deutschen Arbeiterorganisationen, die in W. Banque ihren Wortführer hatte, freilich nicht besonders stark war und nur eine kurze Zeit existierte.

3. Deutsche Arbeiter als Freunde der Sklaverei.

Der Teil des „Arbeiterbundes" von 1857, der sich vom Hauptbund abtrennte und zum „Arbeiter" und dessen Redakteur W. Banque hielt, hatte in seiner Platform die folgende Forderung: Aufhebung der Sklaverei in zwei Stationen: a. Aufhebung des Sklavenhandels; b. Einführung des Lehrlingsystems. Eröffnung der Kontinente, Zivilisierung Afrikas und Südamerikas durch freigelassene Sklaven. Übertragung des Plantage= und Lehrsystems nach Mexiko und Zentralamerika unter Autorität der Vereinigten Staaten.

In Wirklichkeit waren die Punkte gar nicht gegen die Sklaverei gerichtet. Die allgemeine Stimmung gegen das Institut der Sklaverei war im Norden schon so stark geworden, daß man die Gegnerschaft dagegen nicht mehr offen auszusprechen wagte, sondern sie entsprechend umschrieb und sie verklausulierte. Entgegen der Forderung der Abolitionisten, die jetzt schon allgemeiner erhoben wurde: sofortige und vollständige Abschaffung der Sklaverei, sprach sich dieser Teil des Arbeiterbundes und der Redakteur des „Arbeiter" nur gegen die Sklavenzüchterei aus, ließ im übrigen aber die Sklaverei unbehelligt. In einer Serie von Artikeln wandte sich der Redakteur des Organs des „Arbeiterbundes" dagegen, daß die deutschen Arbeiter den Boykott, den die Abolitionisten gegen die Produkte des Südens erklärt hatten, mitmachen sollten. Sie könnten — so wurde behauptet — das nicht tun, weil sie ohne Baumwolle, dem Hauptprodukt der südlichen Plantagen, nicht leben könnten. Auch eine Ehrenrettung der südlichen Sklaven=

halter wurde versucht, indem man deren Humanitätsbestrebungen lobte. Man gab dort — so wurde gesagt — vielfach Sklaven frei, versehe sie mit barem Gelde und ermögliche es ihnen so, sich in freien Staaten anzusiedeln. Auch schicke man sie nach der Westküste von Afrika, nach Liberia, damit sie dort in Freiheit leben könnten. Wörtlich heißt es da über die Agitation gegen die Sklaverei: „Indem die Agitation stets gegen das ganze Institut gerichtet ist, indem sie droht, mit derselben zugleich die Plantage des Südens zu vernichten, schwächt sie ihren Eindruck, weil sich selbst Männer der mittleren und nördlichen Staaten für die unbedingte Beibehaltung der Plantage erklären müssen und aus triftigen Gründen."

Banque befürwortete den Freikauf der Neger und Ersatz der Afrikaner durch „freie Chinesen", die in Überfülle vorhanden seien und ihre Hände der Arbeit billig darbieten. „Den Loskauf der Neger beschaffe man mit dem Gelde, das man durch Verkauf der Ländereien der Vereinigten Staaten einnimmt."

Unter dem sogenannten „Lehrlingsystem", von dem in den oben erwähnten Punkten der Platform des „Arbeitsbundes" die Rede ist, verstand man folgendes: Den südlichen Uferstaaten, deren Hauptprodukte Baumwolle, Reis und Zucker waren, sollte das Recht zugestanden werden, ihre schwarzen Arbeiter, „die von der Kultur beleckt, bereits halsstarrig, unlenksam und aufrührerisch geworden sind", gegen neu übersiedelte Afrikaner, die auf Zeit und Kontrakt importiert werden sollten, umtauschen zu dürfen.

Die Kriegsflotte der Vereinigten Staaten sollte die Befreiten nach Afrika führen, damit sie dort den in Amerika empfangenen Unterricht in der Arbeit verwerten können, daß sie pflügen, bauen, ernten und die Erzeugnisse des neuen Bodens „gegen unsere Arbeit des höheren Lebensgenusses" eintauschen sollten. Dieses „Lehrlingsystem" sollte der Forderung des „Arbeiterbundes" nach auch auf Mexiko und Zentralamerika ausgedehnt werden, und zwar „unter der Autorität der Vereinigten Staaten". Mit anderen Worten, man wollte die südlich von der Union liegenden spanisch-amerikanischen Länder durch dieses Lehrlingsystem für die Vereinigten Staaten erobern, und zwar in der Hauptsache im Interesse des Sklavenhalterelementes, wie denn das ganze „Lehrlingsystem" nichts anderes als eine Ausdehnung des Sklavenhandels war.

Es ist von den Gegnern des Redakteurs des „Arbeiter", im Arbeiterbunde, von den deutschen Arbeitern also, die gegen die Sklaverei waren, behauptet worden, daß Banque Geld von der Sklavenhalterpartei oder den nördlichen Demokraten erhalten habe, und damit auch sein späteres tägliches Organ gründete. Seine ganze Haltung in der Frage der Sklaverei läßt diese Behauptung nicht unwahrscheinlich erscheinen.

Banque konnte übrigens sein Verhalten damit entschuldigen, daß die ursprüngliche Platform des Arbeiterbundes kein Wort über die Frage der Sklaverei enthielt, er also, da er durch nichts gebunden war, das Recht habe, diese Frage nach eigenen Wünschen zu behandeln.

Der Redakteur des „Arbeiter" war wohl der letzte der Wortführer der deutschen Arbeiter New Yorks, der der Negersklaverei direkt das Wort redete, der letzte und außer dem verrückten Kriege auch der einzige. Die übrigen erkannten zum großen Teil nicht die Wichtigkeit der Lösung der Frage, standen ihr deshalb oft gleichgültig oder lauwarm gegenüber, aber zu einer direkten Verteidigung des Instituts der Sklaverei und der südlichen Sklavenhalter sanken sie nicht herab.

4. Für die Befreiung der Neger.

Nachdem der „Arbeiterbund" den Banque, hauptsächlich wohl seiner sklavereifreundlichen Haltung halber, abgeschüttelt hatte, entwickelte sich in der „Sozialen Republik" nach und nach eine etwas festere Haltung in ihrer Stellung zur Sklavereifrage. Freilich recht langsam. Im November 1858, also nur ein paar Jahre vor Ausbruch des Sezessionskriegs, meinte das Organ des Arbeiterbundes noch, man solle über den Kampf zwischen Freiheit und Sklaverei „die übrigen brennenden Fragen des Tages nicht gänzlich außer acht lassen". Und weiter: „Nicht nur Jahre, sondern wahrscheinlich Jahrzehnte werden vergehen, bevor dieser große Kampf entschieden ist." Daß die „Soziale Republik" mit dieser pessimistischen Äußerung nur der herrschenden Ansicht im „Arbeiterbund" Ausdruck gab, erhellt aus dem Verhalten des ersten Kongresses dieses Arbeiterbundes im Januar 1859. Da wurde betreffs der Sklaverei beschlossen:

„Wir erklären uns gegen jede Sklaverei, in welcher Gestalt oder Form dieselbe auftreten mag, und verpflichten uns, sie mit allen uns zu Gebote stehenden Mitteln zu beseitigen.

„Wir erklären uns insbesondere für sofortige Aufhebung des Sklavenfanggesetzes."

Prinzipiell war die Fassung dieser Resolution ja eine durchaus richtige. Es gibt aber Zeiten, in der die Betonung des rein theoretischen Standpunktes eine Abschwächung dieses Standpunktes bedeutet. Das war hier der Fall, wo die praktische Forderung der sofortigen Abschaffung der Sklaverei eine weit schärfere Betonung auch des theoretischen Standpunktes des Arbeiters gewesen wäre.

Die rasche Entwicklung der Dinge und die provozierende Haltung der Sklavenbarone brachte aber bald den Leuten von der „Sozialen Republik" und vom „Arbeiterbund" eine größere Einsicht bei. Man ermannte sich und trat schärfer gegen die Sklaverei auf, ohne indes zur vollen theoretischen Klarheit in der Frage zu kommen. Besonders in den letzten Monaten des Bestandes der „Sozialen Republik", unter der Redaktion von P. Röbel, trat das Blatt in entschiedenster Weise für die Aufhebung der Sklaverei ein und wirkte in den Kreisen der deutschen Arbeiter für die Abolition. Als dann die Entscheidung nahte und der Gewalt das Wort gegeben wurde, folgte ein bedeutender Teil der deutschen Arbeiter und ihrer Wortführer dem Rufe zu den Waffen, um auf der Seite des Nordens die Sklavenhalter und ihre Armeen zu bekämpfen. Von bekannteren Namen unter ihnen sind zu nennen: Gustav Struve, Josef Weydemeyer, F. Annecke, August Willich, Rudolf Rosa, Fritz Jacoby, Dr. Beust und viele andere, die sich in den Schlachten und Gefechten des Bürgerkriegs derartig auszeichneten, daß eine ganze Anzahl von ihnen zu hohem Range gelangten, viele auch für die Befreiung der Neger ihr Leben ließen.

Sechster Teil.
Der Sozialistische Turnerbund.

1. Die ersten Turngemeinden.

Wie die deutsche Einwanderung nach Amerika hier zur Gründung der ersten sozialistischen Arbeitervereine führte, so brachte sie auch eine Institution nach hüben, die im alten Vaterland mit den politisch fortschrittlichen Kämpfen eng verbunden war; es ist das die Turnerei.

Das Turnen selbst kam schon um das Jahr 1840 nach Amerika, und zwar außer nach New York gleichzeitig nach New Orleans, wo, wie wir gesehen haben, damals eine nicht unbedeutende deutsche Kolonie bestand, in der sich auch deutsche Arbeitervereinigungen und sogar eine deutsche Arbeiterpresse entwickelten.

Die ersten regelmäßigen Vereinigungen von Turnern in den Vereinigten Staaten entstanden zu Ende des Jahres 1848, gleich nachdem der Strom der politischen Flüchtlinge nach hier geleitet wurde. Der erste derartige Verein auf amerikanischem Boden war die Cincinnati Turngemeinde, die noch heute besteht, und die am 22. Oktober 1848 gegründet wurde. Ihr folgte am 28. November desselben Jahres die New Yorker Turngemeinde, die von einer Anzahl von jungen Leuten in einer Versammlung in Hoboken ins Leben gerufen wurde. Der Sitz des Vereins befand sich indes in New York, und hier wurden auch die Turnübungen und Versammlungen abgehalten.

Die New Yorker Turngemeinde kam indes zu keiner rechten Blüte. Sie litt besonders unter dem Umstande, daß ihre Mitgliedschaft sich aus zwei Richtungen zusammensetzte, die infolge ihrer verschiedenen politischen Anschauungen nur schwer zu gemeinsamem Streben zu vereinigen waren.

Das jüngere und tätigere Element der Turner gehörte jener Flüchtlingschaft an, die durch die Ereignisse des Jahres 1848 über den Ozean gejagt war. Besonders süddeutsches Element, auch viele Hanauer Turner, die sich an der republikanischen Erhebung in Baden beteiligt hatten, befanden sich unter ihnen. Diese brachten die Ideen zum Aus=

druck, für die sie drüben im alten Vaterland das Schwert gezogen hatten, und sie übertrugen Anschauungen nach hier, die weit über jene hinausgingen, die das alte vor 1848 eingewanderte Deutschtum beherrschten. Erklärlich wird der Gegensatz zwischen den „Grünen", wie man die jungen Flüchtlinge nannte, und den „Grauen", wie die Angehörigen der alten Einwanderung getauft waren, auch dadurch, daß die ersteren durchweg arme Teufel, zum großen Teil Lohnarbeiter waren, die nichts besaßen als ihre Hände und ihren Kopf, während die „Grauen" sich durchweg schon einen gut bürgerlichen Besitz angeeignet hatten und deshalb mit Verachtung auf die grünen Habenichtse herabsahen.

Die Gegensätze zwischen diesen beiden Elementen brachten bald eine Spaltung in der Turngemeinde hervor. Das radikale Element trat in einer Stärke von 36 Mann aus und gründete am 6. Juni 1850 einen neuen Verein, der „Sozialistischer Turnverein" genannt wurde, und der seine Versammlungen in den ersten Jahren seines Bestandes im „Shakespeare Hotel" abhielt, das damals der Sammelplatz des New Yorker freisinnigen Deutschtums war.

Der erste Sprecher des „Sozialistischen Turnvereins" war Sigismund Kaufmann, ein Buchhändler aus Hessen-Darmstadt, der sich als Mitglied der Frankfurter Turner der revolutionären Bewegung anschloß und zur Flucht gezwungen war. Er warf sich hier auf das Studium der Rechtswissenschaft und wurde 1852 in New York zur Advokatur zugelassen.

2. Der Turnerbund.

In diesem „Sozialistischen Turnverein" entstand der Gedanke, die verschiedenen Turnvereine, die sich unterdes auf amerikanischem Boden gebildet hatten, in einen Bund zu vereinigen. Ein Entwurf wurde ausgearbeitet, der als Grundlage dieser Vereinigung gelten sollte, und der den folgenden Wortlaut hatte:

„Die Verbindung nennt sich ‚Sozialistischer Turnerbund'.

„Der Zweck ist, neben den körperlichen Übungen, dem geistigen und materiellen Druck entgegenarbeitend, wahre Freiheit, Wohlstand und Bildung für alle Klassen nach Kräften zu befördern.

„Der Bund handelt gemeinsam mit allen Vereinen, die mit ihm gleicher Gesinnung sind.

„Es ist Pflicht jedes Mitgliedes im Turnerbund, dahin zu wirken, daß neue Vereine in den Vereinigten Staaten gegründet werden.

„Der ‚Sozialistische Turnerbund' tritt mit dem ‚Demokratischen Turnerbund' in Deutschland in Verbindung."

Dieser Entwurf wurde mit einem Aufruf vom „Sozialistischen Turnverein" veröffentlicht und die übrigen Turnvereine aufgefordert, den zu gründenden Bund zu unterstützen.

Am 5. Oktober 1850 trat in Philadelphia die Tagsatzung oder Konvention zusammen, die dem neuen Bunde das Leben geben sollte. Sigismund Kaufmann führte den Vorsitz. Über den Namen der Vereinigung kam es zu einer heftigen Debatte, da die Vertreter der New Yorker Turngemeinde und ein Bostoner Delegat aufs heftigste gegen den Namen „sozialistisch" zu Felde zogen. In dieser Debatte, in der die ganze soziale Frage hineingezogen wurde, zeichneten sich durch eingehende Kenntnis des Gegenstandes besonders Sigismund Kaufmann, M. Peterson und E. Müller aus.

Der Name der neuen Vereinigung blieb schließlich unentschieden, indem man dem Turnverein in Cincinnati die Sache überwies. Mit großer Majorität wurde indes die folgende Platform angenommen: „Die vereinigten Abgeordneten der ersten Turnertagsatzung in Nordamerika erkennen als obersten und leitenden Grundsatz des Turnerbundes an: die Beförderung des Sozialismus und der sozialdemokratischen Partei. Sie sind daher der Ansicht, daß es bei der körperlichen Ausbildung des Menschen mit im Hauptzweck der vereinigten Turngemeinden liegt, sich am jetzigen Kampfe zur Erstrebung der vollkommensten Unabhängigkeit des einzelnen, wie sie die sozialdemokratische Partei zu erreichen sucht, mit ganzer Kraft zu beteiligen."

Der Vorort, die Bundesleitung kam nach New York und Sigismund Kaufmann wurde der erste Vorsitzende.

Die erste Turnerzeitschrift in Amerika wurde im Januar 1851 von der Turngemeinde in Cincinnati herausgegeben, der im Oktober desselben Jahres die „Turnzeitung" in New York folgte.

Im August 1851 fand in New York die Einweihung der rotseidenen Fahne statt, die die Frauen und Mädchen des „Sozialistischen Turnvereins" diesem geschenkt hatte, bei welcher Gelegenheit Gustav Struve die Festrede hielt.

Die Turnerei machte unterdes gute Fortschritte, und als Ende September 1851 das erste allgemeine Turnfest auf amerikanischem Boden zu Philadelphia stattfand, gab es schon 1400 organisierte Turner, von denen die Hälfte an dem Fest persönlich teilnahmen. Zu derselben Zeit fand auch die zweite Tagsatzung statt, auf welcher 10 Vereine von den 17 bestehenden mit 1000 Mitgliedern vertreten waren, unter anderen die sozialistischen Turnvereine von Brooklyn und Utica. Die übrigen Vereine erklärten später ihren Beitritt zu dem Bund, nur die New Yorker Turngemeinde und ein Verein in Hamilton, Ohio, verharrten in ihrer Sonderstellung. Auf der Tagsatzung wurde der Name „Sozialistischer Turnerbund" endgültig angenommen und auch die auf der ersten Konvention erlassene Platform gutgeheißen. Der Vorort kam nach New York, wo Sigismund Kaufmann als Vorsitzender und später auch als Redakteur der „Turnzeitung" erwählt wurde. Das Blatt ging erst im Jahre 1861 zugrunde, als die südlichen Rebellen die Druckerei, welche sich in Baltimore befand, stürmten und zerstörten.

3. Turnerbund, Arbeiterbewegung und Sozialismus.

Wir haben gesehen, daß die Bezeichnung „sozialistisch" im Namen des Bundes nicht ohne Widerspruch hingenommen wurde. Die Bezeichnung meinte indes nicht dasselbe, was heute darunter verstanden wird. Als sozialistisch und sozialdemokratisch bezeichnete sich in der Bewegung des Jahres 1848 die äußerste Linke, die radikalste Richtung der Revolution, die neben der Arbeiterbewegung die kleinbürgerlich republikanische Demokratie umfaßte. Was heute als sozialdemokratisch bezeichnet wird, wurde damals kommunistisch genannt. Und so hatte denn auch die Bezeichnung „sozialistisch" im Namen des Turnerbundes durchaus nicht die Bedeutung, daß die Vereinigung sich etwa auf den Klassenstandpunkt der Arbeiterbewegung stellte. Sie vertrat im allgemeinen das Streben nach einer deutschen Republik, wie es damals in der Flüchtlingschaft allgemein war, und man hoffte auf baldigen Neuausbruch der Revolution im alten Vaterland, für die man sich durch Waffenübungen auch vorbereitete.

Zur deutschen Arbeiterbewegung selbst standen die Turnvereine nur in äußerst losem Zusammenhang. Im Jahre 1853 wurden vom damaligen Weydemeyerschen „Arbeiterbund" Schritte getan, um auch eine Vertretung der Turner mit dieser Organisation herbeizuführen. Der sozialistische Turnverein beschloß auch, sich dem Arbeiterzentralkörper anzuschließen; man sandte auch Delegaten, doch hatte die so geschaffene Verbindung keinerlei praktische Bedeutung.

Die Arbeiterorganisationen und die Turnervereinigungen bestanden nebeneinander, ohne sich zu gemeinsamem Streben zusammenzutun. Das schloß aber nicht aus, daß vielfach in beiden Richtungen dieselben Personen eine hervorragende Rolle spielten. So war Josef Weydemeyer ein fleißiger Mitarbeiter der „Turnzeitung", die viele Artikel von ihm enthielt, und Franz Arnold, der für den Weitlingschen Arbeiterbund als Agitator wirkte, nahm in hervorragender Weise an den Kämpfen teil, die im Turnerbund um den Namen „sozialistisch" geführt wurden.

Freilich, Weitling selbst wollte von der Turnerei, wenigstens soweit sie politisch-soziale Bestrebungen zeigte, nicht viel wissen. Er meinte: „Die Turner sollten das „sozial" davon lassen, denn das hat nichts mit den Purzelbäumen zu tun."

Neben der New Yorker Turngemeinde war es besonders die Turngemeinde in Boston, die gegen die Bezeichnung „sozialistisch" im Namen des Turnerbundes auftrat. Im November 1851 sandte diese einen Brief an den Bundesvorstand in New York, in welchem sie anzeigte, daß sie sich des Namens halber dem Bunde nicht anschließen könne. Es hieß in diesem Schreiben unter anderem: „Wir halten es dem Turnwesen unangemessen, partikularistisch zu verfahren, da wir durch die Bedingung: ‚du mußt Sozialist sein' uns selbst die Möglichkeit abschneiden, einen jeden für uns zu gewinnen, so wird euer Wunsch, Propaganda zu machen, zur reinen Unmöglichkeit, denn noch ist nicht jeder so politisch gebildet, daß er nur im Sozialismus allein das wahre Glück der Menschheit erblickt.

„Wir glauben aber, daß das Turnen selbst schon alle Elemente des Sozialismus in sich trägt, und daß der größte Teil der Turner, besonders hier in Amerika, dieser Richtung angehört, ohne nötig zu haben, dieses Aushängeschild immer voran zu tragen, auch halten wir es für durchaus undemokratisch, jemanden von vornherein eine Ansicht aufdrängen zu wollen, ohne ihm Gelegenheit zu geben, sich zu belehren."

Diesen und ähnlichen Anschauungen trat der Bundesvorstand in einer Serie von Artikeln entgegen, die in der „Turnzeitung" erschienen und wahrscheinlich Franz Arnold, den schon genannten Weitlingschen Agitator, zum Verfasser hatten.

Die Artikel sind von Interesse auch deshalb, weil sie zeigen, wie verschwommen das Bild war, das sich damals selbst Leute vom Sozialismus machten, die sich mit ihm beschäftigten.

Da hieß es in der Hauptsache:

„.... Der Sozialismus kann sich nur bei einem Volke Bahn brechen, das sich auf einer gewissen Stufe geistiger Aufklärung und politischer Mündigkeit, das sich, kurz gesagt, in Betracht seiner Kräfte, Kenntnisse und Wünsche in einer direkten Opposition gegen seine ganzen gesellschaftlichen Einrichtungen befindet. Der Sozialist ist ein Gegner aller monarchischen oder aristokratischen Staatsverfassung, er ist ein Gegner aller hierarchischen oder religiösen Gewalten, er ist ein Gegner aller nur einzelne bevorzugenden Privilegien und Monopole, er ist Gegner jeden Systems der Ausbeutung der Arbeitskräfte und ist endlich Gegner einer Gesellschaft, die die Keime des Verderbens für ihre Zukunft in einem vernachlässigten Erziehungssystem repräsentiert und nicht jedem nach seinen Fähigkeiten und Talenten die Gelegenheit gibt, sich zu seinem persönlichen wie allgemeinen Vorteil alle nur möglichen Grade geistiger und körperlicher Ausbildung anzueignen. Betrachten wir diese verschiedenen Felder, auf welchen sich die soziale Tätigkeit bewegt, so müssen wir es ganz natürlich finden, daß eine große Anzahl von Reformversuchen sich nur auf einem einzigen dieser Felder bewegt, weil die Bedürfnisse der Massen in verschiedenen Ländern und zu verschiedenen Zeiten sich bald in diesem, bald in jenem Zweige des Sozialismus einen Ausdruck zu verschaffen suchen. Die Schweizer empörten sich, als der materielle und politische Druck ihre Existenz längst bedroht und fast zur Unmöglichkeit eines längeren Bestehens gemacht hatte. Die Bauernkriege waren die gewaltigen Oppositionen gegen Pfaffen= und Feudalherrschaft, die Revolutionen der Amerikaner und Franzosen politische Reformmaßregeln, die jedoch bei letzterer Nation ein gewisses Verlangen nach Ausgleichung der Eigentums= und Besitzverhältnisse enthielten. Diese sämtlichen Revolutionen waren jedoch im Vergleich mit denen der letzteren Jahre weniger sozial zu nennen, weil sie der Vielseitigkeit entbehrten, die hinreichend gewesen wäre, um im Falle eines gänzlichen Gelingens jedem Mitglied der Gesellschaft eine vollkommen freie Existenz zu garantieren; diejenigen Revolutionen wie die der Schweizer und Amerikaner reüssierten deshalb, weil sie sich mit einer ‚Formfreiheit', also der politischen, begnügten, aber bei alledem sind sie für uns keine durchaus vollkommenen Originale, weil wir als Sozialisten den Staat ‚als die Vereinigung eines Volkes zur gemeinschaftlichen Erhaltung und Beförderung der Wohlfahrt eines jedes Mitgliedes betrachten'. Dieser Begriff vom Staat schließt alle

Forderungen der verschiedenen sozialistischen Parteien in sich, er ist von allen ein anerkannter Grundsatz. In betreff der politischen, also der Formverhältnisse ist die radikal=demokratische Regierungsweise ebenfalls anerkannt. In das religiöse Feld teilen sich die vielen Fraktionen von den Anhängern des Urchristentums bis zu den Atheisten der Hegelschen Schule in verschiedene Parteigemeinden, neben diesen die große Anzahl unabhängiger Naturphilosophen. Die hauptsächlich hervorragendsten Parteien finden wir in denjenigen Bewegungen, welche direkt die Regulierung der Mißverhältnisse zwischen Kapital und Arbeit zu bezwecken versuchen, und hier bilden die ‚Garantie der Arbeit‘ und ‚freie unentgeltliche Erziehung‘ die ersten Grundsätze, über welche sich alle Sozialisten bis jetzt vereinigt haben, obwohl sie in betreff der Mittel zu deren Erreichung noch in weit verschiedene Meinungen, ja förmlich in Schulen geteilt agitieren. Es ergibt sich also in dieser kurzen Zusammenstellung in wenigen Sätzen eine Erklärung über das Streben der Sozialisten als über den Sozialismus überhaupt. ‚Eine demokratisch=republikanische Verfassung, ein allen garantierter Wohlstand, bestmögliche und unentgeltliche Erziehung nach den Fähigkeiten eines jeden, die Beseitigung aller hierarchischen und privilegierten Gewalten‘. So viel einstweilen zur Begriffserläuterung über die Worte Sozialismus und Sozialisten...."

Man sieht, es fehlt diesen Ausführungen jeder Hinweis auf die Hauptsache, auf die wirtschaftliche Bedeutung des Sozialismus und auf die Notwendigkeit seiner Entwicklung aus den ökonomischen Zuständen. Kann es wundernehmen, daß sie die Gegner des Sozialismus in den Reihen der Turner nicht überzeugten?

In seinen weiteren Ausführungen suchte der Verfasser der erwähnten Artikel an der Hand der Geschichte des Turnens in Deutschland nachzuweisen, daß das Fehlen von freiheitlichen Prinzipien unter den Turnern die Niederlage der Revolution des Jahres 1848 herbeiführte. „Prinzipiell kämpften die freien Gemeinden. Auf den Barrikaden und in den Volksversammlungen die Mitglieder der Arbeiterverbindungen. Beide unterlagen, und zu spät langten die Turnvereine an, um 1849 für die Paragraphen der Reichsverfassung einen unglücklichen Feldzug zu beginnen."

Und weiter heißt es: „Ferner bestehen die hier gegründeten Turnvereine zum größten Teil aus politischen Flüchtlingen und im allgemeinen aus dem radikalsten Teil der deutschen Jugend. Schon in Deutschland für die Solidarität der Völker geschwärmt und teilweise für die soziale

Demokratie gearbeitet, mußte sie das freie, unbeschränkte Vereinsleben in Amerika sogleich wieder mit erneuter Kraft auf das Feld ihrer revolutionären Tätigkeit zurückführen, von welchem sie nur durch die Umstände der Auswanderung kurze Zeit getrennt waren. Dem Nationalschwindel, der von veralteten Ahnen wie Jahn, Maßmann usw. gepredigt worden, aufs tödlichste feind, war die deutsche Jugend ganz weltbürgerlich gesinnt, und während in London die Führer der europäischen Demokratie die herrlichen Ideen der Völkervereinigung predigten, waren diese Ideen bereits in Amerika unter der deutschen Turnjugend zur praktischen Anerkennung gelangt. Unter welchem Banner sollten sich also die Turner als Gesellschaften freier Männer, als Stützen der Revolution, als republikanische Bürger anders vereinen, als unter dem roten der Sozialisten? Die nächste europäische Revolution wird keine andere als eine rein soziale sein; die Solidarität der Völker ist keine hohle Phrase mehr. Der Franzose und der Deutsche, der Italiener und der Russe, als Revolutionäre sind sie Sozialisten, als ihr vereinigtes Streben betrachten sie die europäische Völkerrepublik, als ihr Symbol die rote Fahne. Kossuth empfing in New York die Repräsentanten aller revolutionären Emigrationen der europäischen Demokratie, und sie überreichten ihm eine rote Fahne, als das Zeichen der Vereinigung aller Völker der Erde unter den glücklichen Auspizien einer sozialen Völkerrepublik. Die Turner, als ein Teil der entschiedensten Kämpfer, fehlten bei dieser Demonstration nicht, ein sozialistischer Turner überreichte Kossuth die Fahne. . . ."

„. . . Wenn man uns zuruft, daß der größte Teil der Turner noch keine vollkommen ausgebildeten Sozialisten seien und den Namen nur als leeres Aushängeschild führten, so müssen wir darauf erwidern, daß der größte Teil selbst der eingeborenen Bürger von Nordamerika noch nicht die mindesten Begriffe von dem Wesen einer demokratischen Republik hat; und die Republik Amerikas, gegründet durch eine Handvoll heller Köpfe, dennoch besteht und in einem Zeitraum von nicht vielen Jahren so weit gediehen sein wird, daß ein jeder ihrer Bürger fähig sein wird, seine Gesetze selbst zu machen. Dessenungeachtet nennt sich Amerika eine Republik, und mit Recht. Wer da warten will, bis die Unentwickeltsten den Bestunterrichtetsten gleichstehen, um unter dieser falschen Einheit zu handeln, zu beginnen, der sehne sich nicht nach strebsamen Menschen und nach den Regungen des Fortschritts. Wer es für undemokratisch findet, wenn eine geringe Anzahl Ausgebildeter eine Benennung wünscht, die, streng genommen, für die ganze Masse noch nicht gelten soll, dem erwidern wir, daß die wahre Demokratie darin besteht, daß sich die Talente leicht an die Spitze derjenigen Stellungen verfügen können, denen sie gewachsen sind. Die Demokratie ist die Herrschaft der Vernunft und ihre Ausübung die gleichberechtigte Entwicklung. Sie darf stolz diesen Titel führen, in Amerika wie in Rußland, und mit demselben Stolz führen wir in Hinweisung auf unser Streben den Namen ‚sozialistische' Turner...."

„... Die Zustände der gegenwärtigen Welt bedürfen so radikaler Umänderungen im Gebiet der Religion, des Staates und des Geschäftslebens, daß es der größte Teil aller Denkenden längst für notwendig fand, den Reformbestrebungen klare, unzweideutige Benennungen zu geben. Der Name „Sozialist" ist Achtung gebietend geworden von Frankreich bis nach China. Die Sozialisten, so klein auch ihre Zahl im Verhältnis zu der ganzen Menschheit ist, bilden bereits eine Gesellschaft, wie sie sich notgedrungen durch die Jahrzehnte der nächsten Zukunft über den ganzen Erdball ausbreiten muß."

„Als Gegner hat der Sozialismus und mithin die Sozialisten nur die Vertreter der privilegierten Klassen, die sich auf unsere tyrannischen Mißstände stützen, Klerisei, Fürsten, Wucherer usw., als Feinde die Trägheit und die Feigheit halber Charaktere, die sich jedoch zu allem entschließen, wenn wir ihnen zeigen, daß wir sie verachten. Die Turner in Amerika gehören fast alle dem Sozialistischen Turnerbund an, und seit dem Beschluß der letzten Tagessatzung, worin der Name „sozialistisch" angenommen wurde, wachsen der Bund und die Vereine überraschend. Die Gegner, welche uns versicherten, daß durch diese radikale Bezeichnung unserer Ansichten und Grundsätze die Turnerei in Verfall geraten würde, haben diese falsche Aussage dadurch am besten widerlegt, daß sie in winziger Minorität, kaum noch Verein zu nennen, existieren, während die Mitgliedschaft der sozialistischen Turnvereine, und besonders die in New York, zu vielen Hunderten angewachsen ist. Schön gedeiht unser Verein hier in New York. Die Diskussionsabende, in denen wir zugleich Berichte über die Tätigkeit der verschiedenen Reformvereine der Amerikaner und übrigen Deutschen empfangen, haben schon manches schlummernde Talent geweckt, und noch mancher, der gleichgültig die Turnjacke anzog und unbekümmert um seine Pflichten und Rechte als Bürger und Mensch in den Tag hinein lebte, wird als ein fähiger, brauchbarer Reformer in die Welt gehen. Ein schöner Geist der Brüder-

lichkeit vereint uns; mitten in diesen niederdrückenden Zeiten fühlen wir
uns wohl untereinander und wir sind stolz darauf, Mitglieder vom
‚Sozialistischen Turnerbund' zu sein."

Neben dieser Serie von Artikeln finden sich in den ersten beiden
Jahrgängen der „Turnzeitung" noch eine Anzahl von Aufsätzen, in denen
der Sozialismus, oder was man darunter verstand, propagiert wurde, und
einzelne derselben wiesen in durchaus klarer Weise auf die Notwendigkeit
einer Verbindung von Arbeiterbewegung und Turnerei hin, wenigstens
insoweit, als die politischen Aufgaben des Turnerbundes in Betracht kamen.

Sozialistische oder sozialdemokratische Turnvereine bestanden damals
in New York, Utica, Brooklyn, Rochester, Baltimore, Indianapolis,
Newark, Philadelphia, Albany, Columbus O., Elizabethtown, Madison
Ind., New Haven, Pittsburg, Staten Island, Washington, Cleveland,
Yorkville, Germantown, Alleghany, Rahway, Providence, Trenton,
Orange, Joliet, Chicago, Milwaukee, Poughkeepsee und anderswo.

4. Wandlungen.

Nach dem Jahre 1853 schwindet allmählich die Betonung der
sozialistischen Prinzipien der Turnervereinigung immer mehr. Teils war
hieran der Umstand schuld, daß in der ökonomischen Lage der Mitglieder
des Bundes sich teilweise eine Änderung vollzog, daß sie teils aus
Arbeitern zu Kleinbürgern wurden, daß teils auch bürgerliches Element
stärker als früher sich den Turnvereinen anschloß, und daß man sich
anderenteils mehr in speziell amerikanische Verhältnisse hineinlebte.
Die „sozialdemokratischen" Ideen des Turnerbundes waren im Grunde
genommen aller Betonung weltbürgerlicher Prinzipien zum Trotz doch
recht deutschnational und hingen aufs engste mit der kleinbürgerlich
radikalen Bewegung des Jahres 1848 zusammen, mit deren Abschwächung
auch der „Sozialismus" der Turner verblaßte und schließlich abstarb,
als neue wichtige Fragen auftauchten, die unmittelbare Lösung forderten.

Diese Abschwächung der sozialistischen Tendenz im Turnerbund zeigte
sich besonders, als Ende 1853 der Vorort von New York nach Philadelphia verlegt wurde. In der ersten Nummer des neuen Jahrgangs
der ebenfalls dorthin verlegten „Turnzeitung" wurde in einem von
W. Rapp geschriebenen Artikel der Standpunkt der Redaktion in bezug
auf die „soziale Reform" dahin festgelegt, daß der Bund ein Sammelplatz sein solle „für alle Elemente des entschiedenen Fortschritts, für

alle Feinde der Geldaristokratie, des politischen Stillstandes und des Pfaffentums".

„In unserem Bunde — so hieß es weiter — ist der umsturzträumende, kommunistische Schwärmer mit seinem Hasse gegen alles Kapital so gut vertreten wie der nüchterne Reformer, der sich mit einer gesetzlichen Regulierung des Arbeitslohnes, mit einem billigen Kompromiß zwischen Arbeit und Kapital zufrieden gibt. Die Pforten unseres Bundes stehen dem Kosmopoliten und seinen Ahnungen vom Untergang der Nationalitäten und ihrer Verschmelzung in der Weltrepublik so bereitwillig offen wie dem Patrioten, dem seine Nationalität über alles geht, der seine Liebe zur politischen Freiheit niemals von seiner Liebe zum Vaterland trennt."

Mit diesem Allerweltsstandpunkt seines Organs rückte der Turnerbund natürlich noch weiter von den sozialdemokratischen Prinzipien ab als bisher, wo er wenigstens dem Namen nach, wenn auch nicht im Wesen, sozialdemokratisch gewesen war. In bezug auf die amerikanische Politik erklärte der Bund sich für die „Freesoilers", in der Sklavereifrage, die das öffentliche Interesse immer mehr in Anspruch nahm, stellte man sich auf den Standpunkt der Abolitionisten, wenn auch nicht, wie wir sehen werden, ohne Widerspruch; nebenbei trat man für die politischen Flüchtlinge, die durch die Revolution aus Europa vertrieben waren, sowie für die politischen Gefangenen durch Geldsammlungen ein. So ergab eine Sammlung für die durch den Kölner Kommunistenprozeß Benachteiligten die Summe von 476,64 Dollar. Dieser Betrag wurde durch ein Wechselgeschäft in New York nach Deutschland übermittelt. Das Bankhaus in Köln, dem die Summe zugeschickt war, sandte sie mit dem Bemerken zurück, daß „es niemals etwas tun würde, wodurch es sich auch nur im allerentferntesten kompromittieren könne". Die Gelder mußten nochmals hinüber geschickt werden und kamen nun in die richtigen Hände.

Als im Jahre 1852 — der Vorort des Bundes befand sich damals noch in New York und der sozialdemokratische Charakter der Organisation wurde noch stärker betont als später — die Streitigkeiten zwischen den verschiedenen Richtungen der deutschen Flüchtlingschaft in London auch nach Amerika übergriffen, nahm auch der Turnerbund, oder vielmehr dessen Vorort, zu diesen Streitigkeiten Stellung. Von London aus wurde eine Revolutionsanleihe propagiert, und zwei sich bekämpfende Ausschüsse, an deren Spitze auf der einen Seite Gottfried Kinkel, auf der anderen Seite Josef Fickler und Amand Gögg standen, waren zur Aufbringung von Geldern in den Vereinigten Staaten tätig. Beide Ausschüsse beriefen Kongresse ein, und beide waren bemüht, den Turnerbund für sich zu gewinnen.

Nachdem die beiden Kongresse in Cincinnati und Philadelphia bewiesen hatten, daß an eine Einigkeit der beiden sich bekämpfenden Richtungen nicht zu denken sei, versuchte der Vorort des Turnerbundes die Frage dadurch zu lösen, daß er für den Mai 1852 einen „Volkskongreß" nach New York berief, der die Aufgabe haben sollte, die revolutionäre Propaganda wachzurufen und eine Einigung aller revolutionären Richtungen herbeizuführen. Dieser Versuch scheiterte und der Kongreß kam nicht zustande.

In einem Artikel in der „Turnzeitung" begründete der Vorort seine ablehnende Haltung gegenüber den Kongressen in Philadelphia und Cincinnati. Es hieß da unter anderem, daß „die ‚Führer' der republikanischen Emigration ihren Ruhm darin gefunden hätten, ‚sich gegenseitig ihre individuellen Schwächen vorzuwerfen', und daß sie ‚dadurch bei dem größten Teile der Sozialdemokraten bereits in Mißkredit versunken' seien. Während die Führer dermaßen die kostbare Zeit zu ihrem gegenseitigen Ruin anwendeten, haben wir, die seither ‚Geführten', es versucht, uns durch Gründungen von Vereinen und Vereinsverbindungen insoweit zu organisieren, daß wir im Augenblick der Entscheidung vereint, als mächtige Körperschaften, sowohl dem alten Vaterland beim Ausbruch der Revolution als auch dem Adoptivvaterland in kritischen Zeiten sozialer und politischer Übergänge unsere Kräfte darzuleihen vermögen. Die Arbeiterverbindungen zählten im Verlauf der letzten Jahre die sämtliche deutsche Presse zu ihren Organen und 20 000 Mitglieder in einigen 40 Städten. Der Sozialistische Turnerbund, noch ganz in seinem Entstehen begriffen, zählt bereits nahe an 2000 Turnbrüder, größtenteils Flüchtlinge der letzten europäischen Krisen.... Wir können es jedenfalls nur als ein Glück betrachten, daß diesen zeitgemäßen und kräftigen Entwicklungen der deutschen Elemente die ränkevolle Ehrsucht der Revolutionäre von Profession fernblieb...."

„Als vergangenes Frühjahr die jetzige deutsche Agitation zugunsten der Nationalanleihe angezeigt wurde, begrüßten wir sie mit lautem Jubel; waren wir gleich als Kosmopoliten, als Sozialisten nicht einverstanden mit einem großen Teil der Entwürfe und Pläne, welche durch die Anleihe unterstützt werden sollten, so hätten wir derselben doch keineswegs unsere vollen Kräfte entzogen, wenn dieselbe von hinreichend tüchtigen Männern, von denen sie hervorging und vertreten wurde, auch praktisch und ehrenvoll weiter verfolgt worden wäre. So erlebten wir aber die schlagenden Beweise, daß diese Männer sich wie eitel Unmündige über die Wahl von Komitees stritten und selbst aus ihren Familienkreisen Sachen vor die Öffentlichkeit brachten, die sie gegenseitig blamierten, uns aber die Überzeugung gaben, daß die nächste Revolution ihrer ganz entbehren wird, oder daß sie höchstens mit aufgefrischter Autorität als Vorläufer des europäischen Klassenkampfes eine kurze Zeit Rollen spielen werden, bis die Sozialdemokraten gesiegt haben und diese Überbleibsel der achtundvierziger Unpraxis in die Sphären der dreißiger Reaktionäre zurückdrängen werden."

„... Die Turnvereine, mit größtenteils vollen Kassen, mit nahezu 2000 um das rote Banner gescharten kampfgeübten Jünglingen und Männern, ausgerüstet mit Mut und klaren Ideen, praktisch und theoretisch geführt durch erprobte Freischärler, gewandte Redner und ausgebildete Sozialisten, sie haben diesen Zänkereien gegenüber in einer achtunggebietenden Stellung verharrt. Ruft uns die Revolution — wir werden folgen. Ruft uns die Reform, wir stehen bereit. Ob wir dann Kinkelianer oder Rugianer zu Führern haben wollen? — Wir werden sehen, glauben aber keinen von beiden."

Die Revolution in Deutschland rief zunächst noch nicht, und der Traum einer deutschen Republik schwand deshalb auch in den Kreisen des amerikanischen Turnerbundes immer mehr, je stärker die Entwicklung der amerikanischen Verhältnisse die Aufmerksamkeit aller freiheitlich Denkenden in Anspruch nahm.

5. Innere Gegensätze.

Von Anfang an hatte die Haltung des Turnerbundes diesem die Feindschaft der amerikanischen Fremdenhasser, der Knownothingtums, der Pfaffen und der Prosklavereielemente zugezogen, und des öfteren hatten die Turner auf ihren Festlichkeiten und Zusammenkünften blutige Kämpfe mit dem Rowdytum auszufechten, das von jenen Elementen gegen die Turner gehetzt wurde. Es kam dabei verschiedentlich zu förmlichen Gefechten, bei denen es auf beiden Seiten Tote und Verwundete gab.

Das störte die Entwicklung des Verbandes indes wenig. Wohl aber litt er sehr unter inneren Gegensätzen.

Die Opposition gegen die radikalen und sozialistischen Grundsätze des Bundes war besonders im Osten unter dem Einfluß der „New Yorker Staatszeitung" stark gewachsen. Die „Turnzeitung" dagegen hielt, wenn auch in unklarer Weise, die radikalen Anschauungen aufrecht, die in den prinzipiellen Forderungen des Bundes zum Ausdruck kamen. Dieser Gegensatz trat schärfer hervor, als die Sklavereifrage nach und nach alle übrigen Fragen zur Seite drängte und die „Turnzeitung" aus ihrer Gegnerschaft gegen die Sklavenhalter und gegen die demokratische Partei keinen Hehl machte. Die „New Yorker Staats-Zeitung", die 1856 noch erklärte, daß die Sklaverei ein Segen sei, und andere deutsch-demokratische Blätter verfolgten nun die „Turnzeitung" mit ihrem bittersten Grimme. Als dann die zweite Tagsatzung beschloß, daß die „Turnzeitung" für alle Bundesmitglieder obligatorisch sein solle, begann ein regelrechter Feldzug gegen die Zeitung, der von vielen rückständigen Mitgliedern des Bundes unterstützt wurde, und ein heftiger Kampf entbrannte gegen den „Zeitungszwang".

Die Stellungnahme der „Turnzeitung" gegen die Sklaverei wurde sanktioniert durch einen Beschluß der Tagsatzung, die Ende September 1855 in Buffalo stattfand.

Diese Tagsatzung war von 74 Vereinen beschickt, und der Bund zählte damals 4500 Mitglieder. Mit der angenommenen Platform wurden die alten Grundsätze des Bundes erneuert, doch zeigte sich, daß die brennende Frage der Sklaverei die Betonung der sozialistischen Prinzipien des Turnerbundes bereits zur Seite gedrängt hatte.

Diese Platform hatte den folgenden Wortlaut:

„Der Turnerbund hat zum Zweck, in seinen Mitgliedern Männer von kräftigem Körper und verständigem, vorurteilsfreiem Geiste zu bilden. Es ist demnach seine Aufgabe, durch alle ihm zu Gebote stehenden Mittel die sozialen, politischen und religiösen Reformen im Sinne des radikalen Fortschritts zum richtigen Verständnis seiner Mitglieder zu bringen, um sie sowohl dadurch, als auch durch ihre Organisation und praktischen Übungen zu befähigen, sich im einzelnen oder durch den Bund an der Verwirklichung der oben angedeuteten Reformen zu beteiligen und ihre Rechte und Grundsätze zu verteidigen.

„Die Vertretung der Prinzipien des Turnerbundes in Beziehung auf amerikanische Politik kann bei der jetzigen Parteistellung nur durch Bekämpfung der bestehenden Mißbräuche geschehen. Der Turnerbund betrachtet als die Brennpunkte dieser Mißbräuche: Sklaverei, Nativismus und Temperenzzwang und stellt daher folgende Sätze auf:

„1. Die Turner geben keinem Mann zu irgend einem Amte ihre Stimmen, der zu dem Orden der Knownothings oder irgend einer nativistisch gesinnten Korporation oder Partei gehört oder sich nicht öffentlich dagegen ausspricht.

„2. Die Turner sind gegen die Sklaverei, hauptsächlich aber gegen die Ausbreitung derselben in freien Territorien, indem sie dieselbe als einer Republik durchaus unwürdig und freien Prinzipien schnurstracks zuwiderlaufend betrachten.

„3. Die Turner sind gegen jedes Temperenzgesetz als undemokratisch im Prinzip, ungerecht und unpraktisch in der Ausübung."

Die schroffe Verurteilung der Sklaverei durch die Tagsatzung erregte besonders bei den Turnvereinen im Süden arge Mißstimmung, und mehrere dieser Vereine erklärten daraufhin ihren Austritt aus dem Bund. Diese Tatsache zusammen mit dem „Zeitungszwang" gaben den östlichen reaktionären Elementen weitere Gelegenheit, gegen die „Turnzeitung" Stellung zu nehmen, der man Schimpferei, unanständige Sprache und ähnliches mehr vorwarf. Der Turnverein in Baltimore und der New Yorker Turnverein hatten durch Rundschreiben gegen die Zeitungsbestimmungen und die Haltung der „Turnzeitung" protestiert, und nur die Tagsatzung zu Washington im Jahre 1856 hätte den Streit schlichten können. Aber viele Delegaten fürchteten sich, in jener Stadt sich den Mißhandlungen eines gegen alle Gegner der Sklaverei erbitterten Pöbels auszusetzen, und der Bundesvorort verlegte daher die Tagsatzung nach Pittsburg. Dies hatte zur Folge, daß 45 Vereine mit 62 Bundesstimmen in dieser Stadt und 26 Vereine mit 40 Bundesstimmen in Washington vertreten waren. Letztere gründeten dann unter dem Einfluß der „New Yorker Staatszeitung" den östlichen Turnerbund und nahmen eine stark verwässerte Platform an, welche folgendes besagte:

„Die Vertretung der Prinzipien des Turnerbundes in bezug auf amerikanische Politik kann nur durch Bekämpfung aller bestehenden Mißbräuche geschehen."

Trotzdem der „Östliche Bund" nie rechtes Leben zeigte und bald anfing zu zerbröckeln, ließ der „Sozialistische Turnerbund" doch kein Mittel unversucht, eine Wiedervereinigung herbeizuführen. Aber alle Versuche nach dieser Richtung scheiterten.

Endlich kam man auf der im Jahre 1859 in Chicago abgehaltenen Tagsatzung, der auch ein Vertreter des östlichen Bundes beiwohnte, zu einem Vermittlungsvertrag, welcher als Basis der prinzipiellen Haltung des wieder vereinigten Bundes folgenden Passus der Platform aufstellte:

„Der Turnerbund soll eine Pflanzschule aller jener revolutionären Ideen sein, welche aus einer naturgemäßen und daher vernünftigen Weltanschauung hervorgehen, und deshalb bekämpfen die Turner Sklaverei und Nativismus (als zwei der gleich trüben Quelle entsprungenen sozialen und politischen Übel), sowie überhaupt alle Rechtsverkürzungen, welche sich mit wahrhaft humanen Grundsätzen nicht vereinbaren lassen."

Man sieht, von der Betonung des „Sozialismus" war man abgekommen, und es war von ihm nichts geblieben als der Name in der Bezeichnung des Bundes.

Aber auch dieser Versuch zur Vereinigung schlug fehl, weil der Östliche Bund die Frage des „Zeitungszwangs" noch nicht in seinem Sinne gelöst sah.

Die Vereinigung kam erst nach Beendigung des Bürgerkriegs. Am 5. April 1865 wurde auf der Tagsatzung zu Washington auf Grund der früheren Platform des Sozialistischen Turnerbundes, die aber tatsächlich schon längst nicht mehr sozialistisch war, die Vereinigung vollzogen. Der Name „sozialistisch" verschwand und der reorganisierte Verband nahm den Namen „Nordamerikanischer Turnerbund" an.

Bei Ausbruch des Bürgerkriegs traten wohl drei Viertel aller Mitglieder der Turnvereine unter die Waffen, so daß die Vereine selbst kaum aufrecht erhalten werden konnten. Sie taten während des Kampfes ihre Schuldigkeit, und viele von ihnen starben den Tod für die Union.

Der Sozialismus des amerikanischen Turnerbundes war mehr ein Name, als eine Vertretung wirklich sozialistischer Prinzipien. Eine **proletarische** Organisation ist diese Vereinigung nie gewesen, und was in ihr als Sozialismus zum Ausdruck kam, war ein Gemisch von bürgerlichem Radikalismus und unklarem sozialistischem Streben, das mehr im Gefühl, als in Einsicht und Erkenntnis seinen Ursprung hatte.

In den ersten Jahren seines Bestehens hat der sozialistische Turnerbund unzweifelhaft auf der Höhe der Anschauungen gestanden, die damals im allgemeinen die Arbeiterbewegung beherrschten. Das verdient Anerkennung um so mehr, als der Bund stark mit bürgerlichen Elementen versetzt war, die naturgemäß nach entgegengesetzter Richtung strebten.